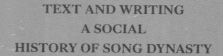

TEXT AND WRITING
A SOCIAL
HISTORY OF SONG DYNASTY

Case Studies
of
Wenzhou and Hangzhou

文本与书写

宋代的社会史

以温州、杭州等地方为例

吴铮强 著

社会科学文献出版社

SOCIAL SCIENCES ACADEMIC PRESS (CHINA)

• 目 录 •

绪　论

一　文本与书写

对于同样的史料，可以有文献、文本与书写三种不同的解读方式。文献关注史料记述内容所反映的事实，文本关注史料形成、留存、传播、销毁、篡改、重构的过程及影响这个过程的观念，书写则将史料的撰述活动视为一次社会行动。综合利用三种解读方式，就有可能在不同的文献类型中重新发现不同的社会史线索。近年来，文本与书写视角的引入，刺激了中国史研究的诸多新议题。不同的学者对文本与书写视角的利用方式各不相同，既可以从文本主观性的角度辨析史料，以图更精确地还原历史，也可以将书写观念与历史记忆直接作为研究对象，开展类似新文化史的研究。或将这种视角运用于社会史研究，如通过书写的人际关系探讨士人的社会网络，甚至考察文本的制作、传播、阅读与展示，将文本分析引入物质文化史的研究范畴。[1]

文本与书写视角同样广泛运用于对碑铭、族谱、契约等地方文书的解读，但这方面的研究主要集中在明清或更晚近的区域史研究领域，在宋元社会史的研究中尚不多见。本书的探索，主要是在不同类型的文本与书写脉络中发现宋元地方社会史的线索，以期重建宋元社会的（局部的）图景。[2]虽然考察的区域局限在温州、杭州等地，但涉及碑铭、墓志、方志、族谱、笔记、志怪故事、话本小说等不同类型文献，探索的重点是从不同的文献类型中发现不同的社会史线索。比如，有别于直接采集《夷坚志》中丰富的社会史信息，转而首先关注《夷坚志》故事来源的社会关系网络及其对应的故事主题，从而讨论不同社会群体的鬼神观念；比如，在解读寺院碑铭记述内容的基础上，通过其书写者与寺院的社会关系，讨论寺院社会功能的变迁，等等。

地方史研究时常会遇到是否具有普遍性之类的质疑。这其实会涉及历史主体的问题，面对以国家或整体社会为唯一历史主体的立场，这个问题在逻辑上是无解的。[3]社会史研究可以分为以整体社会

1　参见黄卓越《"书写"之维：美国当代汉学的泛文论趋势》，《北京大学学报》（哲学社会科学版）2016 年第 5 期；孙正军《通往史料批判研究之途》，《中国史研究动态》2016 年第 4 期。孙正军文是《中国史研究动态》2016 年第 4 期"笔谈：'历史书写'的回顾与展望"中的一篇，另三篇更加专题性的论文作者分别为安部聪一郎、徐冲和赵晶。

2　近年来"地方史"这个概念似乎有被污名化的趋势。有些学者将地方史理解为对地方成就的夸夸其谈，或是方志类缺乏"学术性"的描述，又刻意强调区域史与地方史的区别。一般的区域史研究者都会强调以全国或更广阔的视野开展区域性的研究，生怕被扣上眼光短浅的"地方史"的帽子。个人以为，或许没有必要刻意区分地方史与区域史两个概念，如果"区域史"研究以全国视野作为其内在属性的话，那么"地方史"作为地方视角下的小地域社会形态的研究，有其独辟蹊径的必要。至于是否具有"学术性"，则需要依据具体研究的深度做出评判，毕竟没有任何研究可以单凭视野的"广阔"而具备学术性。

3　参见鲁西奇《中国历史研究的主体性、核心问题与基本路径》，《中国社会科学评价》2018 年第 3 期。

为主体或以社会行动者为主体两种范式，对于后者而言，任何具体的社会行动都有获得历史主体地位的潜力。当然，即使在国家史的立场上，只要不认为一个国家的社会形态是单一的或者可以明确区分为几种区域类型，而是相信社会形态具有无限的可塑性，就同样没有必要回应缺乏普遍性或碎片化之类的质疑。更何况，在传统中国的政治体系中，温州与杭州本身就是极具代表性的行政区划，在缺乏更多比较研究的情况下，也应该承认任何个案（不完美地）代表整体的资格。基于以上理由，书稿各部分专题研究都保留其独立的社会分析脉络，各章内容并非统一主题演绎的结果，但在结语部分，仍然尝试将各章讨论的结果综合成理解宋元社会史的整体图景。

二　主要内容

　　书稿的内容主要分为以下几个方面。

　　一是社会关系网络中书写的构成，讨论对象分别为《夷坚志》与宋代温州寺院碑铭。其中第一章首先考察《夷坚志》故事多层次的地域维度，包括编写者洪迈与故事地域的关系，故事提供者与故事的地域关系，故事内容的地域关系。然后考察《夷坚志》温州故事与地域关系的对应关系，发现温州本地人中流传着报应故事，官场上流传着温州的鬼怪故事，科场上则不分地域流传着梦占命定的故事，由此发现宋代不同地域关系中通过志怪故事形成不同社会意识的规律。第二章进一步讨论《夷坚志》杭州故事，临安集中居住的权贵与市民阶层为杭州故事增添了地域特色。第三章考察两宋温州地区寺院碑铭书写者的社会关系。寺院碑铭不但能反映两宋之际温州寺院的兴衰，从书写史的角度来考察，还会发现南宋时本地士大夫取代了北宋时期的僧人与施主成为寺院碑铭书写者的主流，寺院碑铭书写也日益成为士大夫寺院活动的呈现，寺院从信徒的宗教活动中心演变为镶嵌于文士生活的特殊场域。

　　二是墓志书写的社会史研究。第四章讨论温州地方社会的墓志书写以儒家文化普及与地方士人社会形成为条件，这在宋代有一个逐渐成熟的过程。在温州，宋代的墓志书写表现出士人的迁徙与在地、富户的治生与业儒、土豪与贫士、儒家与佛教巫鬼文化等诸方面的紧张关系，反映了地方社会文化的转型及多元的结构。第五章进一步讨论墓志作为宋代儒家文化的书写体裁，所记述的平民、富户及其业儒活动与其说是平民富户的真实生活，不如说是他们与业儒士人、儒家文化构建特定关系的一种形式（仪式）。

　　三是方志文本的地方书写问题。方志是具有特定功能的地方书写，不能直接等同于地方史的撰述。一般而言，方志具有"资治、教化、存史"的功能，属于地方官府与士绅阶层的地方书写。不同时代"资治、教化、存史"所需要的信息有所不同，其他社会群体非"资治、教化、存史"功能的地方书写则将呈现不同的地方意象，这就为地方书写的社会史研究提供了可能。第六章尝试以明弘治时期的《温州府志》复原宋元时期的地方祠庙。由于宋明两朝对民间信仰的态度发生了明显的变化，两朝方志对地方祠庙的记载方式也有所不同。明代方志主要记载纪念性祠庙而排斥"侥福蠲患"的"淫祠"，因而相当程度上抹除了宋元地方祠庙体系。但偶然也有明代方志只是"扭曲"而尚未完全"抹除"宋元地方祠庙体系，《弘治温州府志》就是这样的特例，通过这部方志可以复原的宋元祠庙甚至比任何一部宋元方志都要丰富，还能呈现州城永嘉与县城瑞安两种不同的祠庙体系。第七章包括地方书写分析的两个小案例。一是讨论《咸淳临安志》与《梦粱录》记述杭州空间布局的异同，进而分析不同社会群体"使用"城市空间的差异；二是讨论不同时期"猿猴盗妇"故事对边地的不同想象，破除边地烟瘴野蛮的刻板印象。

　　四是明清族谱的宋元书写问题。华南研究对这个问题主要采取了文化史的策略，认为明清族谱中的宋元史书写主要是宗族观念构建的产物。这固然是基本事实，但不能排除明清族谱中保留可靠的宋元史料的可能性，后者才是宋史研究者关注的焦点。第八章从近百种温州明清族谱中精选出五个案例，讨论族谱宋元书写的类型。几乎所有明清族谱的宋元书写都有作伪痕迹，但程度各别、情况复杂。总体的趋势是明代族谱中保留着较多家族经济活动的内容，并不着意塑造家族的仕宦形象，这些记载一般离事实比较接近，但往往在清代重修的过程中被删除或篡改。第九章以保留大量宋元时期可靠史料的苍坡李氏族谱为依据，讨论该家族的变迁史。宋元明时期，永嘉苍坡李氏家族经历了经济豪强、科举士绅、武装豪强、平民宗族等不同的阶段。明初苍坡李氏的生存状态，相对于元代是全新的时代，相对于南宋可谓恍若隔世，北宋的历史在家族记忆中更退化为难以捉摸的神话。无论家族史本身还是作为历史叙述的族谱，苍坡李氏奇迹般地延续了上千年。苍坡李氏家族史固然是国家层面上宋元明转型的一个案例，但如果以家族本身为历史主体，那么宏大的、连续性的历史转型就会断裂为片段式的历史情境。第十章则是对苍坡李氏族谱人口数据的统计分析，从而归纳家族发展本身的限度与规律。

结语部分综合各章内容重新描绘宋代社会史的图景，尝试揭示可能被既有研究范式遮蔽的社会史脉络，以此检验以书写与文本为线索的社会史研究的实际功效。

第一章　报应、鬼怪与命定:《夷坚志》温州故事的地域关系与伦理观念

一　《夷坚志》故事的地域关系

　　《夷坚志》在中国文学史上具有重要地位，又是宋代社会文化史的重要史料。[1]从文本与书写的

1　有关《夷坚志》的研究非常之多，虽然这些研究无法纳入本章"地域观念"的问题脉络当中，但有些研究对本章的讨论仍有重要的参考价值。这里举要罗列：张馥蕊《夷坚志通检》（台北，台湾学生书局，1977）是一部检索性的工具书；王德毅与凌郁之各有一部《洪迈年谱》（分别由台北新文丰出版社 1995 年与上海古籍出版社 2006 年出版）；王年双《洪迈生平及其〈夷坚志〉之研究》（台北，花木兰文化出版社，2010）全面梳理了《夷坚志》故事的提供者，并对每位提供者做了简单的考证；此外，张祝平《〈夷坚志〉论稿》（中国文史出版社，2002）、张文飞《洪迈〈夷坚志〉研究》（博士学位论文，复旦大学，2008）以及李剑国的系列论文《〈夷坚志〉成书考——附论"洪迈现象"》（《天津师大学报》1991 年第 3 期）、《〈夷坚志〉引用宋人小说考》（收入《南开文学研究》，天津古籍出版社，1990）、《〈夷坚志〉佚文综考》（收入李浩、贾三强主编《古代文献的考证与诠释——海

角度讲，《夷坚志》有一个显著的特点，即记述的内容主要不是洪迈的文学创作，而是当时社会上口耳相传的鬼怪故事与奇闻轶事的汇总。洪迈在编纂这些故事时一般会记录故事的提供者乃至故事传播的途径，这为《夷坚志》的文本分析提供了特定的途径。本章以《夷坚志》中温州故事为例，尝试分析这些故事的伦理观念与地域社会的对应关系。

《夷坚志》故事与地域社会关系涉及三个维度：一是洪迈与故事分布地域的关系；二是故事提供者的地域关系；三是故事人物与地域的关系。

洪迈与故事分布地域的关系，主要呈现四种类型：一是洪迈的家乡鄱阳，洪迈待阙时或致仕后在家乡长期居住，除了通过官场、科场上的知交收集故事外，通过亲朋好友或者亲自从民间采集故事的机会也很多；二是南宋的都城临安，洪迈长期在朝任官，这里是南宋官僚系统的枢纽，洪迈结识了大量向他提供故事的官员或士人；三是洪迈因为任官或者其他原因居住过的州县，如福州、饶州、吉州、赣州、建宁府、婺州等地，在这里可以直接听闻一些当地的故事，也能通过当地的同僚收集各地的故事；四是洪迈未曾居留的地方，主要通过当地人士或曾在当地任官者获得相关故事。故事提供者的地域关系，一般可以分为三种类型：一是当地人士提供的当地故事；二是当地游历者（比如游宦、游士、行商等）提供的当地故事；三是外地人士（既非当地籍贯，也未曾游历当地者）提供的当地故事。故事人物与地域的关系包括以下各种情况：一是当地人在当地的故事；二是当地人在外地的故事；三是外地暂居者（比如在当地任职的官员或其他谋职者）在当地的故事；四是途经者在当地的故事；等等。

峡两岸古典文献学国际学术会议论文集》，上海古籍出版社，2006）等，都有重要的参考价值。海外的《夷坚志》研究，则以 Alister David Inglis 的专著 Hong Mai's Record of the Listener and Its Song Dynasty Context（State University of New York Press，2006.）最具代表性。

上述只是罗列《夷坚志》故事地域关系的各种可能。就温州故事而言，洪迈未曾游历过温州，温州故事几乎都由他科场或官场上的亲友提供的。《夷坚志》中可以从地域关系视角分析的温州故事有23则，[1]包括温州人林熙载提供的5则故事中的4则、温州人木待问提供的7则故事中的5则，以及温州人戴宏中、诸葛贲、王十朋、林亮功、张阐、徐辉仲孙女、叶适与薛季宣等八人提供的8则，17则温州人提供的温州故事以外，又有6则非温州人提供的温州故事。通过故事的提供者、故事人物、故事发生地三个维度对温州故事进行反复分析，可以将温州故事中伦理观念与地域的关系分为几种情况。首先无论故事的提供者是谁，报应故事都是温州地方社会流传甚广的故事，这些故事可能发生在民众、士人或吏役身上，但故事人物中几乎没有出现仕宦者。其次，无论是温州人在外地，还是外地人在温州，凡是游宦（或游学）者的故事基本上是鬼怪故事。温州故事中还有一种类型是自述故事，其中除了最常见的科举梦占故事之外，还有两则比较特别的待阙者故事。

二　林熙载的故事

绍兴十二年（1142），十九岁的洪迈第一次参加博学宏词科考

1　《夷坚志》中与温州有关的故事大约有34则，其中适合讨论伦理观念与地域秩序的故事有23则。被认为不具有分析意义的11则故事中，丁志卷一的《王浪仙》与《僧如胜》，这两则是讲述温州术士在临安卖卦的故事，故事提供者不详，故事发生在临安。支景卷八的《平阳王夔》是一则科举梦占故事，故事提供者是诸暨籍的官员王厚之，故事人物虽然是温州平阳人王夔，但故事发生在临安。这类故事提供者与故事地点均与温州无关，基本无法反映温州的地域观念。甲志卷七的《搜山大王》《金钗辟鬼》以及补卷一〇的《田亩定限》，虽然故事人物是温州人，其中两则故事也发生在温州（《搜山大王》发生在开封），但故事提供者朱亨叟或朱焕叟的籍贯、身份不详。丙志卷五的《西洋庙》《徐秉钧女》，故事提供者是缙云人陈棣，他提供了丙志卷五所有13则故事；支丁卷二的《顾百一》与支丁卷三的《海山异竹》，故事提供者吕大年，他为《夷坚志》提供了共计133则故事；支己卷八的《台岭钱王庙》，是洪迈从他的亡友李泳的《兰泽野语》中抄录的23则志怪故事中的1则。以上这5则故事，是从其他志怪小说作者手中转录的故事，由于故事的来源和传播途径不明，因此也予讨论。

试，不第。第二年，洪迈的父亲洪皓被金国拘留十五年后获遣还。大概这期间，洪迈开始收集志怪故事，编写《夷坚志》。绍兴十五年，洪迈中博学宏词科，授两浙转运司干办公事，入为敕令所删定官。绍兴十七年，父亲洪皓被诬作欺世飞语，责授濠州团练副使，英州安置，洪迈随父亲居英州，同年又随父亲南迁至虔州。绍兴十八年十一月，洪迈赴任福州教授。[1]

应该就在福州，洪迈结识了第一个向他提供《夷坚志》故事的温州人林熙载。林熙载，温州平阳人，洪迈第一次参加博学宏词科考试的绍兴十二年，林熙载登进士第。[2]绍兴十六年，林熙载自温州赴任福州侯官主簿，[3]绍兴十九年仍在福州任上。[4]

同僚之间容易聊起科场轶事。林熙载讲的第一个故事是甲志卷四的《胡克己梦》：

> 胡克己，字叔平，温州人。绍兴庚申应乡举，语其妻曰："吾梦棘闱晨，启，它人未暇进，独先入坐堂上，今兹必首选。"妻曰："不然。君不忆《论语》乎？先进者，第十一也。"暨揭榜，果如妻言。[5]

绍兴庚申即绍兴十年，绍兴十二年中第的林熙载如果也在温州参加乡举，那么他应该与胡克己一起参加了绍兴十年的乡举。虽然胡克己在绍兴十五年考中进士，[6]两人未成同年，但应该兼有同乡、同学之谊，这个故事理应是他们应举期间的私下交流。胡克己在参加乡举之前梦见考场的情景，很自然地认为是对考试结果的预测，而他

1　参见凌郁之《洪迈年谱》。
2　王瓒：《弘治温州府志》，上海社会科学院出版社，2006，第344页。
3　洪迈：《夷坚志》甲志卷五《义鹘》，何卓点校，中华书局，1981，第36~37页。
4　洪迈：《夷坚志》甲志卷五《宗回长老》，第36页。
5　洪迈：《夷坚志》甲志卷四《胡克己梦》，第34页。
6　参见《弘治温州府志》，第344页。

妻子对梦境做出了更加准确的解释。宋代士人对于科场命运的不确定性具有普遍的无助感和焦虑情绪，在显意识中这涉及儒家的出处问题，在潜意识中这种焦虑就转化为梦境中对科举结果的各种古怪预兆。《夷坚志》中大量出现科举梦占故事，故事结构非常雷同。[1]《胡克己梦》的特点是胡克己与他的妻子交流梦境，而他的妻子能够用《论语》典故来解释胡克己的梦境，知书达礼又恩爱无间的士人夫妻形象跃然而出。

　　林熙载讲的第二个故事还是科场故事：

> 项宋英，温州人。宣和中，浪游婺女，乡人萧德起振为仪曹，馆之书室，与语至夜，留酒一壶曰："我且归，不妨独酌。"项方弛担疲甚，即就枕。俄有妇人至，与之言，酌巨觥以劝。意其萧公侍儿，不敢狎，不得已少饮，妇人强之使尽。项疑且恐，乃大呼。萧公之弟扩闻之，亟至，扣户问所以，妇人始去。扩入见衾席间皆为酒沾渍，验之，则向所留酒也。明日问诸人，乃某官昔年尝殡亡女于此，项即徙室，自是不复遇。绍兴八年试南京，馆于临安逆旅。一夕，在室中终夜如与人对语，同邸者询之，项曰："婺女所见之人，今复来矣。"然亦亡它，又十年方卒。[2]

项宋英，其人无考。婺女是星宿名，"越地，牵牛婺女之分野也"。[3]萧振，字德起，温州平阳人，温州名宦许景衡的女婿，《宋史》有传："登政和八年（1118）进士第，调信州仪曹。"[4]因此，项宋英的故事发生在信州（江西上饶）。故事中项宋英是四处浪游的科举士人，

1　参见祝尚书《科名前定：宋代科举制度下的社会心态——兼论对宋人志怪小说创作》，《文史哲》2004年第2期。
2　洪迈：《夷坚志》甲志卷四《项宋英》，第34~35页。
3　《汉书》卷二八下《地理志下》，中华书局，1962，第1669页。
4　《宋史》卷三八〇《萧振传》，中华书局，1977，第11724~11725页。

因为同乡或者同学的关系，他可以在萧振的书室留宿。项宋英在萧振书室遭遇女鬼的纠缠，女鬼的来历是"某官昔年尝殡亡女于此"。人鬼的纠葛并不激烈，第一次相遇后"项即徙室，自是不复遇"，第二次复来时虽然彻夜长谈，但女鬼似乎比较通情达理，并没有危险的举动。故事最后称"然亦亡它，又十年方卒"，表现出对女鬼余悸以及项宋英的庆幸心理。故事的核心未必是男性士人的情欲或者女鬼作祟复仇，倒是渲染了科举士人游学在外的不安全处境。这个发生在信州的故事或许由故事中调查女鬼来历的萧扩（萧振的弟弟）传播到温州平阳，故事向家乡的人们描述了在外游宦或游学的两种不同情形：富有风险和奇遇的游宦经历（萧振或者跟随萧振的萧扩），以及屡试不第、失魂落魄的游士遭遇（项宋英）。而在林熙载的讲述中，对陌生环境既有期待也有恐惧，两种情绪的交织制造出疑虑重重的效果。

林熙载提供的第三个故事《江心寺震》：

> 绍兴丙寅岁，温州小民数十，诣江心寺赴诵佛会。或自外入，言江水极清，非复常色，竞出门观之。众僧方坐禅，顾廊庑间有烟焰，惧不敢起。顷之，黑雾内合，对面不能辨，雷电震耀，两刻而止。观者五人死泥中，余皆不觉。有行者方在厨涤器，一神身绝长大可畏，引其手以出。将及门，复有一神至，曰："莫错，莫错。"即舍之。复入厨，引一人出，亦陨于外。凡死者六人。（三事皆林熙载宏昭说。）[1]

故事发生在绍兴十六年（1146），这一年林熙载"自温州赴福州侯官（叶本多一'主'字）簿"。[2] 江心寺是温州瓯江小岛上的佛寺，

---

1 洪迈：《夷坚志》甲志卷四《江心寺震》，第35页。
2 参见洪迈《夷坚志》甲志卷五《义鹊》，第36页。

宋高宗南逃时曾驻跸其中。故事几乎没有情节的发展，只是描述了江心寺一场导致六人死亡的雷灾中数个惊心动魄的场面。叙述多在大全景的角度下完成：故事人物既有赴诵佛会的温州小民数十，有坐禅众僧，有在厨行者；场景有寺外江水，有廊庑烟焰，有雷电震耀，也有鬼神索命的细节。故事场景复杂，节奏紧张，现场感强烈。由于采用全景式描述，故事人物"温州小民""众僧""观者""行者""一神"等，都以模糊的身影呈现。这样的描述显然不是个人观察的结果，如果不是文学创作，就是对一次灾难事件不同描述的综合与加工。故事中伴随着"雷电震耀"出现了两位索命之神，一神误将在厨行者作为攻击对象，在另一神的纠正下，复又攻击另一人致其殒命。另外五位死者遭到攻击时均在寺外观赏"江水极清，非复常色"，故事特别指出"观者五人死泥中，余皆不觉"。这些描写无非强调神的攻击具有精确目标，雷灾并非偶发的自然灾害，而是针对遇难六人的蓄意进攻。故事没有提示神是否来源于佛教系统，也没有强调佛教力量在这则发生在江心寺的故事中发挥的作用。由于没有交代遇难者遭受进攻的具体原因，故事中报应的逻辑也显得极不完整。但是神对遇难者有目的的进攻和人面对神攻击束手就擒的状态，以及故事发生地又为佛寺，这些都说明故事只可能属于佛教报应故事。可以想象，这是一场在当地影响较大、众说纷纭的雷灾，故事的讲述者林熙载并没有亲历事故的现场，但他对广泛流传、描述生动的佛教报应故事印象深刻，并抱有敬畏之心。

　　林熙载对佛教的敬畏与迟疑，在下面几则故事中也有表现。甲志卷五《宗回长老》坐化的故事：

　　　　僧宗回者，累建法席，最后住南剑之西岩，道行素高。寺多种茶，回令人芟除繁枝，欲异时益茂盛，实无它心。有僧不得志于寺，诣剑浦县诉云："回虑经界法行，茶税或增故尔。"县知其妄，挞逐之。僧复告于郡，郡守亦素闻回名，不然其言,复挞之。僧不胜忿,诣漕台言所诉皆实,而为郡县抑屈如此,乞移考它郡。漕使下其事于建州,州遣吏逮回。吏至,促其行,回曰:"幸宽我一夕,必厚报。"吏许为留,回谓其徒曰:"是僧已再受杖,吾若往自直,则彼复得罪,岂忍为此!吾不自言,则罪及吾,吾亦不能甘,不如去此。"僧徒意其欲遁,或有束装拟俱去者。明旦,回命击鼓升座,慰谢大众毕,即唱偈曰:"使命来追不暂停,不如长往事分明。从来一个无生曲,且喜今朝调得成。"瞑目而化。时绍兴十九年。[1]

宗回禅师坐化故事另有两个版本,一是《五灯会元》:

　　南剑州西岩宗回禅师,婺州人也。久依无示,深得法忍。因寺僧以茶禁闻有司,吏捕知事,师谓众曰:"此事不直之,则罪坐于我。若自直,彼复得罪,不忍为也。"令击鼓升座,说偈曰:"县吏追呼不暂停,争如长往事分明。从前有个无生曲,且喜今朝调已成。"言讫而逝。[2]

一是元代《释氏稽古略》的记载:

　　淳熙元年五月三十日,宣远入对,帝曰:"古宗师坐脱立亡,今世有谁?"远曰:"……绍兴二十七年,南剑州西岩寺宗回,因官以茶园事招拾,登座说偈,曰:'官府追呼不暂停,何如长往事分明。从前有个无生曲,且喜今朝调已成。'言讫安坐而去……"[3]

1　洪迈:《夷坚志》甲志卷五《宗回长老》,第 36 页。
2　普济:《五灯会元》卷一八,中华书局,1984,第 1224 页。
3　觉岸:《释氏稽古略》卷四,基本古籍库影印大正新修大藏经本。

《夷坚志》与《释氏稽古略》记载宗回事的时间有冲突，林熙载与洪迈当时都在福建任官，可能他们的记载更加准确。三种文献对宗回坐化的起因及坐化前偈子的记载是一致的，三者叙述的背景与角度则有区别。《释氏稽古略》所载是慧远禅师（1103~1176）入对宋孝宗"古宗师坐脱立亡，今世有谁"问题的回答，慧远举了三个例子，宗回禅师是其中之一。三者中《释氏稽古略》的叙述最为简单，事情的起因经过几乎被省略，主要宣扬帝王对佛教的尊崇。《五灯会元》是佛教人物的传记，对于茶禁官司并没有详细叙述，只是记录了宗回自己对坐化行为的解释，即他既不愿受诬，亦不愿使人坐罪。然而这种解释只是宗回坐化的外缘，佛教才是导致宗回坐化的内因，即所谓"久依无示，深得法忍"，坐化是这种佛教修证的自然结果。而《夷坚志》的宗回故事，三分之二的篇幅叙述某位僧人诬告宗回、州吏传讯宗回的过程，体现了林熙载作为当地官吏的观察视角。然而林熙载强调的并非宗回坐化的宗教意义，长篇交代僧人诬告的过程，使得故事的意义更多地表现为儒家官员对于宗回"息讼"行为的表彰，或者说宗回的行为因为有益于社会治理而获得意义，林熙载以儒家官员的立场表达了对佛教人士的敬意。

　　接下来林熙载讲述的《义鹘》故事仍然发生在佛寺中，儒家立场也表达得更为明显：

　　　　绍兴十六年，林熙载自温州赴福州侯官（叶本多一'主'字）簿，道过平阳智觉寺，见殿一角无鸱吻，问诸僧。僧曰："昔日双鹘巢其上，近为雷所震，有蛇蜕甚大，怪之未敢葺。"僧因言："寺素多鹘，殿之前大松上三鹘共一巢，数年前，巨蛇登木食其雏，鹘不能御，皆舍去。俄顷，引同类盘旋空中，悲鸣徘徊，至暮始散。明日复集。次一健鹘自天末径至，直入其巢，蛇犹未去，鹘以爪击之，其声革革然。少选飞起，已复下，如是数反。蛇裂为三四，鹘亦不食而去。"林诵老杜《义鹳行》示之，始验诗史之言，信而有证。（二事熙载说。）[1]

平阳智觉寺鹳巢似乎是当地有名的灵异景观，《万历温州府志》载：

> 平阳智觉寺有鹳巢于殿脊，邻人采其卵，既煮之矣。僧惠永闻鹳悲鸣，乃亟取还置巢内，已而成雏飞翔，永怪之，登视其巢，惟见一石，石旁有草，永取置瓶中。一日有道士过之，见草曰："遍寻不见，乃在此。"即掇入袖中，化鹳而去。[2]

其实在中国传统文化中，鹳巢具有多重的宗教文化意义。《万历温州府志》的鹳巢故事虽然发生在佛寺，但道士的出现赋予其道教色彩，巢内见石的情节则出自方术家的学说。晋张华《博物志》载：

> 魏景初中，天下所说鹳水鸟也，伏卵时数入水，卵冷则不沸，取礜石周围绕卵，以助暖气，故方术家以鹳巢中礜石为真物。[3]

礜是硫化物类矿物毒砂的矿石。鹳巢内有石的传说在宋代仍然流行，宋人杜绾《云林石谱》载：

> 鹳巢中有石，亦名礜，或如鸡卵，色灰白，鹳于巢侧为泥池，多置鳅虾之蓄水中，以此石养之，每探取则吞而飞去，颇难得。顷年温州瑞安县佛舍尝有鹳巢，因端午晨朝，一人忽登

1　洪迈：《夷坚志》甲志卷五《义鹳》，第36~37页。
2　汤日昭：《万历温州府志》卷一八《杂志》，基本古籍库影印明万历刻本。
3　张华：《博物志》卷二，丛书集成初编，中华书局1985年影印本，第9~10页。

屋谋取，为人所捕致讼。询之，云："窃取可以致富，不利于
寺。"今本草所载礜石，凡有数种，产汉川、武当、西辽诸处，
鸟巢中者最佳。鹳常入水，冷，故取以温卵，今不可得之。[1]

《云林石谱》记载的鹳巢故事也发生在温州地区的佛寺，故事中鹳
巢内的礜石也由方术家的"真物"变为世俗眼中的珍宝，佛寺的应
对也显示出世俗意味。

宋代也有人对鹳巢礜石传说提出质疑，寇宗奭《本草衍义》载：

"礜石"并"特生礜石"：《博物志》及陶隐居皆言此二石
鹳取之，以雍卵，如此则是一物也……礜石入药，然极须谨
用，其毒至甚。及至论鹳巢中者，又却从谬说，鹳巢中皆无此
石。乃曰："鹳常入水，冷，故取以雍卵。"如此则鸬鹚雁鹜之
类皆食于水，亦自繁息生化，复不用此二石。其说往往取俗士
之言，未尝究其实而穷其理也。尝官于顺安军，亲检鹳巢，率
无石，矧礜石焉得处处有之。然治久积及久病胸腹冷有功，直
须谨用，盖其毒不可当。[2]

除方术家的鹳巢礜石说之外，宋代还有另一种鹳巢故事的版本。罗
愿《尔雅翼》对"鹳"的解释中包括：

然见人探其子，则径舍去，能致数十里旱，以其群飞激
云、云散雨歇故也。[3]

如果说罗愿记载的鹳能致旱尚在自然现象与动物报复之间，那么这

---

1 杜绾：《云林石谱》下卷，丛书集成初编，中华书局 1985 年影印本，第 27 页。

2 寇宗奭：《本草衍义》卷六，丛书集成初编本，中华书局 1985 年影印第 29 页。

3 罗愿：《尔雅翼》卷一五，黄山书社，1991，第 159 页。

个故事被收录到《太上感应篇》中完全成为善恶感应故事。李昌龄三十卷本《太上感应篇注》就以此来注释"覆巢"这种恶行：[1]

> 人有覆鹳巢取其雏者，是年六十里内，连月不雨。盖鹳能群飞激云，云散则不雨。[2]

宋代多种宗教文化都有各自的鹳巢故事，温州地区佛寺殿脊鹳巢故事也似乎非常流行，而林熙载讲述的《义鹘》故事显得比较特别。准确地讲这不是鹳巢故事，故事中施暴者变成了巨蛇，复仇者不是鹳鸟，而是出于道义突如其来的"健鹘"，内容几乎是杜甫诗《义鹘行》的翻版。义鹘故事与之前介绍的鹳巢故事不同，既不是简单的动物复仇，也不是善恶感应。杜甫诗以"义鹘"表彰儒家的道义与气节，"飘萧觉素发，凛欲冲儒冠"是儒家浩然之气的张扬，"功成失所往，用舍何其贤"是儒家贤士人格的自况，"聊为义鹘行，用激壮士肝"，是对儒家理想主义情怀的歌颂。在讲述这个故事的时候，林熙载显然也沉浸在这种儒家伦理的激情之中，在听完诸僧讲述义鹘故事之后，他"诵老杜《义鹘行》示之，始验诗史之言，信而有证"，表现出踌躇满志与得意之色。比较《项宋英》故事中对女鬼的疑虑，以及《江心寺震》《宗回长老》故事中对佛教迟疑暧昧的态度，林熙载更容易在《义鹘》的儒家情怀中获得归宿感。

《夷坚志》中还有林熙载提供的第六则故事《蛇报犬》。故事先有按语：

> 世传犬能禁蛇，每见，必周旋鸣跃，类亚觋禹步者。人误

1　美国学者包筠雅（Cynthia J.Brokaw）认为三十卷本《太上感应篇》的作者是南宋进士李石，参见包筠雅《功过格——明清社会的道德秩序》，杜正贞、张林译，浙江人民出版社，1999，第41页。
2　李昌龄、郑清之等：《太上感应篇集注》卷一二，中央编译出版社，2016，第102页。

逐之，则反为蛇所啮。

然后记载林明甫家犬的故事，应该并非由林熙载提供：

> 林明甫家犬夜吠，烛火视之，见一蛇屈蟠，犬绕而吠，凡
> 十数匝，蛇死。其体元无所伤，盖有术以禁之也。

林熙载的故事记载在最后：

> 林宏昭言：温州平阳县道源山资福寺，有犬名花子，善制
> 蛇。蛇无巨细，遇之必死，前后所杀以百数。一日，大蟒见于
> 香积厨，见者奔避。僧急呼花子，令噬之。未及有所施，蛇遽
> 前迎啮其颔，犬鸣号宛转，须史，死于阶下。蛇亦不见。岂非
> 其鬼所为乎？物类报复盖如此。[1]

与其他数则故事一样，这则"物类报复"的故事仍然发生在林熙
载家乡平阳县的佛寺。故事的铺垫是"世传犬能禁蛇"，而且称犬
"必周旋鸣跃，类巫觋禹步者"，林明甫家犬灭蛇也是"其体元无
所伤，盖有术以禁之也"，颇有巫术或道教法术的意味。然而林熙
载所述故事却是蛇灭犬，这就破除了"犬能禁蛇"的巫术色彩，最
后又以"岂非其鬼所为乎？物类报复盖如此"作结，赋予了故事
"报"的主题。

林熙载向洪迈《夷坚志》提供的六则故事，有一则同乡的科场
梦占故事，一则同乡在外游宦、游学时遇鬼的故事。其他四则故事
都发生在佛寺中，这些故事都涉及"报"的主题，然而林熙载讲述
这些故事的方式是独特的。林熙载似乎试图消解这些故事中可能包

1　洪迈：《夷坚志》甲志卷五《蛇报犬》，第 42 页。

含的"报"文化的内在逻辑,比如《江心寺震》可能的因果报应,《义鹘》可能的善恶报应,《蛇报犬》原有的犬的巫术能力,以及《宗回长老》作为佛教证果故事的内涵,从《义鹘》故事中也可以感受到林熙载的儒家伦理观念。然而当他抱着儒家观念讲述这些志怪故事时,对于故事的报应主题仍抱有敬畏心理,说明这些故事如果未经林熙载的转述,在温州当地民众的口耳相传中,应该具有更加鲜明的报应色彩。这样,林熙载提供的五则与温州有关的故事可以分为三个类型,即温州当地佛教氛围中的各类"报"的故事,温州人在外乡遇鬼的故事以及科场梦占故事。

三 木待问的故事

木待问(1140~?),字蕴之,温州永嘉人,绍兴三十二年(1162)得漕解,隆兴元年(1163)举进士第一名,授平江府签判,累官礼部尚书。曾通判洪州,出知吉州、湖州、宁国府、福州、婺州等,屡遭论劾。

木待问是洪迈的女婿,洪适《慈茔石表》载:"许嫁之二女,婿左承事郎、签书平江军判官木待问,左迪功郎、饶州司户许及之。"[1] 木待问提供的《夷坚志》故事出现在丙志与丁志。丙志大约完成于乾道三年至乾道七年(1167~1171),而"丁志撰成于淳熙五年,绝不能再晚了"。[2] 这期间,洪迈乾道三年至四年在临安,乾道五年回归乡里,乾道六年起至淳熙五年(1170~1178)曾出知赣州、建宁府等,[3] 而木待问曾通判洪州。

《夷坚志》有七则木待问提供的故事。第一则故事是丙志卷六的《温州风灾》:

---

1 洪适:《盘洲文集》卷七七《慈茔石表》,《鄱阳三洪集》下册,江西人民出版社,2011,第697页。
2 李剑国:《〈夷坚志〉成书考——附论"洪迈现象"》,《天津师大学报》1991年第3期。
3 凌郁之:《洪迈年谱》,第218~276页。

　　绍兴三十二年七月十三日，温州大风震地，居人屋庐及沿
江舟楫，吹荡漂溺，不胜计。净居尼寺三殿屹立，其二压焉。
天庆观钟楼亦仆，唯江心寺在水中央，山颠二塔甚高峻，独无
所损。先是两日，有巨商舣舟寺下，梦神告曰："后日大风雨，
为害不细，可亟以身中之物它徙。吾今夕赴麻行水陆会，会罢
即来寺后守塔矣。"商人如其戒。麻行者，村中地名也。继往
侦问，果有设水陆于兹夕者。初，郡有妇人，年可四十许，无
所居，每乞食于市，语言不常，夜则寄宿于净居金刚之下。诸
尼皆怜之，不忍逐。风作之前日，指泥像语人曰："身躯空许
大，只恐明日倒了。"去弗宿。已而果然。[1]

前述林熙载的《江心寺震》，故事叙述几乎是在大全景的视角下完
成，故事人物仅以"小民数十""众僧""观者""有行者""一神"
称之，营造出形象模糊的距离感。相比而言，木待问的《温州风
灾》叙述层次相当丰富，开篇"绍兴三十二年七月十三日，温州
大风震地，居人屋庐及沿江舟楫，吹荡漂溺，不胜计"，用远景俯
视整个温州受灾的情况，然后视角在净居尼寺、天庆观、江心寺及
二塔之间移动，交代这些宗教场所不同的受灾程度。视角再推进至
具体的人物，人物的背景来历、语言行为与心理动机都一一做了交
代。《江心寺震》的另一个特点是对故事中报应情节既敬畏又有所
疑虑的心理，而《温州风灾》则热心宣扬佛教的神奇。故事中商人
并没有任何奉佛的行动或者其他善行，仅仅因为亲近佛寺而在风灾
中得到佛教的护佑。故事刻画了两位佛教形象，一位是巨商故事中
的托梦之神，除了无条件地对"舣舟寺下"的巨商出手相救之外，
还要"今夕赴麻行水陆会，会罢即来寺后守塔矣"，是为保佑人间
平安而不辞辛劳、四处奔波的佛教神明。另一位乞食妇人显然并非

1　洪迈：《夷坚志》丙志卷六《温州风灾》，第 416 页。

受人嗟食的凡庸之辈，即使不是佛教神明的化身，至少也是一位勇猛精进的佛教修行者，乞食于市以及夜宿金刚像下可以理解为她修行佛教的独特方式，"语言不常"的预言能力以及风灾之前宣示金刚泥塑即将倒塌，则显示出佛教的神奇。

木待问讲的第二则故事是《诸天灵应》：

> 永嘉许及之深甫之父，事诸天甚著灵应。盗尝夜入门，家未之觉。许老梦寇至，为巨人持长枪逐之，惊窹。遽起视，外户已开，略无所失。明旦，见一枪于大门之外，不知从何来，及入诸天室焚香，则神手所持枪失之矣，始悟昨梦。[1]

许及之，字深甫，永嘉人，隆兴元年（1163）进士，官至知枢密院。木待问与许及之不但是同乡、同年进士，还同为洪迈的女婿。[2] 诸天是佛教中的护法众天神，故事讲许及之父亲侍奉诸天而获得救助之事，这是熟人之间流传的故事，也明显表现出尊崇佛教的态度。

与林熙载的《宗回长老》类似，第三则《福州大悲巫》涉及福建的宗教人物，不过不是禅僧，而是巫师。故事讲"里民家处女，忽怀孕"，大悲巫认定是舍前池中鲤鱼怪作祟，于是驱使邻舍两小儿入池捕杀大鲤，作法使处女腹孕消失，这是一个典型的鬼怪故事，并没有体现出报应的观念。大悲巫作法时"观者踵至，四绕池边以待"，可见此事引起当地轰动，流传甚广。[3] 木待问知福州时间晚至庆元年间（1195~1196），《夷坚志》丙志完成于乾道七年（1171），据此推测《福州大悲巫》并非木待问亲见之事，可能大悲巫的事迹已经扩散至温州。

第四则故事是《张八削香像》：

1　洪迈：《夷坚志》丙志卷六《诸天灵应》，第 417 页。
2　参见《弘治温州府志》卷一三，第 346 页。
3　洪迈：《夷坚志》丙志卷六《福州大悲巫》，第 417 页。

> 温州市人张八，居家，客持檀香观音像来货，张恐其作伪，欲试之，而遍体皆采绘，不可毁，乃以小刀刮足底香屑爇之。既而左足大痛，如疽毒攻其内者。药不能施，足遂烂。至今扶杖乃能行。[1]

这也是典型的佛教灵应故事，故事的人物形象与情节、细节都非常生动，如果不是木待问生活中亲见之事，就应该是当地流传甚广的故事。

以上四则故事都收录在丙志卷六，《夷坚志》丁志卷一一还有木待问提供的三则故事。其中《李卫公庙》讲述木待问自己中举那年在温州城东李卫公庙的祈梦之事，是一则科举梦占故事，也显露出木待问得中进士第一名的侥幸与得意之情。[2]另一则《郑侨云梯》也是科举梦占故事，但故事人物是"莆田（今属福建）郑侨惠叔"，事情发生在"乾道己丑（1169）春省试中选，未廷对"之时，地点应该在临安，并不属于温州故事。[3]

《天随子》是木待问待阙时发生的故事：

> 乾道六年，木蕴之待洪府通判缺，居乡里。火焚其庐，生事垂罄，作忍贫诗曰："忍贫如忍灸，痛定疾良已。余子爱一饱，美疢不知死。步兵哭穷途，文公谢五鬼。百世贤哲心，可复置忧喜。通经作饥面，伟哉天随子。九原信可作，我合耕甫里。"逾年，梦一翁衣冠甚伟，来言曰："若识我乎？我则天随子也。以君好读予文，又大书予《杞菊赋》于壁间，顷作诗用忍饥事，又适契予意，故愿就见，为君一言。予昔有田四顷，岁常足食，惟遇潦则浸没不得获。忍饥诵经，盖此时也。今子

---

1 洪迈:《夷坚志》丙志卷六《张八削香像》，第 417 页。
2 洪迈:《夷坚志》丁志卷一一《李卫公庙》，第 628 页。
3 洪迈:《夷坚志》丁志卷一一《郑侨云梯》，第 629 页。

有回禄之祸，而穷悴踵之，是水为我灾，而火为子厄也。然
予田尚在，独为蝇蚋所集不可耕，无有能为予驱除者，不免恩
子耳。"既窹，殊不晓其言。晨起，偶整比夜所阅书，而《笠
泽丛书》一策适启置桉上，视之，乃《甫里先生传》，前日固
未尝取读也。篇中有云："先生有田十万步（原注：吴田一亩
二百五十步），有牛减四十蹄，耕夫百余指，而田污下，暑雨
一昼夜，一与江通色，无别己田他田也。先生由是苦饥困，仓
无斗升畜积。"正与梦中语合，而一田字上有二死蝇粘缀，嗟
叹甚异，为拂拭去之。[1]

天随子是唐代文学家、农学家陆龟蒙（?~881）的别号。陆龟蒙字
鲁望，长洲（今江苏吴中区）人，别号天随子、江湖散人、甫里先
生。曾任湖州、苏州刺史幕僚，后隐居松江甫里，《笠泽丛书》是陆
龟蒙的杂文集。《甫里先生传》是陆龟蒙戏撰的自传，《天随子》中
所引内容的完整段落为：

先生贫而不言利，问之，对曰："利者商也。今既士矣，奈
何乱四人之业乎？且仲尼、孟轲氏所不许。"先生之居，有地
数亩，有屋三十楹，有田奇十万步（吴田一亩当二百五十步），
有牛不减四十蹄，有耕夫百余指。而田污下，暑雨一昼夜，则
与江通色，无别己田他田也。先生由是苦饥，困仓无斗升蓄
积，乃躬负畚锸，率耕夫以为具。且每岁波虽狂，不能跳吾
防，溺吾稼也。或讥刺之，先生曰："尧舜黴瘠，大禹胼胝，彼
非圣人耶？吾一布衣耳，不勤劬，何以为妻子之天乎？且与蚕
虿名器、雀鼠仓庚者何如哉？"[2]

1　洪迈：《夷坚志》丁志卷一〇《天随子》，第 628~629 页。
2　陆龟蒙：《笠泽丛书》，上海广益书局，1936，第 4 页。

这篇自传表达了陆龟蒙通过自耕自足保全人格独立以及诗书自足之精神，并以"蚕虱名器、雀鼠仓庾"讥刺功名利禄之徒。木待问中进士高第、转辗宦游，又屡遭论劾，谈不上清廉高洁。只是在他回乡待阙期间，因为"火焚其庐，生事垂罄"，作诗哀叹忍贫之痛，并以陆龟蒙耕读生活自况。这则故事在《夷坚志》中比较特别，展现了木待问在乡待阙时牢骚满腹、顾影自怜的不愉快的生活。

与林熙载提供的故事一样，木待问的故事也可分为温州本地的报应故事，包括《温州风灾》《诸天灵应》《张八削香像》；可能在温州流传的外地（福建）鬼怪故事《福州大悲巫》，以及科场命定故事《李卫公梦》《郑侨云梯》；而待阙故事《天随子》很难归入这三种类型，可以单独进行分析。

四　其他温州人提供的故事

林熙载与木待问是《夷坚志》中提供故事最多的温州籍人士。此外提供温州故事的温州人还有戴宏中、诸葛贲、王十朋、林亮功、张阐、徐辉仲孙女、叶适与薛季宣等八人，他们各自提供了一则故事，仍可以分为报应、命定与鬼怪这三种类型。

（一）报应故事

戴宏中的《炽盛光咒》和徐辉仲孙女的《徐辉仲》是两则报应故事。

温州瑞安人戴宏中，字履道，绍兴十二年（1142）与林熙载同时考中进士，曾任饶州乐平丞。[1] 王十朋于隆兴年间出知饶州，他在《祭戴履道文》称"我守番阳，君丞外邑。联事期年，莫克会

1　参见《弘治温州府志》卷一三，第 344 页。

集",[1] 说明两人在饶州与乐平任上的时间有所重合。洪迈在隆兴元年（1163）因罢官退居乡里，戴宏中隆兴年间可能在饶州与洪迈相遇。但一般认为《夷坚志》甲志是绍兴三十一年（1161）以前完成，戴宏中提供的故事《炽盛光咒》收录在甲志卷七，可能是在临安向洪迈提供的故事，时间或在绍兴十二年两人在临安参加科举时，也可能是绍兴十五年、绍兴二十八年至绍兴三十一年洪迈在临安期间，由于戴宏中履历不详，具体时间无从推断。戴宏中提供的《炽盛光咒》讲述瑞安士人曹毂诵"炽盛光咒"祛除家传顽疾（传尸）的故事：

> 瑞安士人曹毂，字觉老，少出家为行者。其家累世病传尸，主门户者一旦尽死，无人以奉祭祀，毂乃还儒冠。后数年亦病作，念无以为计，但昼夜诵"炽盛光咒"。一日，读最多，至万遍，觉三虫自身出，二在项背，一在腹上，周匝急行，如走避之状。毂恐畏，不敢视，但益诵咒。忽项上有光如电，虫失所之，疾遂愈。（郡人戴宏中履道说。）[2]

炽盛光佛是释迦牟尼为教化众生所现的忿怒相，由于毛孔发出炽盛之光明而得名。密教有炽盛光佛顶法，凡灾疫流行、鬼神暴乱、异国兵贼入侵，或世人遭受厄难、为怨家陵逼、恶病缠绵等，皆可修此法以祛除之。唐代僧人不空译有《炽盛兴大威德消灾吉祥陀罗尼经》，北宋天台宗高僧遵式撰有《炽盛光道场念诵仪》，故事中曹毂所诵"炽盛光咒"当即指此。"传尸"之名始于魏晋，原指人死后尸气传染之疾，五代以后则认为生前亦可相传。中医称体内寄生虫为"三虫"，道教中"三尸"亦称"三虫"，"三尸"是寄生于体内之

1　王十朋：《祭戴履道文》，《王十朋全集》，上海古籍出版社，1998，第1000页。

2　《夷坚志》甲志卷七《炽盛光咒》，第62页。

魂魄鬼神，可监视人的善恶行为，亦可在体内作祟而致人病死，求仙之人需去"三尸"，积众善而后成。故事的核心无非是诵经消灾，是一则典型的佛教灵应故事。戴宏中与曹毅有可能是同学的关系，这个故事应该就发生在温州。故事中曹毅曾一度出家"为行者"，后为防止家中绝嗣而还俗服儒冠，出家、还俗、服儒冠、诵"炽盛光咒"等表面上是宗教活动，其实都与谋生、疾病、传嗣等世俗生活密切相关，戴宏中对曹毅的个人与家庭生活都比较熟悉，应该是一则熟人间的故事。

补卷六的《徐辉仲》是一则轮回报应的讨债鬼故事：

> 永嘉徐辉仲，往丹阳，诣大驵贷钱千缗。未及偿而驵死，既无契券，徐不告其家而归。后生一子，极俊敏，八岁而病，父母忧之，召医市药，所费不可胜计。病子忽语其所亲尼温师曰："我欲归去！"尼怪问之曰："父母怜汝如此，汝复何归？"曰："我乃丹阳人，昔徐公贷我钱百万，幸我死不偿，故自来取之。今已偿足，我当归矣！"言毕而逝。辉仲孙女为朱亨甫子妇，言之。[1]

徐辉仲是温州永嘉人，故事的提供者是徐辉仲的孙女，也即朱亨甫的儿媳。因此这不仅是温州人讲述的当地故事，还是一则自己家庭内部的故事，故事情节即使有所夸张，为病子耗费巨资的基本情节应该并非虚构。徐辉仲生子八岁得病而亡，徐辉仲既有孙女，自然另有生育，而且可以推想此事给其他后人造成了经济上的影响。故事以生死轮回讲述鬼讨债故事，又出现了"尼温师"这样的佛教人物，具有一定佛教色彩，但鬼讨债故事与佛教没有必然联系。有研究者将唐人牛僧孺《玄怪录》中的《党氏女》作为这类鬼讨债复仇

---

[1] 洪迈：《夷坚志》补卷六《徐辉仲》，第 1606 页。

故事的原型。[1]《党氏女》有"天帝"而无佛教，道德说教色彩浓厚。[2]
与《党氏女》中出现天帝劝善惩恶的视角不同，《徐辉仲》主要表现
个人的报复行动，徐辉仲对于鬼讨债的行动毫无抵制的能力，是典
型的报应故事。

与前述林熙载、木待问提供的故事一样，这两则温州人讲述的
报应故事，同样发生在温州，而且明显是熟人之间的故事。用报应
的观念去阐述本地或者熟悉人群之间的怪异故事，是《夷坚志》温
州故事的一个规则。

（二）鬼怪故事

温州人讲述的温州故事还有林亮功的《绛县老人》、张阐的
《应梦石人》以及叶适的《叶氏庖婢》。这些故事均有鬼怪的色彩，
故事人物均与游宦有关。

甲志卷六的《绛县老人》讲述温州人周公才的故事，由温州
同乡林亮功转述于洪迈。周公才政和二年（1112）考中进士，[3]绍兴
十六年（1146）在临安去世之前曾邀请同乡林亮功共餐。周公才向
林亮功诉说他平生经历，其中包括这个故事所讲述的政和二年绛县
县尉任上的奇遇。当时周公才因为公务由绛县前往晋州（治临汾），
沿途路过道教胜地姑射山，先后遇见自称为青羊的老树精以及已
修道成为地仙的古绛县老人。[4]老树精预言周公才仕途不顺，而绛

1　福田素子「鬼讨債説話の成立と展開」『東京大学中国語中国文学研究室紀要』第 9 号、
2006 年。
2　牛僧孺：《玄怪录》卷二，中华书局，1982，第 27~28 页。
3　参见《弘治温州府志》第 342 页。
4　典出《左传》襄公三十年（前 543）二月癸未：晋悼夫人食舆人之城杞者，绛县人或年长矣，
无子而往，与于食。有与疑焉，使之年。曰："臣，小人也，不知纪年。臣生之岁，正月甲子
朔，四百有四十五甲子矣，其季于今三之一也。"吏走问诸朝。师旷曰："鲁叔仲惠伯会郤成
子于承匡之岁也。是岁也，狄伐鲁，叔孙庄叔于是乎败狄于咸，获长狄侨如及虺也、豹也，
而皆以名其子。七十三年矣。"史赵曰："亥有二首六身，下二如身，是其日数也。"士文伯曰：
"然则二万二千六百有六旬也。"杨伯峻编著《春秋左传注》，中华书局，1981，第 1172 页。

县老人多次款待周公才，并赠予仙桃，"食此，当终身无病"，又相约"后八十年相会于罗浮山"。周公才在民家接受款待时，因"周连引满，颇醉，不觉坐睡"，醒时绛县老人早已离开，这时民家才告诉绛县老人的真实身份，而周公才"始悔恨"。这是一则道教修仙故事，但周公才并没有因此走上修仙之路，倒是反映了科举官僚对仕途患得患失的心理。从地域角度讲，这个遇仙而错失的故事可以理解为对陌生环境的奇异幻想，虽然有别于鬼怪故事所反映的恐惧心理，但同样表现了陌生环境中生活的不确定。林亮功是温州永嘉人，宣和中为太学生，[1] 绍兴五年（1135）登第。[2] 绍兴二十二年至二十三年（1152~1153）林亮功任福州闽县丞，[3] 当时正值洪迈福州教授任满前往广州，[4] 他们在福州应该有相遇的机会。

　　叶适是永嘉学派的代表人物，他任湖北安抚使司参议官是在淳熙十六年至绍熙元年间（1189~1190），当时发生了所谓的庖婢孕育土鬼事件。《夷坚志》有两则故事记载此事，一是支乙卷四的《叶氏庖婢》，二是支庚卷一〇的《叶妾廿八》。《叶氏庖婢》没有说明故事的提供者是谁，但通过《叶妾廿八》可以了解这是当时官场上广泛流传的怪异事件，叶适本人也参与了这个传播的过程。《叶氏庖婢》记载：

　　　　永嘉叶正则为湖北安抚参议官，有庖婢忽怀妊，疑其与童仆私通，而此婢为人村戆，持身甚谨，置不问。已而满十月生

1　参见《夷坚志》甲志卷八《京师异妇人》，第65~66页。

2　参见《弘治温州府志》，第343页。

3　参见梁克家《淳熙三山志》卷九《公廨类三》载："闽县……崇宁间始置丞，即县东南故驻泊杭越苏营地为视事所〔时崇宁四年（1105）也，绍兴壬申（1152）县丞林亮功始立题名记〕。"宋元方志丛刊本，中华书局，1990，第7867页；又李心传《建炎以来系年要录》卷一六四载："（绍兴二十三年五月甲午）左从事郎、福州闽县丞兼权察推林亮功特降一资，以鞫乡贡进士郑炜签书不当也。"中华书局，1956，第2684页。

4　参见凌郁之《洪迈年谱》。

子，暗中不作声，扪其体，冻冷无气，亟取火烛视，则泥塑所成者。持而掷弃之，一老翁踉跄而至，连呼曰："吾儿也，不可杀。"就地抱抚，挟之而去，乃知其为土地祠中鬼物云。叶氏亦不复扣所以。[1]

《叶妾廿八》则记载：

> 叶正则庖婢事，载于支乙。陆子静知其详，云："叶之父朝奉君买侍妾，仍其在家排行，只称为廿八。来累月矣。一夕闻窗外有呼廿八者，认其声不审，未应。忽曰：'汝不应我，自入来。'俄一美丈夫至。妾惑之，遂共寝。自是乘间必至，已而有孕。十月免身，乃生泥子二，真土偶也。又生车螯鲫鱼各二枚，皆活。叶老不胜骇，亟投诸江中。此怪往来犹如初，迨正则罢官东归，将及京口，始绝迹。"子静言之于王顺伯、黄雍父，云："此乃正则作平江幕官时事。所生儿入地缝中，遣兵持锄掘之，闻其下曰：'尔何人，要来寻我？'乃止。"雍父审其事于正则，曰："然。"[2]

《叶妾廿八》中提及数位这个故事的传播者：陆子静即陆九渊；王厚之，字顺伯，其先临川人，后徙诸暨，乾道二年（1166）进士，授温州平阳尉，绍熙五年（1194）知临安府，后提点江东刑狱（治鄱阳）；[3] 黄雍父即黄唐，《南宋馆阁续录》载"长乐人，上舍释褐出身，治《易》。十五年三月除，十六年八月知南康军"。[4] 这个故事或许只是为掩饰叶适家丑敷衍而成，但官员们传播这则故事时，重

1　洪迈：《夷坚志》支乙卷四《叶氏庖婢》，第 824 页。
2　洪迈：《夷坚志》支庚卷一〇《叶妾廿八》，第 1213 页。
3　参见王年双《洪迈生平及其〈夷坚志〉之研究》，第 168~169 页。
4　陈骙：《南宋馆阁续录》，中华书局，1998，第 280 页。

点是渲染遭遇鬼怪的惊骇之情。不过故事的描述，无论是"一老翁
踉跄而至，连呼曰：'吾儿也，不可杀。'就地抱抚，挟之而去，乃
知其为土地祠中鬼物云"，还是"所生儿入地缝中，遣兵持锄掘之，
闻其下曰：'尔何人，要来寻我？'乃止"，鬼怪形象都显得猥琐懦
弱，相对于叶适等人处于弱势地位。当然从地域角度讲，与前述
《项宋英》《绛县老人》一样，《叶氏庖婢》《叶妾廿八》也是讲述温
州游宦在陌生环境遭遇鬼怪的故事，只是讲述者主要表现出惊骇之
情，而不是恐惧或幻想。

　　最后一则由温州人提供的温州故事是丙志卷九《应梦石人》，故
事提供者是温籍官员张阐。张阐，字大猷，宣和六年（1124）进士，
累官工部尚书，隆兴二年（1164）卒。洪迈撰述丙志时间在乾道三年
至七年（1167~1171），当时故事提供者张阐已经去世。故事中的席
益，绍兴元年（1131）知温州，[1]绍兴五年至七年知成都府，绍兴九年
卒于永嘉，距洪迈记载此事将近30年。[2]

　　《应梦石人》讲述知成都府席益早年曾知温州，母亲去世后，"将
葬于青城山"，但却梦见两位伤者告知其母应葬于温州徐家上奥，并
请求迁葬后能帮他们疗伤。于是席益"具舟东下，并奉其父中丞柩归
于温"，辗转找到徐家上奥，果然有吉穴虚位以待，墓地所有人愿意
无偿向席益提供阴宅，条件是为其儿免除差役。安葬双亲之后，席益
又为自己准备寿茔，结果发掘出两具穿孔石人，于是为其修补立祠，
"榜曰'应梦石人'云"。[3]《应梦石人》展现了游宦与任职地的一种特
殊关系。游宦与任职地的关系既可能是紧张、嫌恶，也可能相当和
谐、亲近。《夷坚志》有不少官员在地方毁淫祠的故事，就属于前一

1　《宋会要辑稿》职官三《中书省舍人院》："绍兴元年九月二十五日，诏中书舍人席益除集英殿
　　（修）撰，知温州。"上海古籍出版社，2014，第3035页。

2　参见《建炎以来系年要录》卷一二七，绍兴九年四月甲戌条载，"前资政殿大学士席益未免丧
　　薨于温州"，第2072页。

3　洪迈：《夷坚志》丙志卷九《应梦石人》，第443页。

种情况。官员亲近任职地的极端表现就是迁居,《应梦石人》讲述托梦迁葬的故事,其实是席益意欲迁居温州的一种心理反应。这种心理反应在梦境中仍表现为鬼怪故事,虽然作为鬼怪的石人在席益面前表现得相当谦卑,其形象与提供墓地而有所请求的温州民类似,但在席益的潜意识中,仍是通过鬼怪与陌生环境建立起联系。

(三)科举命定

　　王十朋的《乐清二士》、诸葛贲的《诸葛贲致语》是两则温州籍人士讲述的科举梦占故事。这类故事结构单一,无非是科举士人“得失之心颇切”的心理在梦境中的表现,[1]无论科举成败,都用命定的观念去解释梦境与科举结果的关系,因此出现了各种牵强附会的解释。如乙志卷四《乐清二士》中居住在乐清城东的贾如愚梦见解榜有“陈七”,结果被解释成为“邑东第七”;[2]三志壬卷九《诸葛贲致语》中诸葛贲梦见“金牛杂剧仍逢斗,芍药花开偶至明”,竟被解释成:

　　　　其叔祖母戴氏生辰,相招庆会,门首内用优伶杂剧。过四更,报捷者至,其日为辛丑,下直斗宿,方悟梦中上句之验。友生为言,芍药开时,正当集注,必得明州差遣,果注奉化尉。[3]

其曲折离奇,未免滑稽。然而科举士子乐此不疲,无非反映了宋代科举命运的偶然性。

五 《九圣奇鬼》

　　《九圣奇鬼》是一个非常特殊的故事,篇幅长达三千余字,是

1　洪迈:《夷坚志》乙志卷四《乐清二士》,第 218 页。
2　洪迈:《夷坚志》乙志卷四《乐清二士》,第 218 页。
3　洪迈:《夷坚志》三志壬卷九《诸葛贲致语》,第 1537~1538 页。

《夷坚志》故事中罕见的超级长篇。[1]故事的主要人物薛季宣是永嘉学派的开创者。与前述木待问《天随子》一样，《九圣奇鬼》也发生在官员回乡待阙这个特定的时空环境中。《天随子》中木待问心情败坏，而薛季宣待阙期间的困境更加突出。故事发生在隆兴二年（1164）秋，当时的薛季宣"武昌任期满后，于隆兴元年携眷南归。该年秋冬之间他曾赴临安选调，得婺州司理参军，便于隆兴二年（甲申年）回到永嘉老家候缺。他的好友郑伯英（景元）在他死时的祭文中说：'岁在甲申，公归里居'……他在家住了四五年，一面著书，一面授徒，陈傅良、王楠、徐元德、戴溪等曾先后向他问学受业。"[2]从这段论述看，薛季宣在乡待阙的生活似乎相当充实。然而另一位学者这样描述薛季宣的待阙生活：

> 对薛季宣而言，仕途是一种肉体和精神的折磨，而不仕又贫乏无以自存。他的仕途的大部分时间都是在待阙，尤其是隆兴元年自武昌县解任，到乾道七年八月入都第二次都堂审察，竟然连续待阙9年，不曾奉祠一次，无一钱俸禄入袋。因此他极其渴望出任待遇较优厚的州县官，而不是京官。他在乾道六年和七年间，他屡次辞赴都堂审察，恳求让他照常知常熟县，如不能知县，就奉祠一次。这样近乎赤裸裸的逐禄之请，反映了他极其窘迫的经济状况。[3]

薛季宣出生于仕宦家庭，由于幼失怙恃，自六岁时起由伯父薛弼收养，跟随薛弼宦游各地，薛弼去世后又依从过岳父孙汝翼、同乡萧振等人。离开萧振至绍兴三十年（1160）调鄂州武昌令前七年

---

1 洪迈：《夷坚志》丙志卷一《九圣奇鬼》，第 364~369 页。

2 周梦江：《薛季宣的生平、著作及其对道学思想的异议》，《宋元明温州论稿》，作家出版社，2001，第 152 页。

3 王宇：《永嘉学派与温州区域文化》，社会科学文献出版社，2007，第 127 页。

时间中，薛季宣的行踪不详，仅知他曾经游历会稽、常熟等地，但未见他返乡居住的记载。从这些履历来看，在隆兴二年返乡待阙以前，薛季宣可能没有在家乡长久居住过。从某种意义上讲，出生于仕宦家庭的薛季宣不仅长期游宦于外乡陌生之地，而且长期的游宦生活使他对于自己的家乡也相当陌生。《九圣奇鬼》的故事正是在这种背景下发生的。

《九圣奇鬼》的主要内容似乎是讲述当地巫师沈安之三次驱鬼治病之事，治病的对象分别是薛季宣的邻居沈氏母、从女之夫家，以及薛季宣外甥。然而在为薛季宣外甥驱鬼之时，故事出现了变调，当地淫祠与薛季宣的冲突成为主线，故事最终以薛季宣毁淫祠、求助道士险胜鬼魅结尾。据洪迈的记载，这则故事并非口耳相传的轶闻，而是薛季宣因为懊悔迷信巫鬼而将此事详尽记录，题为《志过》，洪迈不过是"采取其大概"，编写了这篇《九圣奇鬼》。[1]故事中多数篇幅都在描述薛季宣之子薛沄目睹神鬼大战的复杂情形，而时年十四五岁的薛沄也是巫鬼攻击薛氏的主要受害者。

故事开篇讲述因邻居沈氏母病，薛季宣之子薛沄及其两位何姓外甥前去慰问，看到巫师沈安之在沈氏家中作法治鬼。可能是因为年龄较小，阳气未盛，易受鬼魅侵入，薛沄与两位表兄弟清楚地观看到了巫师所降神将与鬼魅斗法的过程。薛沄回家夸耀巫师治鬼之神奇，当时薛氏"从女之夫家苦魑怪，女积抱心恙"，于是邀请沈安之前往治鬼。这次治鬼的过程相当曲折，开始神将"执二魑"而"其三远遁"，于是派"甲士数百""器械悉具"前往收治，"缚三魑至"，"又执二人，一青巾，一髡髻"。沈安之作法对鬼魅严刑拷打，但鬼魅"死而复苏屡矣"，无法让他们交出从女的灵魂。沈安之又邀请"别将蓝面跨马者讯治"，让鬼魅"屈服受辞"，交代女魂被

1　洪迈:《夷坚志》丙志卷一《九圣奇鬼》，第364~369页。

藏在"宅旁树"。沈安之从树腹中找到一卷书，将书投入从女口中，然后灵魂回归头顶，当晚病情稍愈。然而魑鬼集团并未消灭，鬼神斗法也未结束，反而导致更大规模的战争，沈安之"发卒数万，且召会城隍五岳兵，侦候络绎"，不料战役失利。沈安之又派遣"铁帻将率十倍之众以往"，"亦败"；"烧符追玉笥三雷院兵为援"，"后二日，始有执旗来献捷者"，并抓获了一名"冕服而朱缨"的酋长。这时神将又得到情报，称远方鬼魅准备前来劫狱，于是对酋长严加囚禁。结果薛女的病并未好转，原来女魂再次被鬼夺走。于是沈安之"解发禹步，仗剑呵祝，每俘获必囚之"。

然而故事至此忽然发生转向，之前激烈的鬼神大战，突然变成了神将与薛沄的交往。可笑的是，神将与薛沄讨论的并非驱鬼经验，而是心性与古代典籍，这时薛氏似乎已经落入巫鬼设计的圈套。接下来，因为薛季宣的外甥患疟疾，其母见沈安之法力高强，也请沈安之为之治病，地点就安排在薛季宣家中。沈安之照例降神治鬼。这次所降三位神将，其中之一竟是薛季宣的父亲薛徽言，薛徽言的灵魂告诉薛季宣，他在神界已被封为"明威王，位在岳飞右"，而薛季宣伯父薛嘉言与薛弼以及薛季宣的岳父孙汝翼三人，也已受封将"五雷兵"。薛徽言又通知薛季宣，明天将与孙汝翼一起来见过薛季宣，要求薛季宣"治具以待"。虽然三位神将也"捕得七鬼"，然而此后的叙述的重点不再是鬼神大战，而是祖先祭祀的问题。第二天众多的神将造访薛家，"或称南北斗、真武、岳帝、灌口神君、成汤、高宗、伊尹、周公、陈抟、司马温公者"，后来又来了阎罗王，阎罗王又命令"阴吏索薛氏先亡者"，于是又有薛氏先人十六人的鬼魂出现，其中包括薛季宣的父母、岳父等。然而众神不满薛氏的祭品，称"今日馔具殊薄恶，后必加丰，令足以成礼。"

去世的祖先作为鬼魂降临，这不符合儒家的观念。薛季宣的兄长薛高对此提出了质疑。薛高后来被收入地方志的"隐逸传"中：

　　　　薛高，字宁仲，永嘉人，任莲城簿，弃官而隐，读书作

文，至老不休，家有读书楼，郡守楼钥为之记，陈谦赠之诗，

有"万卷编抄高似屋，一门师友重如山"之句。[1]

薛高认为这些鬼魂可能是假冒的，"此奇鬼附托，不足复祀"。然而薛季宣认为既然是祖先"安得不祭？"此事引起神将的不满，向上帝奏告薛高不孝。第二天晚上，薛氏十六位先人的鬼魂再次出现，这次他们自己大开宴席，酗酒纵乐。不检点的行为引起人们的议论，鬼魅们又因此产生怨恨。这时薛徽言的鬼魂向薛季宣哭诉，暗示薛季宣可能将遭受灾难，并要求薛季宣供奉祖先与神将的绘像，遭到薛季宣的拒绝，薛季宣还要求祖先鬼魂不再出现。第二天尚未起床，薛季宣的妻子孙淑也认为不可以再次祭祀祖先鬼魂。未等薛季宣回答，薛徽言、孙汝翼等的鬼魂就出现在床角哭泣哀求，遭到孙淑的责问，"阿舅阿父幸见临，何为造儿女子床下？"鬼魂因此离去，而孙淑对这些鬼魂产生了进一步的怀疑，认为父亲与公公都是正人君子，不可能做出如此无礼的举动，断定这些鬼魂是冒充祖先诈骗血食。这时又出现了两个神将，他们宣称这些鬼魂均是假冒，他们受"真飞天王"之命前来抓捕鬼魂。薛季宣断定这两个神将也是假冒，"拔剑击之"，结果发现他们屋内"尽室皆魈，移时乃没"。

　　第二天仍有神将前来报告诛灭魈鬼的战绩，薛季宣不再信任，再次拔剑相击。鬼魂大惊散去，并威胁说等到夜晚要加害于薛沄，至此薛季宣与巫鬼的关系彻底破裂。晚上鬼怪前来加害薛沄，经过一番斗争，最后依靠薛沄默诵《周易·乾卦》、孙淑取真武像抵御才求得安宁。薛季宣一家开始讨论请道士来驱鬼，但想到的道士被魈鬼一一揭短，只有张彦华是例外。于是薛氏请张彦华作法，使魈

鬼交代了事情的原委：

> 我西庙五通九圣也。沈安之所事，皆吾魈属。此郡人事我
> 谨，唯薛氏不然，故因沈巫以绐之，欲害其子。今手足俱露，
> 请从此别。

原来魈鬼就是当地西庙中的五通九圣，魈鬼与巫师沈安之本是串
通，有预谋地加害于薛氏，原因是薛氏不愿意事奉五通九圣。魈鬼
九圣虽然答应张彦华不再出现，但是张彦华走后第二天他们再次攻
击薛澐。张彦华作法与魈鬼展开一场战斗，九圣毫不示弱，威胁薛
氏必须去庙中向五通九圣表达敬意才肯罢休。薛季宣至此才明白症
结所在，愤而率人毁其淫祠，"宣不复问，领仆毁其庙，悉断土偶
首"。然而神鬼大战还在继续，直到"俘鬼二十一皆斩首"，后在上
帝的直接干预下，又逮捕首恶王邦佐、萧文佐、萧忠彦、李不逮，
从犯约三十七名，均被处以极刑，同时这些鬼魅的原型也被揭发，
其中有"一人乃旧婢华奴，以震死而为厉者，一人非命而为木魅
者，男强死而行疫者，魈正神而邪行者，诈称九圣者，窃正神之庙
食者"，而最后一名的描述尤值得寻味：

> 生不守正，死为邪鬼，杀人误国无所不至，而踪迹诡秘如
> 某人者。

在故事的最后又追述了九圣庙作为淫祠的存在，"初，郡人事九圣淫
祠，久为民患，及是，光响讫熄"，至此，故事由原来的巫师驱鬼
演变为毁淫祠事件。但冲突的缘由，薛季宣并没有主动毁淫祠，一
度依赖巫师为家人治病，却被认为"此郡人事我谨，唯薛氏不然"。
在这个表述中，薛季宣被视为郡人（本地人）中的异类。薛季宣可
能没有意识到，自幼在外游宦的他与家乡固有的社会关系网络产生

了隔阂。故事的结尾提到邪鬼中有"杀人误国无所不至"者，或许暗示与更复杂的政治斗争有关。[1] 但从本文讨论的地域观念角度讲，与一般报应故事的主角是当地平民不同，薛季宣虽然是温州人，却是作为待阙官员重新出现在家乡，与《天随子》中的木待问一样，作为游宦的他们与家乡的关系，与长期生活于此的平民是完全不同的，他们的主要社会关系超越了地方社会，也不会满足于与地方社会重建关系，也容易造成与地方社会的脱节、隔阂、紧张甚至冲突。简言之，《九圣奇鬼》虽然是温州人讲述的温州人在温州的故事，但温州地方社会对于待阙的薛季宣而言或者是一个陌生环境。

薛季宣在家乡遭遇鬼怪的故事并没有至此结束，《夷坚志》丁卷一二《薛士隆》记载了薛季宣去世的情形，故事内容可能由其子薛沄提供，文末记述洪迈自己对薛季宣的评述：

> 薛士隆（季宣）家既遭九圣之异，其后称神物降其居者尚连年不绝。乾道癸巳岁，自吴兴守解印归永嘉，得痔疾，为庸医以毒药攻之，遂熏烝至毙。死之数日，其子沄病中闻若有诵禅氏所谓偈者，其语云："议著即差，拟著即错。挑起杖头，将错就错。鱼鸟飞沉，各由至乐。要知乐处，无梦无觉。"吁，亦异矣。士隆学无所不通，见地尤高明渊粹，刚正而有识，方向用于时，年财四十而至此极。善类咸嗟惜焉。官止通直郎，待常州阙，不及赴。[2]

"其后称神物降其居者尚连年不绝"，"为庸医以毒药攻之，遂熏烝至毙"，似乎说明薛季宣已经不容于地方社会，其子薛沄病中梦见佛偈中"即差""即错""将错就错""鱼鸟飞沉，各由至乐"等语，

---

1 或指秦桧，待考。
2 洪迈：《夷坚志》丁卷一二《薛士隆》，第 641 页。

暗示着薛季宣某种误入歧路而无可奈何的处境。不过社会冲突演化为与巫鬼的斗争，说明大量陌生环境中鬼怪故事反映的恐惧惊骇之情并不只是文学表现或观念想象，而是以实在的巫鬼群体的进攻为其社会基础。

六　外地人讲述的温州故事

（一）《沈纬甫》与《乐清鲍贵》

除温州人讲述的温州故事，《夷坚志》中还有非温州籍人士讲述的温州故事，其中可以分析地域观念问题的故事五则。先讨论《沈纬甫》与《乐清鲍贵》。

丁志的成书时间在乾道七年（1171）至淳熙五年（1178）之间。七八年间，洪迈先知赣州，一度退居鄱阳，又于淳熙四年起知建宁府。[1]丁志卷一一《沈纬甫》的提供者是瑞安主簿陈处俊。淳熙八年，陈处俊知临海县时曾主持修缮县东南灵康庙。[2]据此推测，陈处俊任瑞安主簿与洪迈知建宁府的时间可能有所重合，故事当在这期间提供，当为陈处俊在瑞安任上的见闻。瑞安人沈纬甫是潦倒无成、以交结邑官为业的穷酸士人。他与县尉黄君两人行为不检点，狎妓泛舟时，黄君因戏言"可唱'平地一声雷'之词，为沈学士寿"，沈纬甫跪受之，随即"有霹雳震沈氏之堂"。[3]故事中邑人的议论将沈纬甫的遭遇解释为因果报应，"恶事不可为。沈氏之雷，其得不监？彼好言'五内分裂'，斯其应乎！"陈处俊不是故事人物，只是复述了当地流传的报应故事，并引用邑人的议论，可以视为温州人讲述的当地的报应故事。

支癸卷一的《乐清鲍贵》发生在温州乐清，讲弓兵迎紫姑神

1　参见凌郁之《洪迈年谱》。

2　陈耆卿：《嘉定赤城志》卷三一《祠庙门》，宋元方志丛刊本，中华书局，1989，第 7520 页。

3　洪迈：《夷坚志》丁志卷一一《沈纬甫》，第 633 页。

扶箕而捕获盗贼鲍贵之事，从盗贼或弓兵的角度讲都属于报应故事，紫姑神则扮演着维持地方社会秩序的角色。[1]故事提供者是台州黄岩人王居安，淳熙十四年（1187）进士。王居安曾首论韩侂胄窃弄威柄，宜"肆诸市朝"，以谢天下，《宋史》有传。王居安曾以宝谟阁待制知温州，《宋史》赞其"郡政大举"，[2]但是《乐清鲍贵》并非王居安温州任上的见闻。洪迈作《夷坚支庚序》的时间为"庆元二年（1196）十二月八日"，《夷坚支癸序》时间为"庆元三年五月十四日"，支癸在庆元三年上半年完成的，[3]王居安知温州在嘉定十六年至十七年（1223~1224）。[4]《宋史·王居安传》又载，王居安"淳熙十四年举进士，授徽州推官，连遭内外艰，柄国者以居安十年不调，将径授职事官，居安自请试民事"，[5]因此，淳熙十四年至庆元三年（1187~1197）的十年间王居安在乡守制，《乐清鲍贵》的故事最有可能在这时期获得，其家乡台州黄岩与故事发生地温州乐清毗邻，故事应该在当地民间流传。

（二）游宦的故事

乙志卷八的《牛鬼》讲述绍兴四年（1134）黄岩人高世令在温州白沙镇征税时遇牛鬼而脱险之事。二月十九日的夜晚，高世令正要入睡，听到窗外有两人向其呼喊："异物且来杀君，君谨避之。坚塞五窍，勿与校，庶或可脱。"高世令发现两人是他以前的同僚，"明州都监李利见、台州巡检赵禄"，不过早些年都已去世。高世令知道是自己遭遇鬼怪，吓得躲进被子。这时，他听到鬼怪怒斥李利见与赵禄，"我杀高世令，干君何事？"又听到一个眼瞎的鬼拄着

1 洪迈：《夷坚志》支癸卷一《乐清鲍贵》，第 1225 页。
2 《宋史》卷四〇五《王居安传》，第 12255 页。
3 洪迈：《夷坚志》，第 1135、1222 页。
4 《弘治温州府志》，第 143 页。
5 《宋史》卷四〇五《王居安传》，第 12249~12250 页。

拐杖绕到他的床后面，提醒他"彼呼君时切勿应"，也遭到鬼怪的怒斥："盲畜生，汝亦复强预人事。"李利见和赵禄前来劝解道："杀一高世令，于君何益？"很快一只虫子钻入帐内，围绕被子鸣飞十数圈，高世令见虫子烂然如金，后面垂着一丝红线，忍不住想用手去抓它。李利见与赵禄惊呼"祸事，祸事，杀之冤害益重"。高世令放过虫子，整夜躲在被子里，虫子无奈飞走。后来差役看到窗外一个少年和老妇，少年曰："须与翁索命。"妪曰："宜然。"第二天开门，高世令看到两只牛卧在屋外，经调查发现是离镇五里远农家走丢的牛。白沙镇巡检听说高世令遭遇鬼怪，请高世令喝酒以表慰问。席中高世令发现少年和老妇就在桌下，仓皇告辞。当时高世令住在温州白沙镇，他的家人都在台州黄岩。晚上高世令忽然见到了他的小妾，小妾说高世令走时她已经怀孕，结果不幸流产了，说得伤心哭泣起来。这时李利见和赵禄也进来和高世令聊天。高世令发现被鬼怪包围，以为死期将至，连夜给亲友写了八十封诀别信。后来高世令穿戴整齐准备投江。这时，空中传来声音，"勿与鞋，与即去矣"，于是高世令的鞋被人藏了起来。中邪的高世令拒绝饮食，直到五天之后才苏醒过来。家人也从台州赶来探视高世令，他的小妾当时确实已怀孕四个月，因吃牛肉流产。[1]因此，这则故事在黄岩是小妾吃牛肉遭报应的故事，高世令比较无辜，他在温州任上属于遭遇鬼怪的无端攻击，属于鬼怪故事。这则故事的提供者钱塘人吴说，于建炎二年（1128）提举两浙市舶，绍兴年间知信州，绍兴二十五年（1155）知安丰军，[2]绍兴二十九年知盱眙军，与洪迈兄弟多有交往，洪适《盘洲文集》卷一有《送吴傅朋知盱眙》《题信州吴傅朋郎中游丝书》等诗。[3]吴说为《夷坚志》提供了不少故事，散布

1　洪迈：《夷坚志》乙志卷八《牛鬼》，第246~247页。
2　洪迈：《夷坚志》甲志卷一四《舒民杀四虎》载："绍兴二十五年（1155），吴傅朋（说）除守安丰军，自鄱阳遣一卒往呼吏士。"第122页。
3　参见洪适《盘洲文集》卷一，《鄱阳三洪集》上册，第5、6页。

于《夷坚志》甲、乙、丙、丁各志，时间从绍兴十二年（1142）至淳熙五年（1178），跨越 36 年。

丙志卷九《温州赁宅》讲述仲监税、吕监税租住温州城中凶宅事。宅中素有凶怪，仲监税居之而一家尽死。数年后吕监税租住，仲监税已为宅中之鬼，乃至"人鬼杂处，家之百物，震动无时，或空轿自行于厅上，举室殊以为忧"。吕监税受惊之余，搬离了凶宅。其后又有"邑胥契家来"，因其本身也是"人中鬼也"，故而"处之不疑"。[1]这个故事中并没有出现鬼怪复仇的情节，更像人鬼杂处争夺居住地。《夷坚志》中未说明故事的提供者，但故事人物仲监税、吕监税无疑是在温州的游宦者，是典型的陌生环境的鬼怪故事。

乙志卷二的《蒋教授》也是游宦遭遇鬼怪的故事，故事人物蒋敦书是温籍人士而在外地任官。从甲志至丁志，洪迈多处收录了缙云鬼仙英华的故事，包括甲志卷一二间丘宁孙（叔永）提供的《缙云鬼仙》，唐阆（信道）、蒋芾（子礼）提供的这则《蒋教授》，丙志卷一四李浩（德远）提供的《贾县丞》，丁志卷一九蔡聪发提供的《英华诗词》。[2]《蒋教授》的故事提供者唐阆与蒋芾分别是会稽人与常州宜兴人，两人与洪迈在临安相遇共事的机会较多，均没有在温州或者缙云任官的记录。[3]缙云英华是原形为狐或白蚓一类的精怪，变幻为才貌两全之女子，出没于缙云县（今属浙江）官署，经常色诱县主簿。《蒋教授》对报应与鬼怪两种主题的处理比较复杂。故事讲永嘉人蒋敦书（字辉远）在处州缙云主簿任上听闻精怪英华之事，宣称"必杀之"。在回乡"待次"途中，蒋领回一女子，为家中母亲与妻子所接受。后又携该女子赴信州任，母、妻则留在家中。数月后，女子声称乃缙云英华，并作祟将蒋害死。就这些情节而言，这是一个鬼怪故事，蒋敦书与英华发生冲突都在宦游异乡。

---

1 洪迈：《夷坚志》丙志卷九《温州赁宅》，第 440 页。
2 分别载于《夷坚志》第 101~102、195~197、487、692~693 页。
3 参见王年双《洪迈生平及其〈夷坚志〉之研究》，第 201、233 页。

蒋敦书不仅确有其人，其仕履生卒也为新出墓志碑刻所证实，他确实卒于信州任上：

> 有宋蒋从政，讳善昭，字辉远，世为永嘉人。考伸，母柯氏。生于元祐甲戌九月之己酉。擢绍兴二年进士第，初任处州缙云县主簿，次任信州州学教授。于绍兴辛酉之乙卯卒于官舍，以绍兴甲子二月己酉葬于所居建牙乡沈奥山。娶周氏。生男三人，鹏孙、鸿孙、永孙，女一人，皆幼。[1]

不过另一方面，在待阙居乡时，蒋敦书遇到老叟与幻化为女子的英华，老叟自称军官，遇盗被抢去告身。蒋敦书出值十万资助老叟，让女子暂住蒋家，承诺"吾善视叟女，非敢以为姬妾"。[2]女子在蒋家与蒋敦书母、妻相处融洽，但女子不时调戏蒋敦书，后来女子"颜色日艳"，终于"醉不自持，遂留与乱"。由于英华有调戏引诱情节，不能说蒋敦书最终遇害是遭到报应，但值得注意的是，故事中人鬼冲突总是发生在异乡宦旅，在家乡时人鬼却能和谐相处。

　　就温州这个案例而言，《夷坚志》的故事类型与地域社会关系的规律是本地社会中流传着报应故事，官场上则流传着鬼怪故事，科场上流传着梦占命定的故事。这种现象可以解释为本地社会是一个熟人社会，报应观念是熟人社会构建道德秩序的重要方式；士大夫游宦或者科举士人的游学生活是一个不断遭遇陌生环境的过程，鬼怪故事既是宣泄恐惧情绪的途径，也是解释他们与陌生地域之间关系的一种方式，同时也展示了"修齐治平"的儒学化表述之外的另

1　吕溯：《温州博物馆藏历代墓志辑录（上）》，《温州历史文献集刊》第 1 辑，南京出版社，2010，第 166 页。

2　载《夷坚志》第 195~197 页。张邦基：《墨庄漫录》卷五记载的《英华》故事情节非常不同，遇见英华后，蒋敦书"母妻不安之而归"，蒋敦书拒绝英华的色诱，英华则在蒋敦书为之立祠后消失。中华书局，2002，第 145~146 页。

一种官场体验；而科举构建了朝廷与士人之间轴心与散点的关系，士人处于被支配的地位，梦占命定故事表现了这种超地域的社会秩序。温州故事中还出现了两则自述的待阙者的故事，表现了待阙者乡居时苦闷、紧张的生活。这与一般理解的乡居士大夫从容讲学或者乡绅式生活颇为不同，至少说明明清时代获得科举功名者与家乡的关系模式在宋代尚未稳固建立，是理解宋代士大夫与家乡关系时值得注意的现象。

温州故事只是提供了地域关系视角下分析《夷坚志》的初步经验，所揭示的规律是否具有普遍性，尚需要通过更多《夷坚志》故事的分析才能确定。

第二章 《夷坚志》杭州故事的
地域特色

一 温州故事与杭州故事

在分析温州故事时，曾经对洪迈、故事提供者
与《夷坚志》故事的地域关系做了基本的分类。其
中洪迈与故事地域的关系主要呈现四种类型，即洪
迈的家乡鄱阳；南宋临时都城临安（杭州）；洪迈
因为任官或者其他原因居住过的州县，如福州、婺
州等地；洪迈未曾居留的地方，比如温州。洪迈获
得不同地域故事的途径有所不同，除了居留地主要
依赖同僚与当地士民之外，未经之地主要通过当地
籍贯的同僚或士友，在家乡鄱阳县还较多从亲友乡
党中收集故事。在所有地域中，杭州最具特殊性。
某些全国性的现象（比如科举考试）在都城临安
体现得最为集中。就地域特点而言，南宋的杭州不

仅繁庶，更重要的是作为朝廷与中央政府的所在地，这里是统治集团中各色人等聚居地。同时，由于洪迈长期在此任官与居住，杭州也是《夷坚志》故事来源最为丰富的地方。这些都意味着杭州故事中可能出现其他地域所没有的故事提供者或者故事类型，因此讨论《夷坚志》杭州故事的地域特色，主要有两个目的：一是检验温州故事归纳的与地域关系对应的三种类型是否具有普遍性，二是发现杭州故事是否具有特殊的地域特色。

《夷坚志》总计收录杭州故事 175 则，其中 144 则故事可以归入温州故事的三种类型，而且符合温州故事的对应关系。《夷坚志》杭州故事中有大量科举或官员磨勘选调时发生的预言、预测故事，一般都是梦占故事，有52则；[1]仕途预测的形式既有梦占也有其他占卜，有20则。[2]有三则故事并非典型的仕途或科举预测，一则是《宜兴官人》，洪迈的同僚张涛讲述绍熙五年（1194）宜兴籍"官人"吴琯因突有所感而逃离余杭、躲过洪灾的故事；[3]一则是《班固入梦》，洪迈的同僚吕大年讲述自己偕友往临安时班固入梦，次日有所应验的故事；[4]一则《铁扫帚》是官员钱伸之讲述临安术士铁扫帚为平民卜命而应验之事。[5]这些故事虽然并不直接与仕途、科举有关，但讲述者均为官员，仍然属于官员命定观念的反映。[6]这类命运预测故事共计 76 则，占杭州故事总数的 43% 以上。

反映游宦或者游士对于陌生环境恐惧感或神秘感的鬼怪、遇仙故事36则，[7]另有《吴师颜》讲述发生在京官身上的凶杀案，洪迈初

---

1 参见附表 1《杭州科举梦占故事》。

2 参见附表 2《杭州仕途预测故事》。

3 洪迈：《夷坚志》支乙卷八《宜兴官人》，第 858 页。

4 洪迈：《夷坚志》支丁卷三《班固入梦》，第 991 页。

5 洪迈：《夷坚志》支戊卷三《铁扫帚》，第 1073 页。

6 此外，丁志卷一《僧如胜》（第 539 页）讲述永嘉僧如胜与乡僧行脚至临安，各得一卦，后一一应验。僧如胜住甘露寺为长老，数年后，乡僧会杭卒陈通作乱，被箭矢射中其足。

7 参见附表 3《杭州鬼怪故事》。

赴临安的绍兴十二年（1142），居住在众安桥下的太史局官员吴师颜在茶肆遭刺身亡。[1]《王从事妻》则讲绍兴初年汴人王从事来临安调官，搬家时妻妾走失，五年后为衢州教授时，发现妻子已成为西安县令的侧室。[2]这些都是宦游生活中真实发生的危险事件，而不只是一种心理反应。

32则报应故事的主人公多来自杭州当地人士平民阶层，或者胥吏、士兵、法师、普通士人，偶尔也有外地平民、低级武官或者官员妻子，但罕见居官的士大夫或者权贵阶层。[3]

以上144则故事占杭州故事总数的82%，基本上符合温州故事的分析模型，据此初步判断《夷坚志》温州故事的类型分析具有相当的普遍性。

二　权贵故事

三种类型以外的24则杭州故事，4则只是记载生活奇闻，没有情节可言，[4]而其他的20则故事具有鲜明的杭州地域特色，以下分为几组分别讨论。

第一组的数量最多，共有10则故事，共同特点是都涉及统治阶层中文官集团以外的人物，可以统称为权贵故事。第一个故事《韩太尉》，讲述宋高宗赵构的藩邸重臣韩公裔（1092~1166）的医疗故事。绍兴年间韩公裔"暴得疾"，已退位的赵构遣御医王继先诊治，王继先宣告不治，太上皇又赐"银绢各三百"为赙。后来韩公裔的疾病为"草泽医"所治，韩公裔因此奏归所赐赙金，赵构又"复购

1　洪迈：《夷坚志》支癸卷八《吴师颜》，第1285页。

2　洪迈：《夷坚志》丁志卷一一《王从事妻》，第631页。

3　参见附表4《杭州报应故事》。

4　洪迈：《夷坚志》丙志卷一六《余杭三夜叉》，第500页；支景卷四《人生尾》，第909页；支戊卷七《钱氏鼠狼》第1109页；三志壬卷九《刘经络神针》，第1534页。

为药饵费"。故事的结尾插入宗室的一段议论："宗室中善谑者至相戏曰：'吾家贫如许，若如韩太尉死得一番，亦大妙。'"[1] 这段议论意味着故事的主题并非草泽医的医术，而在于皇帝（太上皇）对宠臣的恩宠。

第二则《临安民》也是医疗故事，讲述临安平民得了一种怪病，"因病伤寒而舌出过寸，无能治者"，后来有道人宣称可以医治，只是药材无从获得。此事刚好被"中贵人"所知，因坚持要求道人告知所需药材，得知是梅花片脑后，"即遣仆驰取以付之"，临安民的怪病随即治愈。[2] 故事的重点在于展示内侍的特权以及对照之下平民命运的脆弱。

第三则故事《琴台棋桌》主要展示内侍陈源的"僭侈之极"，除详细描述陈源坐罪籍没家财之后流出的琴台、象棋桌的精妙工艺之外，还记述了获罪之前士人对陈源的警告，称陈源府宅地近三馆，馆职"多穷寒措大，羡人富贵，于心常弗堪"，而这些官员往往升迁至"台谏给舍"，容易有机会奏劾陈源，[3] 体现了内侍与文官之间在财富与权势上的差距与矛盾。

第四则《蓝供奉》是更为夸张的内侍故事。故事讲蓝氏世代为内侍，淳熙年间（1174~1189）有蓝供奉喜延方外道人，某年有道人入谒，并请求蓝供奉八月十五日勿外出，当日道人与蓝供奉形影不离，"相与促膝室内，虽如厕便旋，亦追随弗舍。才黄昏，共榻而息，使蓝居外"。半夜有神来向道人索命而不得，训斥蓝供奉称："此于天地造化所不置，若汝强为庇护，固不遣出，将执汝以复命。"但结果道人成功地逃避了寿限，而蓝供奉也平安无事，约十年后（庆元初）才去世。[4] 这则故事中内侍的力量已经突破"天地造

1　洪迈：《夷坚志》丙志卷一八《韩太尉》，第 514 页。

2　洪迈：《夷坚志》丁志卷一三《临安民》，第 651 页。

3　洪迈：《夷坚志》支景卷四《琴台棋桌》，第 907 页。

4　洪迈：《夷坚志》支庚卷二《蓝供奉》，第 1146 页。

化"而凌驾于神明，即使对学道之人也能起死回生，生杀予夺之能力已然超越于凡人世界。

第五则《韩郡王荐士》讲述李如晦在临安求升迁而缺一人举荐，郁闷中随人出游，在九里松冷泉亭与漫游湖山的韩世忠相遇，韩世忠虽然不认识李如晦，因怜其憔悴，漫然以举荐相诺，并以钱三百贯相赠，李如晦因此得升京官。[1]这则故事展现了武官权贵对文官命运的影响力。

与韩世忠相关的鬼怪故事还有两则：一则是《五郎鬼》，记述钱塘女巫四娘以鬼（五郎）为凭，善道人休咎，韩世良因"信昵"而推荐于其弟韩世忠，韩世忠召致巫四娘，结果五郎鬼因韩府门神"御"之而不得入；[2]另一则是《韩府鬼》，讲韩世忠之女在后院遇鬼，"短气欲绝"，韩世忠招方士宋安国治鬼，韩女遂醒，宋安国因言女鬼生前有淫行，并乳婢被父母投入井中。故事还介绍宋安国独特的治鬼方法，"治祟不假符箓考召，其简妙非他人比也"。[3]联系前述《蓝供奉》故事，这两则与韩世忠府有关的鬼怪故事，与其说是反映凡人对鬼怪世界的恐惧，不如说是展现权贵府第对鬼怪力量的驾驭能力。

第八则故事《兴教寺僧》也是讲内侍请医为人治病的故事，临安兴教寺僧得怪病，头软不能直，易二十医不能治，中官王押班与僧交往深厚，为之招京师人刘中为医疗，刘中诊为硝毒，硝去病除。[4]

第九则《三衙坠马》讲述乾道四年（1168）主管侍卫马军司李舜举乘马过八盘岭时因失辔坠地伤腰，宋孝宗嘲笑"三衙坠马，便与知阁官失仪一般"。[5]

第十则《卫校尉见杨王》讲绍兴年间，有卫校尉投谒于时任殿

1 洪迈：《夷坚志》三志己卷一《韩郡王荐士》，第 1311 页。
2 洪迈：《夷坚志》甲志卷一一《五郎鬼》，第 97 页。
3 洪迈：《夷坚志》乙志卷一六《韩府鬼》，第 321 页。
4 洪迈：《夷坚志》三志辛卷三《兴教寺僧》，第 1408 页。
5 洪迈：《夷坚志》三志辛卷七《三衙坠马》，第 1436 页。

前都指挥使的杨存中，因为两人在行伍中曾经"结义为兄弟"，杨存中对其招待非常热情。后来得知卫校尉"志在一官"，杨存中不以为然，对其日渐冷淡，但暗中安排，引诱其往河东、代郡，并以良田千亩相赠。这个故事称赞杨存中不忘贫贱之交，故事的讲述者是画家李结。[1]

以上 10 则故事的共同特点是都出现了武宦、内侍、皇帝（太上皇）等权贵人物，这些权贵故事当然只有在行在临安才会发生，权贵对他人生杀予夺的巨大权势，甚至达到了挡鬼神、改命运的程度，无不反映出故事讲述者对权贵与权势的倾慕之情。

三　官场故事

与这些权贵故事形成对比，另有一组杭州故事却表现出文官的猥琐、官场的庸鄙以及仕途的纷乱。如第一则《汪彦章跋启》记载钱塘税官关景仁被属下告发系狱，其弟前往会稽向兵部侍郎汪彦章告急，汪彦章驰书以疏通关系、解救关景仁的故事。[2]

第二则《徐大夫》讲述两浙转运副使徐康国为人简倨，失礼于监察御史韩璜，又因为接受胥吏请托，被韩璜以"媚事胥徒"奏劾，以及后来对礼部尚书刘大中的父亲前倨后恭的故事。[3]

第三则《韩世旺弓矢》讲将官韩世旺（韩世忠兄）为临安幕官王椿所轻，一次王椿设赌局，意图炫耀其善射，结果韩世旺"再发破笴"。王椿输金六百两，因陷于贫困，不顾羞辱，托人丐还赌资，韩世旺要求王椿作书谢过，王椿立即作谢启，有"抛毬打论，虽是有输有赢，破白伤财，其奈著肠著肚"之句，韩世旺"读之大嘉，即日归其所获"。[4]

1　洪迈:《夷坚志》三志壬卷六《卫校尉见杨王》，第 1512 页。

2　洪迈:《夷坚志》甲志卷一二《汪彦章跋启》，第 104 页。

3　洪迈:《夷坚志》丙志卷一八《徐大夫》，第 516 页。

4　洪迈:《夷坚志》支庚卷一〇《韩世旺弓矢》，第 1215 页。

　　第四则《沈大夫磨勘》讲朝请大夫沈某为转官贿赂考功主事陈仲夷，陈仲夷接受贿金后，让沈某直接揭发其"吹毛求疵，拟邀厚赂"，结果立即奏效。故事结尾沈某还介绍了行贿的经验，"吾所费至微，然能撼之者，盖寻常士大夫行赇，经涉非一，及真入主吏家，不能十二。兹乃悉得之，故其应如响"。[1]

　　第五则《卫灵公本》讲士人范端臣游孤山时买冠，与同行士人以《论语》卷次为隐语讨论价格，结果遭到卖冠珥市民讥笑的故事。[2]

　　第六则《范元卿题扇》讲范端臣以杜甫诗句为内诸司祗应者题扇，至司圊（厕所）者则用"雨洗娟娟净，风吹细细香"两句的故事。[3]

　　此外有两则情节特别的鬼怪故事。《蔡十九郎》讲绍兴二十一年（1151）秀州人鲁璟省试失韵，有贡院吏鬼蔡十九郎为鲁璟盗改试卷并索要钱财的故事，鲁璟是年登第，厚恤蔡家，并携其子为奴，是一则以志怪形式反映科场作弊的故事。[4]《洞霄龙供乳》则讲余杭洞霄宫主首道士诵经致神，水潭龙王不胜其扰，以每日向道士提供鲜乳二斤为酬，请求道士停止诵经致神，"庶几百灵得以休息"。[5]这则神界行贿作弊的故事也可以理解为基层官场的曲折反映。

　　这些官场故事中官员的形象灰暗卑陋，与前述权贵阶层相比尤显黯然失色，也有非常突出的杭州特色。

四　市井故事

　　包伟民教授在《宋代城市研究》中纠正诸多对宋代城市（市

1　洪迈：《夷坚志》支癸卷九《沈大夫磨勘》，第1286~1287页。

2　洪迈：《夷坚志》三志己卷五《卫灵公本》，第1339~1340页。

3　洪迈：《夷坚志》三志己卷七《范元卿题扇》，第1354页。

4　洪迈：《夷坚志》丙志卷七《蔡十九郎》，第424页。

5　洪迈：《夷坚志》三志壬卷三《洞霄龙供乳》，第1490~1491页。

民）文化的误读，提出宋代城市中士大夫的清雅文化与市井阶层的市俗文化并存的观点，并且认为两者互相影响，但士大夫的清雅文化占据主导地位。[1]这些观点不但更加贴近历史真实，对于解读与分析包括《夷坚志》在内的宋代文化现象也有方法论的启发意义。《夷坚志》作为由士大夫传播与收集的志怪故事集，当然主要反映了士大夫阶层的观念意识，而且在命定、鬼怪与报应三种基本的故事类型中，基本上排除了市井阶层的市俗观念。《夷坚志》故事的特殊性在于，志怪故事反映的是与士大夫清雅文化截然不同的另一面。与士大夫有意识的文化艺术创作不同，鬼怪故事多以梦境、臆想、幻觉或以讹传讹的形式出现，是人们潜意识的反映、社会生活中被压抑意识隐晦的表达。杭州作为南宋的都城，城市的居民就不止于士大夫与市井两个阶层。在此之上，还存在着以皇帝为核心的宫廷人物，以及在南宋政治结构中举足轻重的武人集团。同时都城对于士人、士大夫而言也不只是游学、游宦的他乡，更是决定着他们命运的权力渊薮。在显意识中，士人、士大夫一般以治国平天下的儒士或者志趣高雅的文士构建自己的形象。但在潜意识中，那种谋求仕途顺遂、倾慕并常常屈服于权力的世俗形象也难免暴露，发生在杭州的权贵故事与官场混迹故事可以说正是这种观念的反映。

此外，《夷坚志》杭州故事中反映市井阶层市俗观念的内容虽然罕见，但也有所涉及，《涌金门白鼠》与《乾红猫》是两则典型的市俗故事。《涌金门白鼠》讲鲁时在临安北闸见到质库主人如旧熟识者，经访问得知原来是数年前经常见到的乞丐。乞丐原先也是豪民，后来"遭乱家破"，行乞于市。后来其子见白鼠聚于杨梅核下，丐欲捕而卖于禽戏者，结果追逐到涌金门墙下，白鼠钻入洞穴而不得，

1 包伟民：《宋代城市研究》，中华书局，2014，第352页。

掘地而寻，发现大瓮中盛满金银，丐得之而巨富。[1]鲁時原是开封人，他讲的另一则故事《米张家》与《涌金门白鼠》情节类似，只是故事发生在北宋末年的东京而已。《乾红猫》则讲述临安内北门外有民孙三，用染马缨缚之法将白猫染成乾红色以为奇货，并经常棰打其妻以惩看管不严，以此故作神秘，竟诓骗内侍以高价购之。[2]这类市俗故事在《夷坚志》数量不多，并不能说明市井文化在像杭州这样的城市中不够突出，而只能说明《夷坚志》是属于士大夫亚文化的文本。

　　总之，《夷坚志》杭州故事除了命定、鬼怪与报应三类主流故事之外，又以权贵、官场与市井故事为地域特色，意味着仅仅从士大夫清雅文化与市井阶层的俗文化两个方面理解像杭州这样的宋代都城文化尚不够完整，统治阶级中士大夫集团以外的群体以及士大夫亚文化的影响力同样值得重视。

附:《夷坚志》主流杭州故事一览表

附表 1　杭州科举梦占故事

序　号	故　事	卷　目	页　码
1	红象卦影	甲志卷一〇	83
2	傅世修梦	甲志卷一三	110
3	沈持要登科	甲志卷十九	172
4	李三英诗	乙志卷一	194
5	周庄仲	丙志卷七	424
6	上竺观音	丙志卷九	437
7	吴德充	丙志卷一二	471
8	黄师宪祷梨山	丙志卷一五	490
9	冯尚书	丙志卷一六	506

1　洪迈:《夷坚志》乙志卷一一《涌金门白鼠》，第 276 页。
2　洪迈:《夷坚三志》已志九《乾红猫》，第 1372 页。

续表

序　号	故　　事	卷　　目	页　码
10	陈元舆	丁志卷六	584
11	汤史二相	丁志卷七	595
12	张台卿词	丁志卷一〇	623
13	郑侨登云梯	丁志卷一一	629
14	龚丕显	丁志卷一二	635
15	史言命术	丁志卷一九	693
16	华延年	支甲卷四	739
17	钟世若	支甲卷七	768
18	罗维藩	支甲卷七	769
19	杨证知命	支乙卷二	806
20	黄若讷	支乙卷二	807
21	王茂升	支乙卷二	810
22	王尚书名纸	支乙卷一〇	869
23	吴中小经	支乙卷一〇	874
24	三山陆言	支景卷三	901
25	小楼烛花词	支景卷八	944
26	谢枢密梦	支景卷九	951
27	婆惜响卜	支景卷一〇	958
28	侍其如冈	支景卷一〇	958
29	黄状元	支丁卷四	1000
30	施德远梦	支丁卷六	1018
31	建昌人士	支丁卷八	1028
32	郑秀才梦	支戊卷二	1065
33	余氏婢梦报榜	支戊卷六	1097
34	黄戴二士	支戊卷八	1115
35	胡邦衡诗谶	支戊卷九	1126
36	金谷户部符	支戊卷一〇	1128
37	李南功	支戊卷一〇	1132
38	李汪二公卜相	支戊卷一〇	1133

续表

序　号	故　事	卷　目	页　码
39	苏相士	支庚卷一	1141
40	梦监补试题	支庚卷一〇	1218
41	杨教授母	支癸卷二	1236
42	林刘举登科梦	三志己卷一〇	1379
43	李彦胜梦赋	三志辛卷一	1390
44	李主簿及第	三志辛卷四	1415
45	临安雷声	三志辛卷八	1447
46	易官人及第	三志辛卷八	1448
47	两黄开登第	三志壬卷二	1480
48	皮场护叶生	三志壬卷四	1493
49	醉客赋诗	三志壬卷五	1500
50	黄子由魁梦	三志壬卷五	1500
51	诸葛贲致语	三志壬卷九	1537
52	癸丑春榜	三志壬卷九	1538

附表2　杭州仕途预测故事

序　号	故　事	卷　目	页　码
1	邵南神术	甲志卷三	25
2	祸福不可避	甲志卷七	58
3	夏巨源	支丁卷五	100
4	梦药方	甲志卷一七	150
5	刘若虚	乙志卷三	209
6	梦登黑梯	乙志卷四	211
7	张津梦	乙志卷四	216
8	吴信叟	乙志卷一〇	266
9	秦昌时	乙志卷一二	285
10	王铁面	丙志卷一七	510
11	王浪仙	丁志卷一	538

续表

序　号	故　事	卷　目	页　码
12	刘承议	支甲卷五	750
13	戴之邵梦	支甲卷八	770
14	吕德卿梦	支景卷五	920
15	郭大夫	支丁卷一	974
16	潘见鬼卜	支丁卷五	1003
17	临安税院	支庚卷一	1143
18	黄琼州	支庚卷三	1155
19	佑圣观梦	三志辛卷二	1397
20	倪太博金带	三志壬卷一	1468

附表 3　杭州鬼怪故事

序　号	故　事	卷　目	页　码
1	项宋英	甲志卷四	35
2	林县尉	甲志卷五	43
3	车四道人	甲志卷一六	138
4	吴公路	甲志卷一六	145
5	贡院小胥	甲志卷一八	164
6	黄氏少子	甲志卷一八	165
7	恩稚所稚院	甲志卷一九	166
8	灵芝寺	甲志卷二〇	177
9	曹氏入冥	甲志卷二〇	181
10	蛙乞命	乙志卷三	203
11	李南金	乙志卷五	227
12	余杭宗女	乙志卷一〇	264
13	赵善广	乙志卷一五	310

续表

序　号	故　事	卷　目	页　码
14	光禄寺	乙志卷一九	346
15	贡院鬼	丙志卷一	369
16	红奴儿	丙志卷六	412
17	新城桐郎	丙志卷七	421
18	李吉爁鸡	丙志卷九	443
19	贾县丞	丙志卷一四	487
20	王立火麌鸭	丁志卷四	571
21	武真人	丁志卷一四	653
22	李芨遇仙	丁志卷一八	690
23	吕使君宅	支甲卷三	729
24	西湖女子	支甲卷六	754
25	王彦太家	支乙卷一	796
26	顾端仁	支乙卷一	798
27	马军将田俊	支乙卷一	801
28	骆将士家	支乙卷八	859
29	临安吏高生	支景卷五	915
30	周氏买花	支丁卷八	1033
31	樱桃园法师	支丁卷一〇	1044
32	关王池	支戊卷五	1091
33	吴山新宅	支庚卷四	1165
34	李小五官人	支癸卷八	1284
35	节性俞斋长	三志己卷七	1355
36	吴仲权郎中	三志壬卷一	1468

附表 4　杭州报应故事

序　号	故　事	卷　目	页　码
1	仁和县吏	甲志卷七	60
2	佛救宿冤	甲志卷八	65
3	盐官孝妇	甲志卷二〇	180
4	王夫人斋僧	乙志卷三	206
5	法慧燃目	乙志卷一三	292
6	赵小哥	乙志卷一八	339
7	蔡十九郎	丙志卷九	424
8	老僧入梦	丙志卷七	441
9	泉州杨客	丁志卷六	588
10	滕明之	丁志卷九	609
11	许道寿	丁志卷九	609
12	舒懋育鳅鳝	丁志卷九	611
13	河东郑屠	丁志卷九	611
14	龙泽陈永年	丁志卷九	613
15	钱塘潮	丁志卷九	614
16	钱塘老僧	支甲卷四	742
17	九里松鳅鱼	支甲卷四	743
18	徐达可	支甲卷七	767
19	钱塘县尉	支甲卷八	771
20	西湖庵尼	支景卷三	902
21	李氏乳媪	支景卷七	936
22	阮公明	支丁卷三	988
23	张四海蛳	支丁卷三	991
24	西湖判官	支丁卷八	1032
25	潘谦叔	支丁卷九	1042
26	王法师	支戊卷六	1101

续表

序　号	故　　事	卷　　目	页　　码
27	姚时可	支庚卷一〇	1216
28	余杭何押录	支癸卷一	1228
29	宝叔塔影	支癸卷三	1239
30	张七省干	支癸卷六	1263
31	李三夫妻猪	三志辛卷一〇	1462
32	洞霄龙供乳	三志壬卷三	1490

第三章 僧侣与文士：宋代寺院碑铭书写的社会史分析

一 书写的间隔效应

本章试图以宋代温州寺院碑铭为例，从书写者以及书写活动与书写内容的间隔效应的角度讨论当地寺院的社会史。书写活动与书写内容的间隔效应，是指书写活动与书写内容的不重合的现象。这种现象一般出现在被动书写的情况下，书写者与求书者的社会关系及其对书写内容的影响，就成为书写内容另一种社会史的脉络。正常情况下书写的活动与内容之间不应该存在明显的间隔效应，比如说书信等直接的社会交往文书，以及诏令布告之类的政治文书，书写的内容直接体现了书写活动的社会关系。但是也有一些明显的例外，比如修造记文与墓志的书写，书写者可能并不是修造活动的参与者，或者不是墓志传主的子弟亲近。

目前所见宋代温州寺院碑铭近 20 种，分别出自文集、地方志（寺院志）或者碑铭实物（拓片）。如果不考虑书写活动与书写内容的间隔效应，社会史研究者面对一批不同时代的寺院碑铭，理所当然会以寺院修造活动为重心考察佛教社会的时代变迁，由此呈现的历史脉络也相当清晰。一般认为，唐末五代，由于唐武宗与后周世宗的两次毁佛，北方佛教遭受较为严重的破坏。相对而言，南方在地方政权的统治下，佛教受到统治者的扶持，经历了一个特殊的发展阶段，特别是天台宗与禅宗在南方迅速崛起。入宋以后，宋廷一改毁佛的政策，北方佛教有所恢复，但这种"恢复"的效果在南方并不明显。反而由于宋廷大兴科举以及儒学的复兴、理学的形成等原因，佛教寺院在南方社会的影响力有所消退。[1]现存寺院碑记显示，宋代温州的寺院修造活动经历了从北宋前期的活跃兴盛、组织严密，到南宋时期内部腐败、举步维艰的过程；因信奉而乐于捐造寺院的地方富豪，也可以分为入宋以前的武人、入宋以后的富户、南宋以来士人化富豪三个阶段；随着僧人修造寺院能力的衰退，南宋时期地方官更多地介入寺院修造活动中，寺院也随之更多地成为地方官为民祈福的场所。

而考虑书写活动与书写内容的间隔效应，就意味着将关注的重点从碑铭记述的修造活动本身，转移到碑铭作者的书写缘由及其与寺院修造活动社会关系等问题，寺院碑铭除了揭示佛教寺院修造活动的历时性变迁之外，还可能将呈现佛教与寺院文化意义、社会功能与结构等丰富的信息。

---

1 相关研究参考竺沙雅章『中國佛教社會史研究』同朋舍、1982 年；黄敏枝《宋代佛教社会经济史论集》，台北，台湾学生书局，1989；游彪《宋代寺院经济史稿》，河北大学出版社，2003；刘浦江《宋代宗教的世俗化与平民化》，《中国史研究》2003 年第 2 期；严耀中《江南佛教史》，上海人民出版社，2000；陈荣富：《浙江佛教史》，华夏出版社，2001；葛兆光《中国思想史》第 2 卷《七世纪至十九世纪中国的知识、思想与信仰》，复旦大学出版社，2000；科大卫《皇帝与祖宗——华南的国家与宗族》，卜永坚译，江苏人民出版社，2009。

　　寺院碑铭主要是关于寺院修造活动的"书写"。从间隔效应的角度讲，寺院碑铭因书写者与修造者是否合一，又分为两种情况：一是宋代温州的寺院碑铭书写与修造身份合一的往往是包括僧人、施主或居士在内的佛教信徒，但也有出现间隔的情况；二是文士的寺院碑铭书写则体现出明显的间隔效应。其中信徒书写又集中出现在宋哲宗元祐（1086~1094）以前，元祐以后本地士大夫成为寺院碑铭的主要书写者。总体的趋势是信徒书写的衰落与文士书写的兴起，书写的主旨也随之发生变化。

二　信徒的书写：宗教精神的潜沉

　　信徒的修造活动与碑铭书写无不以弘扬佛教或者宗教祈福为主旨，只是信徒的具体身份社会地位随着时代变迁而不断发生变化。

（一）僧人的书写

　　严格意义上由僧人书写的宋代温州寺院碑铭，只有嘉祐二年（1057）大日寺住持见齐的《大日寺塔记》一种。但这并不意味着僧人在寺院碑记书写中从来居于边缘地位。事实上，现存最早的一篇温州寺院碑记《白鹤寺记》，撰写年代据考证当在后唐天成年间（926~930），[1] 作者子仪（？~986）是五代时吴越国的高僧，吴越国主钱俶曾听其讲法。[2] 子仪与乐清县白鹤寺并无渊源，因与乐清知县王崇义说禅，又受其邀请而作，"每及禅关，访我心要，因叹此寺，独无碑铭，沉吟久之，命余序述"。记文中有骈体，体现出鲜明的中古士族文学风尚。除介绍白鹤寺的沿革、描绘寺院之意境、交代撰写缘由之外，记文着重阐述佛教义理及其传播，"被

1　参见吴明哲编《温州历代碑刻二集》收录释子仪《白鹤寺记》之附注，上海社会科学院出版社，2006，第 292 页。

2　吴之鲸:《武林梵志》卷一〇，杭州出版社，2006，第 259 页。

乎化行之后而解悟斯理者，行斯化也，惟我乾竺之大仙乎……"
并回顾自己追寻佛教的历程，"余髫年受业，壮岁游方，锡挂空瓢，
囊无长物，瓶汲寒溪之浪，衣穿古渡之风"。[1] 言词之间都表现出僧
人的宗教权威及其对佛教的自信。此外，王十朋曾记述他出家为
僧的舅祖父贾处严（严阇梨）"尝作《温州开元天王殿记》，文词
雄伟，脍炙人口。有俞清老者，一时名士，见而叹服"，[2] 仍能维持
僧人的文化自信。

　　相比之下，虽然谈不上文化自信，《大日寺塔记》的书写者
见齐仍是一位受人尊重的宗教活动家。景祐五年（1038），见齐
接任平阳县大日寺住持，并于嘉祐二年（1057）发起重建释迦如
来宝塔。碑记内容比较简单，并没有描述建塔的募捐情况以及建
塔过程，也没有对建塔组织者或施主的赞颂之词，只是追溯大日
寺的历任住持，记述建塔管理团队的组织构架，并为官民各界祈
愿。《大日寺塔记》的特点是记述见齐组建工程管理团队的过程。
大日寺建塔，需由住持见齐与监院等寺内僧众商议，延请栖真寺
僧可举主管，又请开元寺僧组织募捐事务。此举用意当在于财务
与质量监管，提升募捐活动的公信力，是当时温州佛教界内部管
理规范的体现，与南宋碑记所见寺院腐败情况形成鲜明对比。同
时记文又以僧人的身份为社会各阶层以及宝塔祈愿祝福，"恭为祝
延圣寿，及保州县官僚、六军百姓善愿，入缘男女等各承斯福，
咸获殊因……"[3] 与子仪的《白鹤寺记》相比，这篇由寺院住持亲
撰的碑铭，弘扬佛教的宏伟抱负不复突显，宗教的祈福功能仍在
认真践履。

　　此外，温州龙湾区国安寺千佛石塔的碑记详尽记录了民众集体
施捐的情况。1987 年国安寺千佛石塔曾进行落架大修，大修中发现

1　释子仪：《白鹤寺记》，《温州历代碑刻二集》，第 291~292 页。
2　王十朋：《潜涧严阇梨文集序》，《王十朋全集》卷一二，第 755~756 页
3　释见齐：《大日寺塔记》，《温州历代碑刻二集》，第 893 页。

碑记 11 种。[1] 第一种由僧人处平于元祐六年（1091）四月题刻，概述千佛石塔的规模、型制、地宫宝藏、募捐与兴建的过程，属于单纯的叙事记文。[2]

（二）施主的书写

北宋时期施主书写的寺院碑铭主要有三种，均为宝塔碑记或经幢题刻，内容以施主的祈福发愿为主，但不同时代施主的身份有明显变化，反映出地方精英群体的演变。

平阳县宝胜寺双塔修建于北宋乾德三年（965）。1984 年 6 月，该寺东塔第二层北面壁龛内发现施主张从轸等人自撰的碑记《清河弟子造塔记录》，拓本及录文见于陈余良《浙江平阳宝胜寺双塔及出土文物》。[3] 捐造宝胜寺双塔的张从轸及其弟张从幹、其子张延奎，分别任上军兵马使、上军正十将与当直上都十将。乾德三年温州仍在吴越国钱氏统治之下，当时温州的地方统治由节镇（静海军）与州两种体制合行，张从轸是静海军一个中级军官。[4] 碑文所见张从轸家庭构成相当庞大，计有 20 余人，除了由张从轸、张从幹兄弟两个三代的主干家庭构成的联合家庭，同辈中还有三个姐妹，此外又有任彩哥、招来等可能是非血缘的附庸型家庭成员（招来或许是义子一类的身份），"已下长少等"当指奴婢、仆从。张从轸家庭不但独立捐资修建两座佛塔，而且"请得天台赤域山塔内岳阳王感应

1　国安院千佛塔 11 种碑记录文见《温州历代碑刻二集》，第 5~15 页。

2　释处平：《国安院建塔碑》，《温州历代碑刻二集》，第 5~6 页；鲁西奇、林昌丈：《温州龙湾国安寺千佛石塔宋代铭文考释》补记据国安寺所藏该碑拓片录文与《温州历代碑刻二集》有所不同，曹凌云主编《明人明事——浙南明代区域文化研究》，人民出版社，2012，第 526~546 页。

3　张从轸等：《清河弟子造塔记录》，陈余良：《浙江平阳宝胜寺双塔及出土文物》，《东方博物》第 23 辑，浙江大学出版社，2007，第 80~81 页。

4　两种体制的长官由一人兼任，当年即钱镠之孙钱弘偡任静海军节度使、判军州事。温州既设节镇，节镇内部军将职级仍沿袭唐代藩镇体制，"唐代藩镇军将有都知兵马使（都头）、兵马使、副兵马使、十将、副将等职级"，这是领兵军将的一个最简单序列。参见张国刚《唐代藩镇军将职级考略》，《学术月刊》1989 年第 5 期，第 72~73 页。

舍利"。这是一个依赖武力获得政治权势从而积累雄厚财力的将官
家庭，是五代时南方武人豪强统治地方的缩影。碑文宣称双塔供奉
"育王铜塔"与"宝箧陀罗尼"，阿育王铜塔应该是吴越国王钱弘俶
于显德三年（956）所造，[1]宝箧陀罗尼经是密教经典，宣扬将经文置
塔中供奉，能消除百病万恼，延寿获福。张从轸等在碑铭中祈福，
认为今生"叨逢清世，幸长善门"是因为前世修崇佛法的结果，"愧
曩劫以修崇致今生"，建塔供奉"广建良缘"，则是为了获得佛教更
高的待遇，"为趣圣之阶基，作超凡之梯凳"，[2]对佛教的理解肤浅而
功利。

　　瑞安县陶山寺两座顶尊胜陀罗尼经幢建于天禧四年（1020），
施主是邵从毯全家。经幢现存右座，凡八面，前五面镌《佛顶尊胜
陀罗尼经》，末三面为施主的题记。[3]题记先叙述邵从毯携二子（宸、
质）及"阖家眷属"施捐二百贯钱建造经幢的概况。此后的内容分
为五个部分：一是施主的发愿文；二是记述施主之前大量捐财供奉
三宝的清单，据此可以了解邵从毯的富有、对佛教的虔诚以及宗教
活动的丰富；三是这次捐造经幢活动中邵从毯眷属随捐的清单，其
中包括邵从毯的五位兄弟、三位女婿携他的三位女儿，其他还有何
万夫妇及另一对夫妇，他们各自施财一至二贯不等，据此可以了解
邵从毯的家庭情况；四是僧人名单，应该是经幢修造的监造者，包
括主持这次建造经幢的都勾当，陶山寺的寺主、首座、知事僧、知

1　根据日僧道喜 965 年所撰《宝箧印经记》，从显德三年（956）开始，吴越国王钱弘俶因连年
　　作战，杀戮无数，心中常不得安宁，"弘俶不几坐杀若干人罪，得重病送（迄）数月，常狂语
　　云：刀剑刺胸，犹火缠身，辗转反侧，举手谢罪"，为能赎还罪孽，乞愿病体康复，故仿效印
　　度阿育王造八万四千塔故事，铸八万四千铜塔，塔中供奉《宝箧印陀罗尼经》，"折此经，每
　　塔入之"，这就是"宝箧印经塔"，即至今在各地多有出土的吴越国"阿育王塔"。参见释东
　　初《中日佛教交通史》，台北，东初出版社，1985，第 362 页。
2　陈余良：《浙江平阳宝胜寺双塔及出土文物》，《东方博物》第 23 辑，浙江大学出版社，2007，
　　第 80~81 页。
3　题记收录民国《瑞安县志稿·金石门》，参见邵从毯《陶山寺佛顶尊胜陀罗尼经幢》，《温州历
　　代碑刻二集》，第 574 页。

库僧等有职务者十余人；五是其他施资名单，僧俗人士均有，应该
是这次捐造经幢活动中邵从毯眷属以外的随捐者。邵从毯应该属于
平民富豪，虽然是家庭单独发起，但这次捐造陶山寺经幢的活动似
乎吸引了较多的随捐者，显示邵从毯在民间具有较高的威望。《佛顶
尊胜陀罗尼经》"是在 7 世纪下半叶传入的，它即具有除灾和成佛这
两种功能"。[1] 邵多毯等人经幢题刻的祈愿文分七个部分，前面四个
部分分别为皇帝、祖先、亡妻与兄弟祈祷，后面三个部分是为自己
与眷属祈祷，包括第五部分祈祷自己今生安乐，第六部分祈祷自己
转世于十善之地，眷属"有福有寿、多食多安"，第七部分则祈祷
自己与眷属可以超度轮回，"化诸有情，俱登正觉"。[2] 祈愿文层次清
晰，符合佛教教义。

　　温州龙湾区国安寺千佛石塔的碑铭详尽记录了民众集体施捐的
情况，除第一种僧人处平的题刻概述元祐五年（1090）二月开始的
千佛石塔兴建过程外，因为"输钱信士、劝道高僧，由一缗而上皆
名于碑"，又有元祐六年镌刻的民户、僧众捐资题名碑二种，据此
可以计算 160 人的 49 份捐资共 481 贯，平均每人捐 3 贯，其余 500
余贯捐助每份不足 1 贯，意味着汇聚上千人的捐资才凑足工程所需
千余贯钱财。[3] 所有施捐题名中都没有发现地方官、本地官户或者科
举士人的身份信息，施捐者无论贫富应该均属于平民阶层。[4] 民户中
又有 10 份捐助各自认捐造塔一层，认捐的塔层上另有发愿文碑，现
存诸葛璿、何绶、姚日华、吴感生、徐纬、徐士英、姚坦、余潜等
分别捐造千佛塔一至七层的发愿文碑 8 种（其中第六层有两户施主
认捐）。这些发愿文均表达施主各自的佛教信仰观念，有人祈求消

1　刘淑芬：《灭罪与度亡——佛顶尊胜陀罗尼经幢之研究》，上海古籍出版社，2008，第 7~8 页。
2　邵从毯：《陶山寺佛顶尊胜陀罗尼经幢》，《温州历代碑刻二集》，第 574 页。
3　《国安院建千佛石塔碑（民户）》《国安院建千佛石塔碑（僧众）》，《温州历代碑刻二集》，第
　　6~8 页。
4　鲁西奇、林昌丈《温州龙湾国安寺千佛石塔宋代铭文考释》一文曾对这批碑铭的社会文化史涵
　　义提出精到的分析，其中特别指出捐资修塔的诸氏可能是永嘉盐场"盐业人员中较为富裕者"。

除罪孽、超脱轮回，"恶病及恶缘，自此不应受。无明至老死，恒觉免轮回"；[1] 有人希望往生彼岸净土，"念念之间，慈悲接引，速达净邦"；[2] 有人立志修成佛果，"同成阿育之因，共获玄妙之果"；[3] 更有人立下普度众生之宏愿，"愿以此功德，普及诸众生。有情及无情，同共成佛道"。[4]

元祐以前施主造塔的发愿文，无不显示佛教在当地民众的精神生活中所占据的重要地位。现存温州宋代寺院碑铭中元祐以后没有出现类似的施主碑铭并不意味着佛教在此不再流行，但是联系元祐以后、特别是南宋时期文士书写寺碑铭的兴起，就不得不认为佛教文化在当地的面貌发生了显著的变化。

（三）刘愈的《东西塔记》

南宋时期信徒书写的寺院碑铭只有刘愈的《东西塔记》一种。东、西塔从属于瓯江江心屿的江心寺。江心寺始于唐咸通七年（866）的普济禅院，建炎四年（1130）宋高宗曾驻跸于此，当时江心寺双塔已在宣和年间方腊之乱中焚毁。绍兴十一年（1141），"无相居士"刘愈发起倡议重建江心寺东、西塔，建成之后又亲撰《东西塔记》，记文中刘愈引经据典阐述了宝塔对于佛教弘法的意义，"我佛如来亦欲众生观兹圣相，咸发美心，千万亿劫，无有已时"，记文最后又作偈子赞颂佛教宝塔："梵王世尊，虽久灭度，以誓愿力，常在宝塔。"[5] 作为学者型的佛教居士，刘愈以护法自居，《东西

1 徐纬：《〈国安院千佛塔〉第五层碑文》、徐士英：《〈国安院千佛塔〉第六层东侧碑文》，《温州历代碑刻二集》，第 11~12 页。

2 诸葛璠：《〈国安院千佛塔〉第一层碑文》、吴感生：《〈国安院千佛塔〉第四层碑文》、姚坦：《〈国安院千佛塔〉第六层西侧碑文》，《温州历代碑刻二集》，第 9、11、12~13 页。

3 余潜：《〈国安院千佛塔〉第七层碑文》、姚日华：《〈国安院千佛塔〉第三层碑文》，《温州历代碑刻二集》，第 13、10~11 页。

4 何绶：《〈国安院千佛塔〉第二层碑文》，《温州历代碑刻二集》，第 10 页。

5 刘愈：《东西塔记》、释元奇：《江心志》卷七，《四库全书存目丛书》史部第 245 册，齐鲁书社，1997，第 4~5 页。

塔记》似乎展现出五代时僧人子仪那般自信，但刘愈本身是一名落第士人，他的社会名望主要来自士大夫阶层而非佛教界。

刘愈是两宋之际温州地区最负盛名的富豪，号称"入楠溪不见刘进之（愈），适乐成不见贾如规，是浮洞庭不尝桔也"。[1]叶适少年时就学于刘愈家中，在为刘愈之子刘士偲撰写的墓志中盛赞刘愈行谊，[2]刘愈的行状（《刘进之行状》）又是薛季宣代叶适所撰。《弘治温州府志》为刘愈立传，主要强调其赈灾乡里、为民请命、见重于官府等方面。[3]刘愈曾举进士第，放弃科举后信仰上转向佛教，"四十弃场屋，游志于浮图氏学，号无相居士"，"晚喜读西方书，不爱金钱，佐营塔庙，谓修福田利益"。[4]绍兴八年（1138），已经放弃科举、转而信奉佛教的刘愈与僧人净宣同游江心屿，刘愈因见寺塔尽毁，"悯其颓废"，发起倡议重建，而刘愈的捐资可能占"资用之丰，无虑二万缗"中的大部分。[5]绍兴十一年两塔落成，全城内外举行盛大佛事。

江心寺双塔的重建工程由居士刘愈而非寺院僧人主持，本身说明佛教寺院力量的衰落。刘愈显然是凭借自己的财力及其在士大夫群体中的社会声望完成这次造塔壮举。当然据此不能质疑佛教本身的宗教力量，只是刘愈的影响力显示佛教信仰的重心已由寺院僧人转移至士大夫化的居士群体。

三　文士的书写：镶嵌于士人生活的寺院功能

与北宋时期僧人或者施主为主的书写不同，南宋时期本地士

1　《弘治温州府志》卷一二《行谊》，第325页。
2　叶适：《刘子怡（刘士偲）墓志铭》，《叶适集》，中华书局，1961，第332页。
3　《弘治温州府志》卷一二《行谊》，第325页。
4　薛季宣：《刘进之行状》，《薛季宣集》卷三四，张良权点校，上海社会科学出版社，2003，第521页。
5　刘愈：《东西塔记》，释元奇：《江心志》卷七，《四库全书存目丛书》史部第245册，第4~5页。

大夫成为温州寺院碑铭书写的主要力量，寺院碑铭书写也日益成为士大夫寺院活动的呈现。北宋熙宁年间开元寺延请当朝名臣撰写碑铭的现象，已经意味着僧人的文化权威逐渐丧失、儒家文化对佛教信仰的侵蚀，这又构成了南宋时期士大夫书写寺院碑铭的文化氛围。

（一）儒士的侵蚀

熙宁年间温州开元寺修造双塔与大殿的盛况空前。开元寺在城内习礼坊，是温州最重要的寺院。[1] 宋治平二年（1065）八月，温州"飓风大水，州大火"，[2] 开元寺因遭焚毁，引发当地僧俗普遍不安，"一旦煨烬，人用愁戚。其欲兴造，切于己居"。开元寺的财力、地位与影响均非同凡响，寺院原本计划以一己之力重修大殿，不料温州富豪争相施捐，"郡之大姓闻风响应，愿心而乐施者，不谋而同焉"。开元寺重修大殿工程规模宏大，"粹其资费，几数千万"，三年之间，工程完毕。[3] 重建大殿的同时，开元寺又重建双塔，耗资"三百余万"，五年而功成。[4]

大殿与双塔修成之后，开元寺延请重要文臣为撰碑文。《温州开元寺重修大殿记》作于熙宁十年（1077）三月，作者苏颂熙宁元年曾任知制诰，为开元寺作记文时正在知杭州任上。大约同时形成的《新修双塔记》作者是协助王安石进行科举改革的龚原。作为当朝重要官员、知名的儒学士大夫，他们撰写寺院碑铭，如何表达对佛教信仰的态度往往成为碑铭书写的核心问题。龚原的《新修双塔记》篇幅很短，记事 102 字，其余 120 字以五言偈子的形式"应机说法"，围绕着塔的虚实阐述"塔相不现前，妄想无余体，心空无

---

1 《弘治温州府志》卷一六《寺观》，第 427 页。

2 《弘治温州府志》卷七《灾异》，第 455 页。

3 苏颂：《温州开元寺重修大殿记》，《苏魏公文集》卷六四，中华书局，1988，988~989 页。

4 龚原：《新修双塔记》，《新刊国朝二百家名贤文粹》卷一二四，北京图书馆出版社，2006。

所住，是为涅槃门"的佛教义理，这部分书写虽然可以理解为弘
扬佛法，但以儒士身份模仿佛陀口吻，以"佛子汝当知"为起，以
"当作如是观"为结，既体现出儒士对佛教界的居高临下，又难免
戏谑的色彩。[1]

　　而苏颂站在儒学的立场上，认为佛教在民间的影响力远盛于儒
学，"无有愚智，一闻其说，靡不归诚而信向焉"，原因是佛教信仰
更符合人情欲念，"人心欲安乐，则积德重者能享之；人心恶罪苦，
则曰殖福厚者能去之"。苏颂还试图从佛教的流行及其信仰力量中
汲取统治的经验，"夫人情之所欲为，功虽大而易就，盖不强之使然
耳。下之人能不强人者，其兴事也犹若此之速。然则为治者亦有不
强人之政乎？"[2]苏颂的书写虽然体现出对佛教信仰力量的羡慕，但
其解释完全以儒家政治为本位，这样的书写构成对佛教宗教精神的
消解。然而寺院邀请士大夫撰写碑记并非一时疏忽，为了借重其社
会声望宁愿牺牲宗教精神的纯粹性，因此南宋开元寺再次重修后，
开元寺仍然邀请对佛教态度更为傲慢的叶适撰写碑铭。

　　叶适撰写《温州开元寺千佛阁记》的时间是嘉定元年（1208）
九月，距绍兴十年（1140）开元寺再遭焚毁已有 68 年。记文中叶适
首先追述开元寺以及温州佛教昔日盛况，非但开元寺"阶陛门户夸
耀甚"，"为一郡巨丽"，僧人清了所过之处更是"空聚落迎拜，金帛
之献，舟衔舆戛，以先至为幸"。然而，叶适赞叹熙宁年间"造寺
洪流中，不日月而成"，不过是为了反衬南宋时开元寺重建的举步
维艰。当时筹款陷入困境，"人益以施为难，乌集其门，侧睨横出，
漫不酬对，有终不捐一钱者"，重建工程"辛苦逾一甲子"犹未完
成。在这种情况下，寺僧居广募捐"积至三千万"，"斧斤不绝声十
年"而修成千佛阁已经属于奇迹。对于南宋时期温州地区宗教场所

1　龚原：《新修双塔记》，《新刊国朝二百家名贤文粹》卷一二四。
2　苏颂：《温州开元寺重修大殿记》，《苏魏公文集》卷六四，988~989 页。

"兵残火毁，荒基断础相望，十不能兴一二也"的衰亡景象，叶适
在记文中流露出冷漠乃至乐观其成的情绪。叶适认为，昔日对佛教
乐于施舍固然是"情之所便"，今日佛教之衰败却是理所当然，"抑
异以安俗，退夷而进华，又义之所出也"。最后又以儒家的教化观
念，对佛教的施舍行为予以有限的肯定，"不以吝于人者为己利，损
于外者为家侈，然后富教而德正，礼辨而俗朴，此三代之上所以为
治道一而义理明也"。[1] 可见佛教寺院面对居于文化霸权地位的儒家
士大夫委曲求全的卑微姿态。

（二）游山与访寺

熙宁年间的苏颂与龚原，并不是宋代温州最早为寺院撰写碑铭
的文士。早在六十年前即宋真宗天禧二年（1018），"通判军州郑向
文"就曾撰写过《灵岩禅寺碑记》。[2] 北宋仁宗即位以前，儒学复兴
运动与抨斥佛老的热潮尚未兴起，一般科举进士或文官不见得是纯
粹的儒士，精神世界往往是儒释道杂糅，郑向文书写的寺院碑铭也
没有体现出儒学本位的意识。由于灵岩寺在宋太宗赐御书、咸平年
间（998~1003）朝廷赐额背景下兴起，地方官郑向文为撰碑文可能
本身就是官方行为。碑文记述了灵岩寺创建发展四十年间的历程，
包括太平兴国四年（979）僧人行亮、神昭在雁荡山安禅谷开辟修道
场所，当地富户蒋光赞施捐家财"首构梵刹"，再到宋太宗赐御书、[3]
咸平年间僧人正因请额，最后蒋光赞之子蒋文浚再次施捐，建成了

1　叶适：《温州开元寺千佛阁记》，《叶适集》，第157~158页。
2　郑向文：《灵岩禅寺碑记》，《温州历代碑刻二集》，第293页。参见《永乐乐清县志》卷五，陈
　　明猷校点，香港天马图书有限公司，2000，第82页。
3　宋太宗命内侍裴愈往江南购募图书，并赐御书于名山寺观，此事《续资治通鉴长编》卷三八
　　有载："（至道元年六月）乙酉，遣内侍裴愈传往江南诸州购募图籍，愿送官者优给其直；
　　不愿者借出，于所在州命吏缮写，仍以旧本还之。上尝草书经史三十纸，召翰林侍读吕文仲
　　一一读之，列秘阁官属名位，刻石模印，装饰百轴。于是付愈赍诣名山福地，道宫佛寺，各
　　藏数本；或丘园养素好古博雅之士，为乡里所称者，亦赐之。"中华书局，2004，第817页。

规模齐备、东南闻名的灵岩禅寺，"凡四十年，为屋百余间，费钱五百万，由是灵岩能事大备。东南之山、寺、石尤绝者，必首推焉"。文中没有交代郑向文为灵岩寺撰写碑铭的缘由，但无论主动、被动，郑向文对佛教抱有相当的热情。碑文叙述的主线其实是僧人行亮、神昭发现佛教南瞻部洲罗汉所居雁荡山龙湫的新编佛教神话：

> 后于广藏中，得古禅月大师贯休尝著罗汉赞文，至第五诺讵罗尊者篇中，有"雁荡经行云漠漠，龙湫宴坐雨濛濛"之句。则是山也，既名雁山，而龙湫在焉。然后知南瞻部洲罗汉所居，即此山也。

行文中，郑向文还借行亮、神昭之眼描绘雁荡山风光，"但见白猿金雀，飞栖云树，藻气圆光，冠映林岭"。[1] 就目前所见文献，将乐清雁荡山与诺讵罗尊者明确联系起来的说法首见于天禧二年这篇碑铭。无论雁荡山佛教神话的根源在佛教、文士还是朝廷，多重身份的郑向文至少是神话创作的参与者及最早的记录者。

南宋时期乐清人氏王十朋（1112~1171）采纳该神话，又为乐清雁荡山塑造了"盖诺矩罗驻锡、王子晋飞仙、谢康乐登临啸咏之所，宜幽人逸士、逃名晦身、修真学道者徜徉乎其间也"的人文形象。[2] 王十朋的亲友圈佛教氛围浓厚，他的母族万氏、妻族贾氏都是乐清当地富豪。舅祖父贾处严出家为僧，号称"严阇梨"，甚至传说王十朋乃严阇梨转世，"予少时，有乡僧，每见予必谓曰：'此郎严伯威后身也。'"[3] 舅父万世延"缁素叩门，随所谒而获者叵

---

1 郑向文：《灵岩禅寺碑记》，《温州历代碑刻二集》，第293页。
2 王十朋：《雁荡山寿圣白岩院记》，《王十朋全集》卷二二，第944页。
3 王十朋：《记人说前生事》，《王十朋全集》卷一四，第807页。

计"。[1] 岳父贾如讷也亲近佛教，"寡嗜欲，不好杀，喜与释子游谈无生之理"。[2] 王十朋科举坎坷，一度有"儒冠误身"之叹。[3] 可以想见登第之前，王十朋经常心怀归隐之计，游览雁荡山各处名胜、寺院，他撰写的《雁荡山寿圣白岩院记》也以大半的篇幅讨论雁荡山的释、儒、仙三家文化史：释则"诺矩罗居震旦东南，山名雁荡，最为造物所惜，秘于万万古而显于本朝"；儒则"山之东有岭曰谢公，世传灵运好游山，而不知有雁荡，蜡屐穷幽，至此而返"；仙则"去岩而北若干里，有王子晋仙桥。子晋遗迹在吾州者三：一在永嘉，二在乐清，兹其一也"。[4]

宗室赵崇晖早年曾经寓居乐清。嘉定十六年（1223），长期宦游的赵崇晖路过乐清时造访白鹤寺，"荏苒从宦，岁月易积，自廷属出宰过家之岁，偶造其寺"。宣和年间（1119~1125），白鹤寺毁于方腊战火，此后经几代寺僧将近百年的努力，最终在可升手中得以重建。赵崇晖赞叹可升的功德，"轮焉奂焉，动心骇目，异乎曩之所见，及叩而知升之力也，予方嘉之，而升来求文以识，既契于予怀，因随喜作记，俾镌诸石云"。"偶造其寺""随喜作记"都说明这篇碑记出于偶然，而记文大篇幅描绘雁荡山及白鹤寺的自然与人文胜迹，"王子晋之吹箫，张文君之炼丹，王右军之枉驾，皆此地也。溪流余济，犹莹金星，竹调遗笙，尚谐宫徵，是宜灵仙栖息，隐者之盘旋焉"，[5] 说明这篇碑记当是文士山水游历的副产品。

以上三篇寺院碑铭，出自不同时代、不同身份的文士之手，书写的情境与主旨各不相同。郑向文是地方官，或为官府扶持佛教而

1　王十朋：《东平万府君行状》，《王十朋全集》卷一五，第 809 页。

2　王十朋：《贾府君行状》，《王十朋全集》卷一五，第 813 页。

3　王十朋：《祭潘先生文》，《王十朋全集》卷一三，第 785 页。

4　王十朋：《雁荡山寿圣白岩院记》，《王十朋全集》卷二二，第 944 页。

5　赵崇晖：《白鹤寺记》，《温州历代碑刻二集》，第 320~321 页。

撰碑；王十朋当时是科举失意的地方士人，或借寺院碑记抒发归隐心境；赵崇晖是寓居游宦，偶造寺院而随喜作记。然而无论时代与身份，山水游历都构成文士生活中独特的文化系统，造访佛寺则是其中不可或缺的内容，因此山水文化构成了文士寺院碑铭书写的一种特殊类型。

（三）官府的政绩

乾道七年（1171），曾逮出知温州，途经雁荡山，见一座寺院"高甍巨栋，包源亘壑，若可容数千人"，号称"能仁时思荐福"寺，不料入门一派荒芜，"殿阁岌岌如将压焉，堂下草深尺许，突无炊烟，浮屠才六七人，皆尫羸聩瞆"。能仁寺最初是咸平二年（999）僧人全了在乐清北雁荡山开创的芙蓉庵。[1]此后不断发展，绍兴十二年（1142）郡守间丘昕"奏改禅院"，"自是缁素云集，遂为雁山大道场"，这是能仁寺发展的巅峰。宋廷南渡，浙江诸多寺院被王公贵戚占为"香火院、功德院、殡所等"，[2]能仁寺也遭此厄运。绍兴二十五年（1155），宋高宗吴皇后（1115~1197）亲弟、太宁郡王吴益（1124~1171）请求将能仁寺赐为功德寺，能仁寺由此赐名"能仁时思荐福"。吴益也是秦桧的长孙女婿，史载吴益"以庸琐之才，恃亲昵之势"。[3]吴益本人从未到过能仁寺，然而家僮奴仆肆意欺凌、巧取豪夺，"幸其主之远，凭藉声势，并缘为奸，伐木于山，取禾于廥，惟意所欲"。曾逮访问能仁寺的当年，吴益刚好去世，曾逮遂将能仁寺的近况上报朝廷。不出两月，朝廷下诏"除'时思荐福'之名，复为能仁"，州人为此"欢呼抃蹈，若人人受上赐者"。此后，曾逮又请温州著名僧人从瑾住持并重振寺院，[4]不久"缁流四集，

1　参见《永乐乐清县志》卷八《仙释》，第179~180页。
2　陈荣富：《浙江佛教史》，第333页。
3　《宋史》卷四六五《吴益传》，第13591页。
4　《弘治温州府志》卷一一四《仙释》，第404页。

塔庙一新"。从瑾又请曾逮"以诏旨刻诸石"，于是曾逮撰写了这篇"以章德意之美，以志官史之愧"为主旨的碑记，既赞颂皇帝与太上皇后之圣德，"今乃发德音，述慈训，卓然出于古今常情之外，非尧舜之道、姜任之德，能如是乎"，同时也对官史之言职发表了一番宏论，"天下事，有未尝诉，未尝言，而曰'吾不敢'者，非愚则诬，皆圣世之罪人也"，颇能突显自己的尽职。[1]

与曾逮复兴能仁寺同时代，乐清知县袁采也凭一己之力重建该县的东塔院与西塔院。西塔院毁于方腊战火之后，一直不能复建。淳熙六年（1179）袁采出任知县，倡议依西塔重建寺院，并"为禁薪牧""给田百亩""辍俸佐之"，于是"施者辐辏"，旬月间即修成。然而地方官主持重修的寺院，功能似乎发生了异化，"民言以厉祟为恐，公致祷，卒无患。己亥春，乃即塔北为室三，以祠瘟神、火神，载诸县志，岁为常祀"，成为地方官祈祷的神祠。[2] 东塔在此之前已经成为民众求取功名的场所，"阴阳家目为文峰，登巍科者相续"，东塔院则由于院僧内部的腐败及其与当地民众的冲突而长期衰败。知县袁采重建之后，官营祈禳神殿的特点也更为突出，"室有三：五星居其中，左序川源，右列坊巷，凡苗稼虫蝗之神皆秩焉。俾就精严，以时祷禬者，官所营也"。乐清东、西塔院两篇碑记的作者毛士龙应该是在官府与民众之间扮演中间角色的地方士人，碑记也因此成为地方士人代表民众宣扬寺塔祈禳功能、歌颂地方官德政的书写形式。《东塔院记》称袁采到县之后，"年谷荐登，财赋告足，百废具举，焕然一新，有声凤谳殆验于斯"，寺院修成后，"父老更相贺，命余书，庸忍辞"。[3]《西塔院记》称颂袁采"廉介自将，以他人为家者为邑，为子孙者为民，凡可以弭灾变，移风土千百年之利

1　曾逮：《诏复能仁寺记》，《永乐乐清县志》，第80页。
2　毛士龙：《西塔院记》，《温州历代碑刻二集》，第314页。
3　毛士龙：《东塔院记》，《温州历代碑刻二集》，第313页。

者，必极力为之，用心亦云广矣"。[1] 显然，当寺院碑铭书写成为地方德政的颂词时，佛教的宗教精神也从寺院中基本退场。

（四）寺院与文士私人生活

以上寺院碑铭书写均试图表达某种理念，显示作者特定的社会或文化身份。然而寺院又往往构成日常生活的一部分，文士也不能例外，有些寺院碑铭书写出自文士的私人关系。

熙宁九年（1076），周行己家中获得两处坟地，一处在瑞安闲心普安寺西三四里的周湾，葬周行己的祖父，另一处在寺西南四五里的燥原，葬周行己的母亲。两处墓地都得到了闲心普安寺僧人显琛的精心护视，每年周氏子孙省墓时，显琛总是前来探视。当时周行己的祖母年事已高，周行己曾经对显琛说，祖母过世后将与祖父合葬，届时希望显琛每年能为祖母做些佛事"以慰幽魂"。祖母入葬之后，显琛"能不忘其言，凡时节朔望必与其徒设香果茶汤，杂作佛事墓上"，还引来了许多乡民"往来奠谒"，墓地竟成了游览胜地，"游观不绝，至今数年，遂为故事"。显琛"天资仁慈"，每次陪护周氏子孙省墓，总是一起"数数泣下"。元祐六年（1091）二十五岁的周行己科举登第，两年后"侍亲归省墓"。当时周行己离开家乡已十数年，显琛也已年过六十。周行己前往拜访显琛，发现闲心普安寺大有改观，显琛向周行己介绍这是他与弟子道珂十年辛勤的结果，并请求周行己为撰写记文。周行己这篇《闲心普安禅寺修造记》主要回顾周家与显琛、道珂因为护坟而形成的数十年的交情，开篇以孔子"十室之邑，必有忠信"称颂道珂，最后赞叹显琛"虽曰未学，其违道不远"。[2] 二十四年后的政和八年（1118），周行己又为闲心普安寺新修山门撰写《新修三门檀施名衔序》，应该也是缘

1　毛士龙：《西塔院记》，《温州历代碑刻二集》，第 315 页。
2　周行己：《闲心普安禅寺修造记》，《周行己集》，上海社会科学出版社，2002，第 81 页。

起于该寺与周行己的传统情谊。[1]

绍兴二十七年（1157），王十朋以进士第一名登第。第二年，王十朋应邀接连写了两篇寺院碑记。《妙果院藏记》记述与赞颂比丘尼文赞向永嘉妙果院施舍价值万金宝藏的功德，该文应寺僧潜涧宝印而作。宝印是王十朋舅祖父、僧人贾处严（严阇梨）的弟子，[2]同时是王十朋的族叔父，故文中有“于潜涧为犹子，义不可辞”之语。[3]《雁荡山本觉院殿记》则详细记录寺僧景暹延请撰写记文的经过，王十朋始而拒绝，“余延之坐，饭之，赠以诗，辞不能记”，景暹却出示“前传法能仁宣公、今传法灵岩行公书”，并以宣公的禅林威望以及行公与王十朋之交谊相勉，声称行公“与贤士大夫游，且能诗，尝受知于君”。[4]王十朋成长于佛教氛围浓厚的家庭，与僧人有深厚交谊，但寺院在王十朋登第后延请撰写记文，无非是想借重进士的社会声望。王十朋一方面碍于私人情谊难以推却，另一方面碍于儒士身份不便欣然允诺或者热烈赞颂佛教。因此《妙果院藏记》中讨论“吾儒中有二大善知识”苏轼、王安石“俱深于佛”，似乎是对自己忸怩情态的某种饰词，《雁荡山本觉院殿记》则详尽描述景暹延请的具体过程，对本觉院修造过程的记载则相当潦草。

乾道元年至四年（1165~1168），叶适在乐清县钱尧卿父子开办的白石塾讲习，并与当地富豪黄、钱二家交往，经常在净慧院游玩，结识黄从岳、仲参父子。熙宁八年（1181）叶适在家服丧时，黄仲参前来拜访，叶适遂追忆当年在白石讲学时的情景与人物：

> 乐清之山，东则雁荡，西则白石。舟行至上水，陆见巨石冠于崖者，势甚壮伟，去之尚数十里外，险绝有奇致。其山

1　周行己：《新修三门檀施名衔序》，《周行己集》，第79~80页。

2　王十朋：《记人说前生事》，《王十朋全集》卷一四，第807页。

3　王十朋：《妙果院藏记》，《王十朋全集》卷二二，第942页。

4　王十朋：《雁荡山本觉院殿记》，《王十朋全集》卷二二，第945页。

麓漫平，深泉衍流，多香草大木。陆地尤美，居之者黄、钱二家，累世不贫，以文义自笃为秀士。北山有小学舍，余少所讲习之地也。常沿流上下，读书以忘日月，间亦从黄氏父子渔钓，岛屿萦错可游者十数。有杨翁者，善种花，余或来玩其花，必大喜，延请无倦。间又游于其所谓净慧院者，院僧择饶善诗……余时虽少，见其能侃然自得于山谷之间，未尝不叹其风俗之淳，而记其泉石之美，既去而不能忘也。

因仲参来访，叶适问起白石旧人，才知道"择饶、义允、从岳、文捷皆死矣，其他老人，多无在者，杨翁者亦已死。而草木衰谢，不复可识，因相对感怆久之"。之后又问及净慧院近况，仲参告知其受父命"辍其学"而新建转经藏，"屋庐闳丽，像设精严"，因而请叶适为之撰写记文。叶适没有推辞，以寥寥几笔介绍净慧院的沿革，其他的内容与其说是寺院碑记，不如说是追怀一段年少时光。[1]

四 余论：书写的社会史及留白

寺院碑铭清晰呈现了两宋之际温州寺院佛教的兴衰历程。然而引入书写史的视角，更多地反映出寺院从信徒的宗教活动中心，演变为镶嵌于文士思想、文化、仕宦或日常生活的特定社会功能或社会关系，据此展示了书写史之于社会史研究两方面的意义。一方面，书写史可能为社会史提供更加切近历史情境的线索。历史研究的对象其实已经消失，研究依赖于留存的文献或遗迹。历史文献的书写与留存本身就是精心谋划与刻意营造的结果，在记录与呈现历史的同时也扭曲与掩盖历史，因此历史研究必须通过考订与文本分析等各种手段，从被压抑扭曲的文本中有限地还原历史，这是历史

[1] 叶适：《白石净慧院经藏记》，《叶适集》卷九，第137~138页。

研究者共知的常识。

较少为人注意的是，精心谋划或者刻意营造的书写与留存本身构成了一段历史，事实上这段历史最有可能为现存的文本所还原，最有可能成为研究者把握历史情境的线索。本章所讨论的寺院碑铭，可能为佛教史、地方社会史、文人生活史等方面的研究所注意，但是这些今天的研究者所"构建"的议题，本身就可能是对历史情境的再次支离与重构。相比之下，不预设议题的将现存历史书写本身作为历史研究的线索，从历史书写本身的旨意去呈现历史研究的议题，即便残缺也至少在某种意义上回归到了历史书写的情境中。

当然另一方面，采用这种书写的研究视角，也需注意书写本身呈现与掩盖的对应关系。文士成为南宋温州寺院碑铭书写绝对主力，并不意味着寺院仅仅为文士的生活而存在，寺院在地方社会中可能扮演着丰富得多的角色，这些内容可能在碑铭书写甚至文士认知之外，或者保存于其他类型的史料中，也可能成为历史书写的空白。只有将这些书写线索以外的内容在历史想象中预留出来，才能相对准确地把握书写提供的历史线索，这就是书写的社会史研究中"留白"的意义所在。

第四章 宋代墓志书写与地方士人社会的构建

一 文集墓志文本的一般分析

温州地区的宋代墓志文献非常丰富，如果简单地依据《全宋文》与温州地方收集碑刻材料，目前搜检到的约255篇。其中《全宋文》检出约190篇温州墓志文献；[1]温州地方的碑刻史料，主要是吕溯《温州博物馆藏历代墓志辑录》224篇墓志文献中的64篇宋代文献，[2]张如元《宋代温州文献征存录》中辑录的墓志文献14篇墓志文献，[3]以及新编苍南、

---

1 《全宋文》，上海辞书出版社，2006。

2 吕溯《温州博物馆藏历代墓志辑录》分上、下、补遗三编，分别收入《温州历史文献集刊》第1、2、3辑，南京大学出版社，2010、2012、2013。

3 张如元：《宋代温州文献征存录》，收入《温州历史文献集刊》第2辑，南京大学出版社，2012。

瓯海、永嘉等地金石志的少量墓志文献。[1]除去各种重复，可得 255
篇。这里的墓志文献泛指去世后围绕丧葬形成的传记资料，具体形
式包括墓志铭、神道碑、行状、圹志、墓志、墓表等等。温州的宋
代墓志文献，文集中以墓志铭为主，又有少量行状，碑刻史料以圹
志为主，也有一部分墓志铭。

　　墓志文献保存着丰富的社会史信息，但如何利用很有讲究。常
规的方法是将墓志文献作为人物传记资料，综合利用以勾勒地方社
会的群体形象。书写史的角度又可以提供另一种历史脉络，温州人
周行己、许景衡、王十朋、陈傅良、叶适等人文集中保存着大量为
温州人撰写的墓志文献，据此可以解读温州士大夫通过墓志书写在
地方社会建立的关系网络。此外，碑刻史料中保存着某些家族墓地
的墓志文献，是研究地方家族史的珍贵史料；某些碑刻墓志反映了
传主家庭婚姻的世俗面向，与文集墓志形成鲜明反差，也可以专题
讨论。不过这一章主要围绕两个议题讨论宋人文集中的墓志文献：
一是墓志文献数量的演变及其与科举社会兴起的关系，二是前述知
名士大夫墓志书写中的社会关系网络。

　　墓志铭也是一种礼仪文书，或者说具有宗教信仰的属性。[2]宋代
士人文集所见墓志铭一般是儒家文化的产物，当然释道两家也会有
各自的墓志文献。这就意味着墓志铭或行状总是以特定的文化观念
塑造人物，士人文集所见墓志文献与其说是墓主生平的记述，不如
说是儒家理想人格的再塑造。墓志文献形成需要具备诸多条件，比
如与士大夫群体的社会关系、对儒家文化某种程度的认同、一定的

1　杨思好主编《苍南金石志》，浙江古籍出版社，2011；郑小小主编《永嘉金石志》，中华书局，
　　2011；黄舟松、林伟昭编著《瓯海金石志》，中国戏剧出版社，2011。又参见金柏东主编《温
　　州历代碑刻集》，上海社会科学院出版社，2002；吴明哲主编《温州历代碑刻二集》，上海社
　　会科学院出版社，2006。
2　从墓志的起源而言，墓志在发展成为一种特殊文体之前，世俗的实用文书色彩比较明显。唐
　　代墓志铭发展成为纪念或赞颂类文体，但儒、释、道文化在墓志书写中混融出现。本文将墓
　　志书写理解为儒家的礼仪文书，主要是指宋代温州的情况。

财力及文化水准，至少满足其中若干条件，才能顺利获得一篇出自士大夫阶层的墓志。这意味着很多人被排除在墓志书写对象的范围之外，墓志文献只能反映特定群体的面貌。同时，一个地方墓志文献的产生以士人阶层的形成为条件，而在宋初，儒家文化与士大夫阶层在整个温州都是稀见之物，缺乏产生墓志文献的基本条件，因此温州的墓志文献会经历了一个从无到有的过程。

温州直到 978 年才纳入宋朝的统治范围。980 年代出现了两篇为五代天台宗高僧义寂（919~987）撰写的佛教墓志文献，一篇是吴越国王室钱俨（钱俶弟）撰写的《建传教院碑铭》，[1] 一篇是义寂门人澄彧撰写的《净光大师塔铭》。[2] 此后的百年间，温州似乎没有留下任何墓志文献。直到 1080 年代（神宗朝）秦观（1049~1100）为另一位温州籍僧人怀贤撰写了《圆通禅师行状》，[3] 稍后的余杭僧人元照（1048~1116）为温州僧人灵玩与契嵩分别撰写了行状类文献。在 1120 年代以前，文集中保存了五篇佛教的墓志文献，而儒家类的墓志文献仅有两篇，一篇是陆佃为鲍轲女儿、侯正臣妻子鲍氏撰写的《鲍氏夫人墓志铭》，[4] 一篇是杨时为同学陈经邦的父亲陈君玉撰写的《陈君玉墓志铭》。[5] 这其中，鲍氏的父亲鲍轲、其夫侯正臣分别是宋代温州的第二位（天圣五年，1027）与第四位（庆历六年，1046）进士，而陈经邦是大观三年（1109）的进士，杨时是陈经邦太学生时期在京城的同学。也就是说，温州士人的墓志文献随着科举进士的产生而产生，最初的墓志书写者都是非温州籍的知名士大夫，这未必是因为普通科举进士不具备墓志文献的书写能力，而是因为收录墓志文献的文集的留存依赖于作者的历史地位。

1　钱俨：《建传教院碑铭》，《全宋文》卷六〇，第 3 册，第 420 页。
2　澄彧：《净光大师塔铭》，《全宋文》卷一三二，第 7 册，第 53 页。
3　秦观：《圆通禅师行状》，《淮海集笺注》，上海古籍出版社，2000，第 1179 页。
4　陆佃：《鲍氏夫人墓志铭》，《陶山集》，中华书局，1985，第 178 页。
5　杨时：《陈君玉墓志铭》，《全宋文》卷二六九六，第 125 册，第 45 页。

　　温州最早的墓志文献出现在 1090 年代，这是温州科举进士人数增长的第一个高潮，之前的 1010~1080 年代，温州每十年的进士在 1~5 人之间，1190~1210 年代达到 10~30 人的规模。正是在这个时期，温州本地士人开始撰写墓志文献，他们是周行己、许景衡及刘安上、刘安节兄弟，现存他们撰写的墓志文献 28 篇，他们 4 人曾经都是太学生，也是重要的学者。进入南宋，温州的科举登第人数急剧上升并保持在年代 50~100 人的规模，其中南宋末年的 1260 年代达到惊人的 177 人。但文集中保存的墓志文献数量并不与科举登第人数的发展保持一致，只是在 1170 年代、1200 年代、1220 年代因为王十朋、陈傅良、叶适等人文集的留存而突然增长（见图 4-1）。[1]

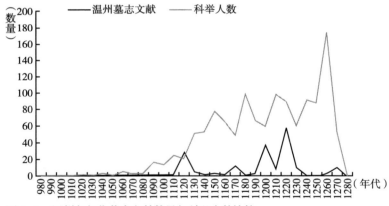

图 4-1　温州各年代墓志文献数量与科举人数比较

　　温州墓志文献的作者可以分为温籍与非温籍两类。《全宋文》收录北宋时期非温籍作者的温州墓志 3 篇，南宋则有 34 篇。南宋的作者包括吕祖谦、朱熹、周必大、杨万里、楼钥、吴泳、真德秀、魏了翁、刘克庄、林希逸等著名的理学家，说明理学家在留存文献中占据的优势地位。温籍作者 151 篇，其中北宋"元丰九先生"中

1　参见陈永霖《宋代温州科举研究》，硕士学位论文，浙江大学，2011。

周行己（1067~1125）、许景衡（1071~1128）等 4 位主要人物有 28
篇，永嘉学派代表人物薛季宣（1134~1173）、陈傅良（1137~1203）、
蔡幼学（1154~1217）、叶适（1150~1223）等人有 91 篇，如果再加
上王十朋（1112~1171）的 7 篇，这些重要学者总计 126 篇，占温籍
作者 151 篇的 83.4%（见表 4-1）。

表 4-1　温州各年代墓志文献数量与科举人数

年　代	温籍作者墓志文献	温州墓志文献	科举人数
980	0	0	0
990	0	0	0
1000	0	0	0
1010	0	0	1
1020	0	0	2
1030	0	0	1
1040	0	0	3
1050	0	0	1
1060	0	0	5
1070	0	0	3
1080	0	0	3
1090	0	1	17
1100	0	1	14
1110	1	2	25
1120	28	29	21
1130	5	5	51
1140	2	2	53
1150	0	3	78
1160	0	2	65
1170	11	12	49
1180	0	1	99
1190	1	3	66

年　　代	温籍作者墓志文献	温州墓志文献	科举人数
1200	33	38	60
1210	2	7	98
1220	57	59	90
1230	5	10	60
1240	1	1	92
1250	0	0	88
1260	0	3	177
1270	5	10	53
1280	0	0	0

　　以上统计是以《全宋文》中检出的 151 篇墓志文献为依据的。如果考虑到这些文献的原始出处，其实有 9 位作者的各 1 篇墓志文献出自碑刻或方志文献，另有 3 位作者总计 4 篇文献是出自传主文集的附录。真正保留在别集中的墓志文献是周行己《浮沚集》13 篇、许景衡《横塘集》13 篇、刘安上《刘给谏集》与刘安节《刘左史集》各 1 篇、林季仲《竹轩杂著》5 篇、薛季宣《浪语集》4 篇、陈傅良《止斋先生文集》33 篇、叶适《水心文集》50 篇、戴栩《浣川集》4 篇、刘黻《蒙川遗稿》4 篇。这 128 篇保留在宋人别集中的墓志文献，薛季宣的 4 篇主要代人而作，戴栩、刘黻的 4 篇多为同僚或家人所写，刘安上与刘安节的文献数量过少，因此以下墓志文献书写史的讨论，主要围绕周行己、许景衡、林季仲、陈傅良、叶适这些作者展开。

二　"元丰九先生"时代的墓志书写

　　文集中的墓志文献以墓志铭与行状为主。墓志书写在比较复杂的社会关系中形成。书信作为一种最常见的社交文书，一般都在两人的私人关系间展开，而墓志书写往往涉及传主、求铭者与书写者三者的社会关系。求铭者一般是传主的斩衰、齐衰之亲，书写者与求铭者或传主一般会有较密切的社会关系。比如父亲去世，孝子向自己的同学或者老师求铭，或者向父亲的同年、同僚求铭。也有比较复杂的情况，比如孝子先向某人求行状，再由行状的作者在自己的社会关系中寻求撰铭者，等等。墓志铭展现了较为复杂的社会关系网络，特别是某些宋人别集中保留着大量墓志铭，根据这些墓志铭可以在相当程度上还原作者多层次、多面向的社会关系网络。墓志作者与传主的社会关系一般可以分为两类：一类在官场或学界形成的社会关系，另一类在地方社会形成的社会关系。在讨论温籍作者的温州墓志文献时，主要会涉及后一种社会关系。

宋代温州思想学术的发展，以所谓的"皇祐三先生"林石（1004~1101）、王开祖（约1023~1055）、丁昌期为开端，以所谓的"元丰九先生"为北宋的高峰。"皇祐三先生"均在温州讲学授徒、传播中原学术，只有王开祖于皇祐五年（1053）登进士第。"元丰九先生"号称是元丰年间的九位温籍太学生，包括周行己、刘安节、刘安上、许景衡、戴述、赵霄、张辉、沈躬行、蒋元中。这九人生活的时代略有先后，并非都在元丰年间入太学，其中沈躬行、蒋元中两人情况不明，其他七人均有科名。"元丰九先生"的概念，最初由其中最著名的周行己在为赵霄撰写的墓志铭中提出，在后人的构建中，他们以传播洛学、抵制新学为共同特征。其中周行己、许景衡、刘安上、刘安节四人留有文集，几乎囊括了所有北宋温籍作者书写的地方墓志文献，包括周行己与许景衡各13篇、刘氏兄弟各1篇。

"皇祐三先生"与"元丰九先生"构成了宋代温州最早的地方士大夫群体，而且具有明显的共同特征，但仍需仔细分疏才能理解他们在地方社会的确切意义。首先这个最初的温州士大夫群体以在地方传播学术为共同特征，这就与北宋温州产生的96名科举进士

中的其他人员形成了一种学术与仕宦、地方社会与中央政权的分野
（当然其中也是交叉）。其次，"皇祐三先生"与"元丰九先生"各有
鲜明的时代特征，"皇祐三先生"形成于北宋第一次儒学复兴潮流即
宋仁宗、范仲淹的时代，而"元丰九先生"处在第二次潮流即宋神
宗、王安石、程颐等人的时代，以这时期创置的太学三舍法为共同
背景。因此，他们是北宋两次儒学复兴潮流促成的群体，如果把科
举与儒学理解为两个不同的社会现象的话，这些先生并非科举制度
的产物。这也意味着宋代温州的墓志书写是一种儒学复兴现象，与
科举仕宦未必有直接关系。而通过墓志书写可以进一步考察儒学复
兴对地方社会的具体影响，或者地方社会对儒学复兴的具体回应方
式。通过周行己与许景衡的墓志书写，就会发现宋代温州最早的士
大夫群体内部还存在着富室与儒户的分疏。

（一）周行己

　　周行己（1067~1125），祖籍瑞安，后居永嘉，十四五岁时从
周泳宦游于京洛，十七岁（元丰六年，1083）补试入太学，元祐
六年（1091）登进士第。周行己仕途不遂，长期在温州讲学授
徒。但是他的从祖父周豫（庆历六年，1046）、从叔父周泳（嘉
祐六年，1061）相继登科，到周行己时周家已是三代仕宦。许景
衡（1071~1128）也是瑞安人，登元祐九年（即绍圣元年，1094）
进士第，官至尚书左丞。两人都是科举竞争的成功者，也是同
乡、同学及同时代的温州学者，但他们的家庭背景存在着微妙的
区别。

　　虽然到周行己时周家已经是三代仕宦，但周行己的曾祖父是地
方的富室胥吏，周行己在《丁世元墓志铭》中指出温州民户在宋初
并无业儒的传统，富室"必被役于公"而成为地方的胥吏。丁世元
（999~1067）是丁昌期的祖父，与周行己的曾祖父同为官府胥吏，两
人"顾籍文无害，出入公私，毫忽不犯，故皆号称长者"，因此结

为好友并相互通婚，周行己的祖姑母就是丁昌期的母亲。两人又同时转向业儒，丁世元当时"其家一切饰以儒者法度。常曰：'男女婚嫁，必于儒家，庶可以训以善而责以义。使子孙学儒，犹坐嘉荫之下，自有清风。至于他术，譬如置之荆棘，动辄见伤，况足庇身乎？'。"[1] 在业儒的道路上周家率先成功，丁世元的孙子丁昌期则成为当地著名学者，号称经行先生，与王开祖、林石又并称"皇祐三先生"，丁昌期的侄、孙辈均在科举上获得成功。这篇墓志铭说明周、丁两家本是当地富室胥吏，在仁宗朝开始择业儒术。

与温籍三代仕宦的周氏不同，许景衡出自仕宦移民家庭，"其先长沙人，七世祖赞避五季之乱，徙居温之瑞安县"。[2] 周行己另有一篇《许少明墓志铭》，传主许景亮是许景衡的兄长，落第后在家乡以教授学徒为业。[3] 许景衡自述其先人"清尚好学，厚朋友，乐施予，平时俸入，未聚已散"。[4] 他另一兄弟许少雄"欲游太学，无以为道路费"，其夫人陈氏"为斥奁具以资其行"；自己"官州县，贫甚，食指众，陈氏能痛自抑损，甘淡薄"。[5] 这些记载似乎说明作为仕宦游民的许氏不善治生，在经济上只能依赖俸禄与讲学。

周行己与许景衡所撰墓志文献（详后）都会描写初涉儒术的本地富室与移民仕宦家庭两个社会群体，但书写方式有所不同。随着科举的兴盛，温州本地的富室纷纷尝试业儒，与仕宦移民因科举而趋于融合，但在文化礼俗方面往往产生激烈冲突，本地富室淫浸巫道、亲切佛教，仕宦移民更强调儒家礼法。由于本身出自两个不同的社会群体，在周行己的墓志文献尚能区分两个群体的文化特点，而许景衡因刻意强调儒家礼法而难免牵强附会与偏激之词。

1　周行己：《丁世元墓志铭》，《周行己集》卷七，第 141 页。

2　胡寅：《资政殿学士许公墓志铭》，《斐然集》卷二六，中华书局，1993，第 564 页。

3　周行己：《许少明墓志铭》，《周行己集》卷七，第 137 页。

4　许景衡：《上石守（五）》，《许景衡集》卷一六，上海社会科学出版社，2006，第 496 页。

5　许景衡：《陈孺人述》，《许景衡集》卷二〇，第 542 页。

包括前述《丁世元墓志铭》，周行己撰有 7 篇墓志描写初涉儒业的本地富户，以乐善好施、世称长者而亲近佛教为一般特征。元祐八年（1093），周行己的同学何恕为他的父亲请铭，在《何子平墓志铭》中，周行己热情称颂何子平的经商才能，何恕则是家中第一代业儒的子弟。[1] 与丁世元一样，《叶君墓志铭》的传主叶芳也"业吏"，叶芳唯一可书的事迹是"夫人有子，择术业儒"，他的儿子正是周行己的学生。[2]《周君墓志铭》传主是周行己的从叔父周彦通，他是"故司封员外郎、集贤校理"周豫之子，本来可以恩荫补官，却"避匿乡里，弗肯出"，周豫去世后"资产货财一无所取"，"独结庐于谢公山之侧，治园居闲"而"日从佛者"游，说明家中本身是颇为富庶的。[3]《刘君元长墓铭》的传主刘孺是刘安节、刘安上兄弟的族父，出自荆溪刘氏。"荆溪刘氏，为永嘉望族"，饶于资产，乐于施舍，"世称长者"，刘孺曾、祖、父三代"皆不仕"而五子"皆业儒"。[4]《王君夫人毛氏墓志铭》的传主是王之瑜妻毛氏，王氏原来"家方多资"，因为"舅姑相继丧世，口众费广，家财稍衰"，而毛氏出售妆奁"佐其夫以事本业"，"艰顿数岁，家乃少赢"，周行己称赞其"才智出诸男子右"。毛氏又悉遣诸子"远就师学"，而其子"所习问学，知本德性，异于科举苟得之士"。[5]《朱君夫人陈氏墓志铭》的传主陈氏是杉桥朱氏的嫡长妇，佐助其夫"善宗族，周贫乏"，其六子四人业儒、二人从释氏，又一女为尼。[6] 周行己自己的家庭除了饶资与长者两个特征之外，同时也亲近佛教，周行己有妹为尼名悦师，另一妹嫁入亲近佛教的杉桥朱氏，家中祖坟也请闲心普安寺僧人看护，周行己还为当地佛寺写过多篇记文。

1　周行己：《何子平墓志铭》，《周行己集》卷七，第 147~148 页。

2　周行己：《叶君墓志铭》，《周行己集》卷七，第 150 页。

3　周行己：《周君墓志铭》，《周行己集》卷七，第 150 页。

4　周行己：《刘君元长墓铭》，《周行己集》卷一〇，第 226~267 页。

5　周行己：《王君夫人毛氏墓志铭》，《周行己集》卷七，第 140~141 页。

6　周行己：《朱君夫人陈氏墓志铭》，《周行己集》卷七，第 148~149 页。

除前述《许少明墓志铭》外，又有 4 篇墓志文献的传主出自传统业儒家庭，他们的特点是讲求礼法、抵制巫鬼风俗、不善治生。《沈子正墓志铭》的传主沈度是"元丰九先生"之沈躬行的父亲，沈度"喜儒，男必遣就学"，资助沈躬行从学于"皇祐三先生"中的林石，不过墓志中记载沈度的主要事迹是激烈地抵制温州丧事中的巫鬼习俗，"君独不顾触禁忌"，"荐奠如礼"。[1] 据叶适《沈仲一墓志铭》，沈氏"先从吴兴避唐乱迁温州，为瑞安名家……本以儒术廉耻兴门户，奈何求官达、问生产，与俗人较高下哉"，可见沈氏不善于治生。[2]《赵彦昭墓志》的传主"元丰九先生"之赵霄也是移民，"其先盖会稽人，五代之乱，始徙永嘉"，同样不重视在地方的经营，年轻时将资产"悉举以属其兄，独游京师。已而有名，登崇宁二年进士第"。[3]《戴明仲墓志铭》记述传主"元丰九先生"之戴述的道德文章、孝行政绩，并强调"不惑于老、释、阴阳之说"，这是有别于温州本地富户的观念或行为。[4] 戴栩宝庆三年（1227）为戴述的从曾孙戴若冰撰写的《处州通判墓志铭》中称，"戴姓著于永嘉，垂百七十年矣。知盐官县事士先，始擢进士第。临江教授述继之，与公曾祖中散大夫迅为伯仲，订经诹史，文辞大振，乡人号为二戴先生"。[5] 宝庆三年向前推"百七十年"，当在嘉祐二年（1057），离戴士先登第的治平二年（1065）仅数年，所谓"著于永嘉"当指戴士先擢进士第，这个记载至少说明戴士先之前的戴氏在当地并不显著。《蔡君宝墓志铭》的传主蔡君宝是周行己朋友蔡元康（君济）的兄长，热衷于"合宗族"，"尝欲广其室庐以族处，益其田畴以族食"，而家中父汝平，弟元康、元嘉"皆为儒者"。蔡氏也是业儒的移民家庭，

1　周行己：《沈子正墓志铭》，《周行己集》卷七，第 143~144 页。

2　叶适：《沈仲一墓志铭》，《叶适集》，第 335 页。

3　周行己：《赵彦昭墓志》，《周行己集》卷七，第 136 页。

4　周行己：《戴仲明墓志铭》，《周行己集》卷七，第 145 页。

5　戴栩：《处州通判墓志铭》，《全宋文》卷七〇三四，第 308 册，第 218 页。

周行己铭文称："蔡氏之先，温陵其邦。自唐中和，徙温平阳。世业儒仁，君材干强。力相厥家，觊以儒昌。"[1] 在勤治生、好奢侈、信巫佛的温州风俗中，这批业儒移民家庭应该是一个比较特殊的群体。

（二）许景衡

　　许景衡出自仕宦移民家庭，对富室的生活方式与当地的巫佛风俗相当隔阂或不满，张扬儒家礼法、抵制巫佛风俗就成为许景衡墓志文献的核心主题，本地富室也被牵强地赋予孝道、礼法的色彩。《章延仲墓志铭》的传主章延仲是平阳人，"其先漳州人，五代之乱徙于温，世田家，至其父始喜儒"。章延仲四十一岁时卒于京师，他的朋友蔡元康"三千五百里护其柩以归"。章延仲的主要事迹是他对祖母的孝行，墓志中特别强调了祖母杨氏丧礼中儒家礼法与佛教风俗的冲突：

> 延仲持丧如礼。里俗顷资奉老佛，俾诵其书祈福死者。延仲以为，谨身节用，养生葬死，吾圣人所以教人者，独不率而行之乎。乃集同志读《孝经》，曰："愿以是为乡闾劝也。"比举葬，江上半渡，风涛暴甚，延仲伏柩而哭，曰："罪逆应死，顾吾亲独何辜？天地神明忍至是乎？"俄顷风息而济，议者以为延仲孝感云。[2]

　　周行己为丁昌期的祖父丁世元以及刘安节兄弟的族父撰写了墓志，重点强调他们的长者形象以及遣子孙业儒的职业选择。许景衡为丁昌期妻蒋氏、其子丁志夫、刘安节本人及其父亲刘弢分别撰写了 4 篇墓志，不顾当地风俗而推行儒家礼法是这些墓志强调的重点。刘弢收宗族、重去亲：

1　周行己：《蔡君宝墓志铭》，《周行己集》卷七，第 142~143 页。

2　许景衡：《章延仲墓志铭》，《许景衡集》卷一九，第 532 页。

常叹世俗族众则异居，异居则恩意日薄。顾弟侄孙子繁衍，乃益广室庐，殖田畴为持久计。而涵容爱拊，上下辑睦，四十年间如一日……公孝谨，重去亲侧……公平居不废仪矩，家人效之……[1]

刘安节科举成功，墓志中主要描述其科举、仕履的事迹，家乡事迹则只记载其不顾婚俗而推行礼法：

公之娶也，初行亲迎之礼，乡人慕而继之，旁郡闻，多窃笑。[2]

在《丁昌期妻蒋氏墓志铭》的描述中，排佛复礼似乎是蒋氏及其家庭一生的事业：

自周后丧祭礼废，学士、大夫概仍俗，漫弗省非是，先生父子独革去，纯用古法式，闻者多窃笑，而夫人率行之无难色。温人惑浮屠说，诸子常从容道其必不然者，夫人颔可之，诫诸妇毋违夫子令。岁时宗戚趋寺庙以嬉，或请夫人。夫人曰："彼岂我属游止处耶？"不喜祈禳禁忌，曰："死生、祸福，天也。"自少至老，其言多类此。[3]

丁志夫科举成功，墓志中主要记述其科举仕宦的经历，但在家乡排佛复礼仍是重点：

公天性至孝，常叹礼学缺绝，俗习卑陋，而丧祭为缺。比

1　许景衡:《宣义刘公墓志铭》,《许景衡集》卷一九, 第530~531页。
2　许景衡:《刘起居墓志铭》,朱熹:《朱子全书·伊洛渊源录》卷一一,上海古籍出版社、安徽教育出版社,2002,第1066~1069页。
3　许景衡:《丁昌期妻蒋氏墓志铭》,《许景衡集》卷二〇,第540页。

执亲丧，皆如古制，而哭泣之哀，人不忍闻。斥佛事不用，庐
于墓侧，松槚皆手植。终丧茹酒肉。岁时享祀，斋戒、日时、
币祝皆有法式，焄蒿凄怆，若将见之。于是州里始识丧祭之
礼，人多慕效之。[1]

《陈府君墓志铭》的传主陈宗伟是许景衡学生陈经德的祖父，
平阳陈氏也是转而业儒的本地富户。许景衡与陈宗伟并无交往，根
据陈经德的描述而对陈宗伟产生了"能自拔于流俗"的印象，并因
此接受撰铭文的请求。墓志中直接引述的这段陈经德对其祖父的描
述，其中排佛的部分或许是投许景衡所好：

惟陈氏世为温人，吾大父生而挺特，尚气节，不事细谨，
遇人洞然无疑碍，虽犯之弗校。久之，皆曰："陈丈人长者，不
可欺也。"家多赀，度岁费外，尽以奉宾客。善饮酒，有过门
者则为之欢忻引满，穷日夜弗厌。邑之俗喜佛，豪民多弟侄则
畀于浮屠，以并其所有。大父深疾之，每以为宗戚戒，故于今
凡陈氏子弟皆儒学，无一人趋异者，吾大父之教也。[2]

《朱纯甫墓志铭》的传主朱完应该是许景衡的同学、朋友之属，
或许是因为朱完生平乏善可陈，这篇墓志所描述的是朱完与佛寺之
间争夺地皮的事件，并将其意义上升到儒佛的文化之争，文字具戏
谑色彩，表现出许景衡对待佛教比较情绪化的态度：

元祐中，邑人创佛庙岘山下，而君适有地介其间，佛者议
丐于君，君弗听；请以旁近地易之，君弗听。又数倍其直，冀

1　许景衡：《丁大夫墓志铭》，《许景衡集》卷一九，第 527 页。
2　许景衡：《陈府君墓志铭》，《许景衡集》卷一九，第 529 页。

君售焉，且曰："君有疾，毋沮善事，可以徼安宁之祉，否且病。"君曰："若言怪，吾圣人不言也。"未几果病，邑人骇甚，申谕者相属，君以为吾病非命也耶？卒不听。呜呼，其可谓笃于自信者矣！……铭曰：三军可夺帅，匹夫不可夺志，自古然矣。我思若人，载石不诬，以诏后昆。[1]

　　许景衡同样不认识《蒋君墓志铭》的传主蒋禀，因其女婿、太学生王儒卿的请求而撰铭。蒋禀出自业儒之家，可惜因早孤而无缘学校，不过许景衡仍然强调其孝道与礼法，"教子必本于孝悌，是虽未尝学而识者以为犹学也……故凡岁时祀事必躬办，而荐献之处凛然如在"。[2]《蔡君济墓志铭》的传主蔡君济是收合宗族的蔡君宝的弟弟，蔡元康"游太学十余年，七上于礼部，不第"，但蔡君济是一位有财力而热情的朋友，"往还京师，朋友有疾病，则为之办医药，同寝处，终始不厌"。他在京师的一项壮举是有朋友"死丧则主后事，或护其枢以归，前后盖十数"，其中包括许景衡为撰墓志的章延仲。蔡氏在乡间以收合宗族而闻名，"阖门几百口，今三十年矣，无一后言者。故乡人称族居者必曰蔡氏"。[3]《邓南夫墓志》的传主邓孝先虽然力遣其子就学业儒，但其事迹如让田避讼、施财赈灾、喜延宾客等，说明其本身不过是乡间的富户、长者。然而邓孝先得疾之后，许景衡形容他"屏巫医弗用，日与所厚笑语如平时"，似乎是要表达其墓志书写中"死生祸福，天也"的一贯主题。[4]《陈通直墓志铭》的传主陈懿"遇人欢然无间，人亦为之倾尽"，这似乎也是富户、长者的形象特征。向许景衡请铭的是陈懿的儿子、官至权礼部侍郎而"知名当世"的陈桷。陈桷在朝廷中被视为"才吏"而

1　许景衡：《朱纯甫墓志铭》，《许景衡集》卷一九，第536页。

2　许景衡：《蒋君墓志铭》，《许景衡集》卷二〇，第537页。

3　许景衡：《蔡君济墓志铭》，《许景衡集》卷一九，第534页。

4　许景衡：《邓南夫墓志》，《许景衡集》卷二〇，第540页。

非一般的儒生，许景衡仍在墓志中刻意地表彰陈懿的孝友之道，称他的兄长夸他"吾弟孝友，即我死，尚忧身后乎"，又说他"事寡嫂弥谨，抚其二女，皆得所归"。[1]

《沈君墓志铭》的传主沈藻是典型的当地富室，"以多赀为温之瑞安著姓，家以是足。其为人多智谋……喜浮屠法"。沈藻是许景衡母亲的"外弟"，可能是碍于情面为其撰铭，不过这篇墓志铭中还是借许景衡母亲之口赋予了沈氏孝道、礼法的色彩，称沈藻"丧其父时母犹在，稍长能自省，孤苦不烦训饬，所以奉母者无不尽，母死持丧又如礼，其可尚也"。[2]《沈耕道妻某氏墓志铭》中的沈耕道应该是许景衡的同学，沈耕道因为科举落拓而放肆，"徙居江上，日与所往还随所遇娱嬉，酣饮极谈，浮沉里闾。或乘轻舟，夷犹中流，举席鼓枻，渺然天末，混迹渔者，笑语歌呼，夜或忘返。视其肆放，若不知世之有荣辱贵富可以为欣戚也"；而他的妻子某氏是以业儒为荣的治生专家，"某氏能勤俭，力于为生，家以是足。且斥其食饮宾客费以奉耕道"，某氏非常倾慕业儒成功的许景衡家庭，至于强求与许景衡外甥女的联姻。[3]

比较许景衡与周行己的墓志书写，两位都是儒家学者，同样需要为富户与儒士撰写墓志，但周行己对富户有悖于儒家原则的行为抱有同情理解的态度，可以坦然地描述富户的有些行为模式；许景衡则相当敏感，在墓志书写中刻意突显礼俗的冲突，表现了儒士与地方文化氛围的紧张与冲突。

（三）同时代其他墓志文献

"元丰九先生"中的刘安节（1068~1116）与刘安上（1069~1128）兄弟各有一篇为温州人撰写的墓志文献。刘安节因为同为

1　许景衡：《陈通直墓志铭》，《许景衡集》卷一九，第528页。

2　许景衡：《沈君墓志铭》，《许景衡集》卷二〇，第538页。

3　许景衡：《沈耕道妻某氏墓志铭》，《许景衡集》卷二〇，第539页。

"元丰九先生"的张辉的请求，为在科举上获得成功的宋之珍撰写墓志铭。宋之珍出身贫士，九岁丧父，"家贫，能自谋学，不为异业夺"，任官后常有矫世变俗的激烈行为，在会稽县尉的任上，"越俗，率以春月竞渡，其费用一切，皆官为取之，民岁病其扰，而在位者苟觊娱嬉，方务极奢侈，府丞意喻诸邑，邑例以尉督办，至君独诣府条其不可者三，一府哄然，皆为君难之。不顾，其事讫不行"。[1] 刘安上则为曾经参与抵御方腊之乱、因赴试科举而卒于京师的堂弟刘安礼撰写墓志铭。[2]

　　比"元丰九先生"年代稍晚的林季仲（1088~？）在文集中保存着绍兴十二年至十四年间（1142~1144）为温州人撰写的 5 篇墓志铭。林季仲是平阳人，宣和三年（1121）进士，曾受赵鼎举荐而反对秦桧。林季仲是宋代温州最大的科举家族之一，林季仲以下中举者凡 11 人。《方圣时墓志铭》的传主方煜是林季仲同学的父亲，方煜是"独于科举之学非所好也"的"愚迂翁"，但他的父亲方端"尝以文行为欧阳文忠公所器重"，他的女婿中又有"荆湖北路提刑司检法官薛昌言、乡贡进士王言、处州松阳县令黄衮"，方煜显然出自士大夫阶层。[3]《刘知言墓志铭》的传主刘谠是刘安上之子，以父荫补承务郎、监蔡州税，后"倦于宦游"，回乡侍亲，二亲去世后赴临安迁知大宗正丞，不久卒于官舍。刘谠生平并无显著的事迹，不过林季仲与刘谠"通婚姻"。[4]《朱府君墓志铭》的传主朱京应该是转投儒业的当地富室，一方面试图矫世变俗，"里人初有嗤其陋者，比见其奉祭祀、飨宾客、延师教子，率从丰厚，又斥其余周宗族乡党之贫者，至是始叹服焉"；另一方面又亲近佛教，"豫为棺椁，

1　刘安节：《宋国宝墓志铭》，《刘安节集》卷二，上海社会科学出版社，2006，第 39 页。
2　刘安上：《从弟元素墓铭》，《刘安上集》卷四，第 218 页。
3　林季仲：《方圣时墓志铭》，《全宋文》卷三九二一，第 179 册，第 125 页。
4　林季仲：《刘知言墓志铭》，《全宋文》卷三九二一，第 179 册，第 126 页。

取释氏寂灭之语刻诸前，用以自省"。[1]《孝妇柳夫人墓志铭》的传主柳氏虽然出自"世力田不仕"的家庭，但夫家是林季仲同宗、平阳另一科举家族，政和五年（1115）的进士林待聘就是柳氏之子。[2]林季仲所撰墓志最值得注意的是《周季明墓志铭》，传主周达节是林季仲的妻舅，以力田世其家。但前来求铭的孝子周华祖描述周季明"祖母教以读书，通夕不寐，烛燎毛发弗觉也，其专如此"，而林季仲一度拒绝为其撰铭，声称"铭墓非古也。偿未免俗，止书乡里世系始终日月，纳诸圹不可乎？而奚以余为？"[3]林季仲与力田的周氏通婚，要么是因为贫困，要么原本也是力田出身，在科举成功后冷淡周氏。林季仲家族最初的情况不甚明了，或许五代以来在力田与业儒之间有一个反复的过程，与周行己或许景衡不同，对于当地力田阶层，林季仲处于既不能脱离又有些嫌恶的尴尬境地。

此外，薛嘉言有两篇墓志文献《刘公安上行状》[4]与《笺先大夫行状》，传主都是比较重要的官员，行状的内容以仕履为主。不过，《笺先大夫行状》也追溯了薛氏家族的历史，薛嘉言在行状中称薛氏"世为永嘉人"，[5]但薛季宣的笺注指出，永嘉薛氏是唐代名宦、福州长溪人薛令之（683~756）的后裔。薛氏迁居永嘉世代久远，因此薛嘉言自称"世为永嘉人"并不足怪。薛嘉言的父亲薛强立是元丰二年（1079）的进士，以后薛氏在宋代登第者有十数人，是宋代温州另一个庞大的科举家族，相信薛氏在迁入温州之后仍然保留着业儒的传统，因此薛氏的墓志书写主要在科举官僚社会关系中产生，比较脱离温州地域社会（这与《夷坚志》中《九圣奇鬼》《薛士隆》等故事描述的薛季宣形象也比较符合）。

1　林季仲：《朱府君墓志铭》，《全宋文》卷三九二一，第 179 册，第 12 页。
2　林季仲：《孝妇柳夫人墓志铭》，《全宋文》卷三九二一，第 179 册，第 129 页。
3　林季仲：《周季明墓志铭》，《全宋文》卷三九二一，第 179 册，第 128 页。
4　薛嘉言：《刘公安上行状》，《刘安上集》附录，第 240~246 页。
5　薛季宣：《笺先大夫行状》，《薛季宣集》卷三三，第 489 页。

以"元丰九先生"为标志，通过在太学的同学关系、共同传播程学、相互通婚等关系，宋代温州形成了最初的地方士大夫群体。其中的代表人物周行己、许景衡等人比较集中地为地方人士撰写墓志文献，这正是构建地方士人社会的重要途径。通过这批墓志文献可以发现，有两个群体加入温州的科举潮流中，一是有业儒传统的移民家庭，二是本地富室为子孙投入举子业。两者参加科举的目的不尽相同，相互关系也比较微妙，一方面通过联姻等方式实现经济与学术资源的互补与阶层的融合，另一方面两者也存在身份、资源、行为模式的落差以及文化观念的冲突，两者的融合远未达到趋同的程度。

这也意味着不同的科举士人会选择不同的发展道路，有些是原有地方势力的儒学化，有些试图在地方社会构建新的社会组织模式，也有比较超然的心态——这三种取向在南宋王十朋、陈傅良与叶适的墓志书写中分别有所体现。

三　王十朋的墓志书写

虽然王十朋（1112~1171）以乐清"状元"而闻名，但在宋代温州四县中，以乐清县的科举登科人数最少。北宋永嘉、平阳与瑞安三县的进士分别有 54、16、27 人，乐清仅为 1 人，整个宋代乐清县的科举登科人数也仅占温州的 12% 左右。这说明王十朋所处的小环境并没有科举业儒的优势，王十朋需要突破地域文化的限制、经过艰难的奋斗才能获得科举的成功。

王十朋七世祖王庆嗣由钱塘迁居乐清左原，至王十朋时已二百年、分二十房。王家世代务农，至王十朋的祖父王格时家业稍兴，有田二百亩。虽然父亲王辅已经业儒，但王十朋仍属于力田之家。王十朋的母亲出自万氏，妻子出自贾氏，王、万、贾三家世代通婚，万、贾两姓是当地最有势力的富豪。王十朋为万氏、贾氏书写的墓志有四篇，传主分别是万世延、贾处严、贾如讷及妻贾氏。万世延不仅出自母舅家族，王十朋又与其子万庚为太学同学，"某万出也，每登门辱顾为厚，且与庚同舍上庠，又获与诸子游，盖知其详而不诬者"。万世延是当地富豪，"善治生，蓄而能散，亲故有不振者，每纲纪其家。其弟子有美质，困不能自业，给饮食师资费以教之。处女贫无以归，躬为择配，奁而遣者凡数人。居之左右细民婺族，资衣食埋葬者数十家。缁素叩门，随所谒而获者叵计。岁凶廪饥，每为富室倡，敕具以馆，宾席无虚日也"。万庚科举登第时，万氏已是四代业儒，"以弦诵先里闬，历四世，儒冠益盛，业贤关、举进士者数人，登科第自庚始"。[1] 万世延的叔祖万规可能是乐清万氏最早的业儒者，也是当地名人，他修建的"万桥"今天已被列为浙江省文物保护单位：

> 万规，字仁甫，乐清人，熙宁间试礼部不中，谢举子业，闭户读书。县始建学，令周邠三造其庐，请主讲席，辞不就；郡守石牧之亦移书招之，终不往。所居海滨有赤水港，旧以舟渡，覆溺者多。规乃竭家赀，率邑里买石筑堤，仿泉之万安建桥，人便之，至今名万桥，会诏举经明行修之士，郡以规应诏，亦不行，优游田里，以寿终。[2]

桥成六十年后毁于火灾，万世延又捐资重建，"俄一夕烬于火，东平子主簿君欲新之，未遂而卒，君毅然以桥为任。然事艰役巨，既捐己资以半其费，又经营其余于乡党间以佐之"。[3]

万规的外甥贾处严（严阇梨）出家为僧，王十朋也为撰塔铭。[4] 贾处严同母姊贾氏是王十朋的祖母，兄弟中又有王十朋岳父贾如讷

1　王十朋：《东平万府君行状》,《王十朋全集》卷一五，第 809 页。
2　《弘治温州府志》卷一二，第 326 页。
3　王十朋：《东平万府君行状》,《王十朋全集》卷一五，第 809 页。
4　王十朋：《潜涧严阇梨塔铭》,《王十朋全集》卷一五，第 817 页。

的父亲贾奭。王十朋有一位叔父法名宝印，又是贾处严的佛弟子。此外，王十朋少时，又有传说称王十朋是贾处严的转世，"予少时，有乡僧，每见予必谓曰：'此郎严伯威后身也。'"[1] 王十朋的岳父贾如讷也是典型的业儒富豪，仗义疏财、业儒而奉佛、睦宗族而延宾客，都是典型的富豪作派。[2]

王十朋的科举道路比较坎坷，7 岁入塾，靖康之乱时年 16 岁。建炎三年（1129），宋高宗逃至温州，次年，王十朋在温州目睹高宗离温时仪卫，当年宋金议和。绍兴五年（1135）王十朋入乐清县学，八年娶贾氏。绍兴十年（1140）秋试落第，返乡，辟馆授徒。绍兴十六年入太学，又因省试落第返乡，有"儒冠误身"之叹。[3] 后多次入太学，不利，仍在家乡讲学授徒，并以花木自娱。绍兴二十五年秦桧死，次年再入太学。绍兴二十七年 45 岁的王十朋以进士第一名及第。此后，王十朋在绍兴、严州、饶州、夔州、湖州、泉州及临安等地任职，乾道七年（1171）去世，终年 60 岁。王十朋在政治上是主战派，支持张浚，张浚北伐失败，王十朋也受攻击。但王十朋的墓志文献与政治基本没有关系。现存王十朋墓志文献 11 篇，传主为温州人士者 7 人，其中姻亲 4 人，其他 3 人刘铨、何逢原与张端弼都是乐清同乡。

王十朋在墓志文献中清楚交代与传主的交往。刘铨是王十朋在乐清城西金溪招仙馆读书时的同学，绍兴十二年（1142）科举中第，仅得官知县。刘铨先祖五代时从福建迁至温州乐清，也是新近业儒的富豪，"刘在邑为著姓，世衍于财。至承事公易以诗书，所交皆一时闻人，笃于教子"。王十朋科举坎坷，刘铨始终鼓励帮助，因此形成深厚情谊：

1　王十朋：《潜涧严阇梨文集序》，《王十朋全集》卷一二，第 755 页；王十朋：《记人说前生事》，《王十朋全集》卷一四，807 页。
2　王十朋：《贾府君行状》，《王十朋全集》卷一五，第 813 页。
3　王十朋：《祭潘先生文》，《王十朋全集》，第 785 页。

　　某少与公为笔砚交，辱知最厚。公既筮仕，某犹困场屋，
公遇人必借誉，然未尝自言。岁戊辰某下第，弃舍选不就，遇
公于武林，同渡浙江，语其故，公曰："子有进身路，何乃自弃
邪？"力勉之，自越还学，卒由舍法进，公之力也。某赴番阳，
公饯别于道。逮至夔，书问不绝，且约会老于乡。明年东归，
道闻公讣，呜呼痛哉！[1]

何逢原官至福建提点刑狱事，是王十朋在夔州任上才结识的
朋友：

　　某与公同乡，为晚进，慕其名久矣，恨未之识。及守夔
子，始通书。自蜀召还，迓于江浒，公惊曰："吾以子为尚年
少，乃尔老邪？"一见如故，首及《论语》，且授以《集解》。
某传之夔学，酌酒郡斋，讲酬酢，公举觞曰："吾不为世俗，祝
愿子得祠，早还故乡。"某感其言，饯于白帝，诗以送之。公
丧自闽，某吊于其家，诸孤以墓铭见属。明年冬，兴化簿叶仲
堪以行状来，某受公一日知，不敢辞。[2]

张端弼是乐清的业儒富豪，张端弼在放弃科举之后，热衷于资
助贫士，他与王十朋的交情仅为"一日之雅"：

　　君于乡党为前辈，某初稔其名，未之识也，一日过柳川
遇焉，不以后进见鄙，欣然命身同泛而归。既登堂，获奉文字
饮，于顾遇不薄矣。君没之明年，诸孤卜以十二月十一日葬于
里之桂峰祖茔之侧。长子摭以书来告曰："子于吾先君有一日

1　王十朋：《刘知县墓志铭》，《王十朋全集》卷二五，第 1019 页。
2　王十朋：《何提刑墓志铭》，《王十朋全集》卷二五，第 1008 页。

之雅，宜状其行。吾将乞铭于立言君子，以藏诸幽，以垂诸不
朽。"某谢非人，至于三，不获命，遂采诸乡评，编而次之。[1]

　　除了在官场上认识的何逢原情况不明确，王十朋为撰墓志文
献的传主均为乐清的业儒富豪，其中科举成功者仅刘铨一人。或
者可以说，刘铨、王十朋、万庚这批人，正是乐清业儒富豪在科
举上获得成功的第一代人，宋代乐清县科举士人群体也正是当地
富室择业儒术的结果，除此之外，乐清县并无传统的业儒家庭。
而这批业儒富豪在科举获得成功之前，就已经凭借经济实力与公
益事业在当地形成了很牢固的根基。科举对这个群体而言，除了
提升社会地位以外，更重要的是适应时代潮流、获得与官府沟通
的文化资本。正因为如此，在乐清的业儒富豪圈子中，儒家礼法
与巫佛风俗可以并行不悖。虽然科举的成功将进一步提升这个群
体的社会地位、巩固其地方势力，但是这个群体的地方势力并不
依赖科举仕宦。正因为如此，科举道路相当坎坷的王十朋曾有
"儒冠误身"之叹，一度在家乡以花木自娱。如果不是在刘铨的鼓
励下坚持科举道路，王十朋应该继续在乐清当地万氏、贾氏以及
张端弼等人的业儒富豪圈子中生活。如果说宋代科举制度正在培
养一个地方科举社会或"士绅阶层"的话，那么宋代乐清县的情
况是典型的地方富豪儒学化的结果，而不是新兴的科举士人阶层
取而代之的过程。当然后面一种情况也不是完全没有可能，这在
陈傅良的墓志书写中就有所体现。

四　陈傅良的墓志书写

　　周行己构建"元丰九先生"的观念可以说是宋代温州科举社会

---

[1]　王十朋：《张府君行状》，《王十朋全集》卷一五，第811页。

形成的开端，而陈傅良又在某种程度上推动了这个进程，这与陈傅良的家庭背景及个人经历密切相关。陈傅良（1137~1203）的仕宦生涯比较短暂，一生主要在温州度过。现存陈傅良撰写的墓志文献 39 篇，其中温州籍传主 33 篇。在这些墓志文献中，陈傅良所关注的核心，既不是富户择业儒术，也不是业儒者改造本地风俗，而在于地方"士大夫"交游圈的营建。

（一）陈氏宗族与墓志书写

至晚在后周显德年间（954~960），陈傅良的先人已经从福州长溪县劝儒乡擢秀里迁徙至温州瑞安帆游乡固义里淛村，至陈傅良的时代，瑞安帆游乡的陈氏已经聚居二百年。陈傅良曾经为六位族人撰写墓志铭。《族叔祖元继圹志》的传主陈绍是典型的富室，"其用度如不节，而家赀倍于畴昔"，乐于"燕饮"而为人谦厚，"夫人善助之，日以酒炙饮食人。时出嬉游，冬岁必为具燕，少长至僮仆不遗"，同时也是乡里与宗族中的权威人物，"里中有故，或众不能合，族中有故，或独不能支，必须府君至而后集"，说明聚居的陈氏并没有族产、祠堂等严密的宗族组织形式，需要通过族中富室个人的号召才能团结。圹志中又称，"维陈氏自福之长溪县劝儒乡擢秀里徙温州瑞安县帆游乡固义里，谱凡七世"，陈绍的孙子宗洙"为兄子方中后"，说明陈氏尚保留着宗谱、继嗣等宗族组织形式。圹志中称陈绍的孙子"澹、洙皆国子进士"，意味着陈绍及其子宏中、定中两代人尚未择术业儒。由此可知，陈傅良出自一个已经聚居二百年而保持宗法意识、普遍析产而未普遍业儒的宗族。[1]

在另一篇《族叔祖元成墓志铭》，陈傅良提到陈氏的旧居始作

---

[1] 陈傅良：《族叔祖元继圹志》，《陈傅良先生文集》卷五〇，周梦江点校，浙江大学出版社，1999，第 623~624 页。

于后周显德年间，二百年来不断有族人"舍而改筑"，在不断地析产过程中，族叔祖陈绎分得的"西偏"，与陈傅良家建筑在同一屋基上。陈绎怜爱自幼孤怙而日夜苦读的陈傅良，当得知陈傅良希望保留父亲的旧居时，便将"西厅"赠送给陈傅良，因此墓志开篇就讲述了"旧庐之全，府君赐也"的故事。陈绎勤于治生，"终其身不罝不朴不讼，而家事治"，逐渐致富，"府君旧屋才三间，后二子合为数十间于其旁"，而他的第一位妻子"孙夫人先三十年卒，不及见其家盛时"。陈绎家中也是富室作态，并无业儒迹象：

> 娶孙氏，生一子，讳孚中，字安国；再娶潘氏，生一子，讳和中，字敬之……潘夫人善视二子，二子又善为兄弟……奉潘氏夫人居中，意象甚美。有姨之女及从侄之孙女贫，夫人长育至嫁，二子无后言。然安国雅好佛，特谨畏，非习吉，一篑土不敢动。敬之洒落，自适于觞咏，静作惟所欲。共性殊不同，而能各护其偏，是尤美也。[1]

在陈氏一族中，有些家庭选择治生养亲，也有些家庭开始读书业儒，职业上产生分化。比如《族叔国任墓志铭》述陈绍的兄子陈方中曾经"聚族为学也"，又整日闭门读书，"升其堂，如无人；窥其户，吟诵琅然者，公燕私之所也"，"侍母之暇，退即书案。夫人执家政，不以米盐烦其夫"，可惜"竟不仕"。陈方中无子，因此过继了陈绍的孙子宗洙为嗣，宗洙后为"太学免解进士"，也算是完成了择术业儒的目标。陈傅良与陈方中当时可能都在闭门读书，自幼孤怙的陈傅良还可能受惠于陈方中的"聚族为学"，因此两人的关系比较亲密，陈方中"间肯一出，独过吾庐，时时以'从子某宜后我'为寄，今宗洙是已"，这或许也是陈傅良为之撰写墓志铭

1　陈傅良：《族叔祖元成墓志铭》，《陈傅良先生文集》卷五〇，第 625 页。

的原因。[1] 在《叔祖母韩氏墓铭》中，陈傅良描写他的另一位叔祖父兄弟四人产生了贫富分化，"是时长叔妣亦茕寡，家日落，二小郎鼎盛，门户冷热异"。叔祖母韩氏出自业儒家庭，"乡先生汝翼之兄女"，因此也为儿女选择了儒业，寡居时"中处与外绝，独教子读书；一女，爱甚，择以妻国子进士韩公禀"。[2]

此外，陈傅良还为一位常年患病的族兄陈踰撰写圹志，陈踰"在母傍三十有五年，供养如一日"，"性多病，率数岁才一时再出外门，独自以随母为娱。年四五十，游戏抱扶如小儿状"。[3]《朱君佐圹志》的传主朱兴国则是陈傅良的族姑夫，其中比较详细记载了朱兴国立嗣以及陈氏姑表婚姻的情况。[4]

从陈傅良撰写的这些族人墓志文献可以了解，陈氏晚至陈傅良的父亲辈才有人业儒，其中包括族叔父陈方中、叔祖母韩氏之子、陈傅良的父亲陈彬，不过他们在科举上均未获得进展。到陈傅良这一辈，才有族叔祖陈绍的孙子陈宗澹、陈宗洙等人为"国子进士"，仍未在科举上获得显著成功。

陈傅良九岁时父母相继去世，此后直至二十六岁在州学成名以前，有相当长一段依托于家族"读书夜达旦"的岁月。从墓志文献看，陈傅良对族中数位从祖父、叔父关系密切而感情深厚。不过二十七岁"授徒于城南茶院"之后，陈傅良主要依赖个人在科举、学术上的突出表现，试图通过科举、讲学、婚姻、仕宦、联谱等方式建立与温州"士大夫"阶层社会关系网，这个过程与自己的家庭背景并没有直接的关系。在仕宦获得成功之后，陈傅良也经常资助兄姊、族人或其他亲友，叶适为陈傅良妻张幼昭撰写的《张令人墓志铭》中记载：

1　陈傅良：《族叔国任墓志铭》，《陈傅良先生文集》卷五○，第 629~630 页。

2　陈傅良：《叔祖母韩氏墓铭》，《陈傅良先生文集》卷四七，第 594 页。

3　陈傅良：《族兄际可圹志》，《陈傅良先生文集》卷五○，第 625 页。

4　陈傅良：《朱君佐圹志》，《陈傅良先生文集》卷四七，第 598 页。

新有田五亩，夫之伯氏鲲也，将继室而不得具礼。夫人曰：
"鬻此田耳。"后夫官颇遂，不至乏，稍经营兄姊及他亲友，或
一日直取数十百万钱。夫人喜曰："士方穷时，欲有施与云云，
为大言耳。今而得酬，岂非幸耶？"

绍熙政变后，陈傅良以"依托朱熹"的罪名被罢归瑞安，此
后又被列入庆元党禁的伪学名单。陈傅良于是"屏居杜门，一意韬
晦，榜所居室曰'止斋'，日徜徉其间，宾至则相与讲论经史，亹
亹不厌。故旧之在朝者，或因人问公起居，公皇恐逊谢而已。"[1] 在
庆元党禁的气氛中，陈傅良在家乡营建闲适的隐居生活，"止斋十数
间，足以便衰老"，[2] "颓然止斋翁，心故不可转"。[3] 从庆元二年至四
年（1196~1198）陈傅良还连续为兄长陈国举赋诗作寿，其中《戊午
寿国举兄》云：

一母分身四白头，从今家事付儿流。只须老草供觞味，乍
可婆娑伴钓游。劳世万人输暇日，好天一雨荐新秋。平章何物
宜为寿，三十余年晏子裘。[4]

"从今家事付儿流"一语，可以看出罢归瑞安的陈傅良无意也无力
经营乡族。据称陈傅良去世时"室无余赀，田不过二顷，其葬也，
资友朋之赙以集事"。卒后子孙沦落，"其家索然，次子已夭。长子
师辙穷匮孤独，曾经一任，改奏京秩。年过五十，栖迟逆旅，所向
不偶，诚为可悯"，可能再无后人回到温州。[5]

1　蔡幼学：《宋故宝谟阁待制赠通议大夫陈公行状》，《陈傅良先生文集》附录二，第696页。
2　陈傅良：《止斋曲廊初成》，《陈傅良先生文集》卷四，第43页。
3　陈傅良：《次沈俭夫求花木韵》，《陈傅良先生文集》卷四，第43页。
4　陈傅良：《戊午寿国举兄》，《陈傅良先生文集》卷八，第105页。
5　蔡幼学：《宋故宝谟阁待制赠通议大夫陈公行状》，《陈傅良先生文集》附录二，第697页。

虽然陈氏在瑞安已聚居 200 余年，保留着族谱等宗族组织形式，族内关系应该也比较密切，但职业上与经济上都出现明显分化。宋代的宗族组织尚无祠堂、族田等明清宗族普遍的设施，长年聚居的瑞安陈氏内部仍然比较松散。科举业儒并非瑞安陈氏举族的共同事业，陈傅良科举的成功主要表现为个人努力的结果，而非宗族经营的成就，因此未必能促进宗族的凝聚力，反而可能导致宗族的分化。罢归乡里、讲学授徒的陈傅良在当地有相当积极的社会活动，但这些活动主要依赖个人在科举、儒学及官场的名望，而不是依赖陈氏宗族的地方势力，这与王十朋的社会关系网络有明显的区别。

（二）陈傅良的士大夫门第观

绍兴三十二年（1162），二十六岁的陈傅良在州学以时文成名，学官刘朔"得公程文，以为绝出，公之年甚少也。而名已高"。[1] 此后陈傅良便成为一名成功的教书先生：

> 初讲城南茶院，时诸老先生传科举旧学，摩荡鼓舞，受教者无异辞。公未三十，心思挺出，陈编宿说，披剥溃败，奇意芽甲，新语懋长，士苏醒起立，骇未曾有，皆相号召，雷动从之。虽縻他师，亦籍名陈氏，由是其文擅于当世。[2]

不久，陈傅良被永嘉富豪林元章延教于家，直到乾道四年从学于郑伯熊、薛季宣等人，陈傅良才从科举时文转向"成己之学"，从而成为永嘉学派的代表人物。乾道六年（1170），陈傅良入太学，前后与张栻、吕祖谦、楼钥等温州籍以外的名士交游。乾道七年，陈傅良迎娶了"元丰九先生"之张辉的孙女，岳父张孝恺与林松孙（字

1　楼钥：《宋故宝谟阁待制赠通议大夫陈公神道碑》，《陈傅良先生文集》附录二，第 683 页。

2　参见叶适《宋故通议大夫宝谟阁待制陈公墓志铭》，《陈傅良先生文集》附录二，第 699 页。

乔年）是异父同母的兄弟，林松孙则是"皇祐三先生"之林石的孙子。结婚第二年（乾道八年，1172），陈傅良进士及第。同时登第者有温州人蔡幼学、徐谊、薛叔似、鲍潚、刘春、胡时、徐槐等人，这些人"非公之友，则其徒也，尤为一时之盛"。[1]

此后，陈傅良的生活分为外任游宦与在温州讲学授徒两个部分。及第后授官泰州州学教授，但陈傅良未赴任。淳熙二年（1175）陈傅良除太学录，五年通判福州，七年以专擅论罢，归瑞安。从淳熙七年至淳熙十四年，陈傅良主要在温州讲学授徒，然后赴知桂阳军，直至绍熙四年（1193）官至中书舍人。绍熙五年，陈傅良因劝谏光宗过宫朝见孝宗未果，请辞得允，罢归瑞安，从而结束了政治生涯，直至嘉泰二年（1202）去世。因此在陈傅良中进士之后的 32 年中，有 19 年时间（1170~1172、1180~1187、1194~1202）未任官职，主要在温州以讲学、著述度日。

从履历看，陈傅良一生的成就与几段重要的人际关系密切相关。首先是获得州学学官刘朔的赏识而成为著名的乡先生，其次是师从薛季宣走上学术之路，再次是与张氏结婚进入温州"士大夫"的婚姻圈，最后则是考中进士，一批师友门生成为科举同年。业儒对富室与寒士的意义并不相同，对于富室主要是其地方势力获得政治与文化上的认同，对于寒士则是个人命运的改变与社会交际圈的提升。但陈傅良比较特别，他通过婚姻与讲学在地方上建立了广泛而重要的社会关系网络，这个关系网并不以家族势力为基础，因此他倾向于经营自己独特的社会关系网络。

陈傅良的墓志书写展现了他的社交圈及其经营的重点。他为师友撰写墓志文献8篇，传主包括业师薛季宣、[2]薛季宣妻弟胡序、[3]薛

1　楼钥：《宋故宝谟阁待制赠通议大夫陈公神道碑》，《陈傅良先生文集》附录二，第 683 页。
2　陈傅良：《右奉议郎新权发遣常州借紫薛公行状》，《陈傅良先生文集》卷五一，第 633 页。
3　陈傅良：《胡少宾墓志铭》，《陈傅良先生文集》卷四七，第 591 页。

季宣之友张淳、[1]曾经"及门受教"的薛良朋、[2]乾道八年登第时的考官杨兴宗的母亲、[3]"吾友"王自中、[4]"吾友"朱黼的父亲，[5]以及描写了"定交"过程的徐钺。[6]

陈傅良长期讲学授徒，学生无数，为学生撰写的墓志文献有 9 篇，传主包括学生林居实、[7]林渊叔、[8]章用中、[9]沈昌、[10]陈说、[11]冯施叔，[12]学生陈端己的父亲陈天锡与母亲林氏，[13]学生孙昭子的母亲、朋友孙叔特的妻子赵氏。[14]

陈傅良迎娶张辉之女后，进入了一个士大夫的婚姻圈，他为姻亲撰写的墓志文献有 5 篇，其中 3 篇传主分别是妻子张氏，[15]妻子姑祖母的孙子同时也是陈傅良的"忘年交"的诸葛说，[16]妻子祖母曹氏的前夫、"皇祐三先生"之一林石之子林晞孟的整个家族。[17]此外，学生孙昭子的母亲赵氏也是陈傅良岳母的族人，[18]而学生冯施叔又是林晞孟的外孙。[19]

乾道八年（1172）陈傅良科举登第，同榜的 18 位温州人中"非

1　陈傅良：《张忠甫墓志铭》，《陈傅良先生文集》卷四七，第 596 页。

2　陈傅良：《敷文阁直学士薛公圹志》，《陈傅良先生文集》卷四九，第 612 页。

3　陈傅良：《宜人林氏墓志铭》，《陈傅良先生文集》卷四七，第 599 页。

4　陈傅良：《王道甫圹志》，《陈傅良先生文集》卷五〇，第 628 页。

5　陈傅良：《朱公向圹志》，《陈傅良先生文集》卷四八，第 605 页。

6　陈傅良：《徐武叔墓志铭》，《陈傅良先生文集》卷四九，第 617 页。

7　陈傅良：《林安之圹志》，《陈傅良先生文集》卷四七，第 590 页。

8　陈傅良：《林懿仲墓志铭》，《陈傅良先生文集》卷四九，第 621 页。

9　陈傅良：《章端叟墓志铭》，《陈傅良先生文集》卷四七，第 597 页。

10　陈傅良：《沈叔阜圹志》，《陈傅良先生文集》卷五〇，第 623 页。

11　陈傅良：《陈习之圹志》，《陈傅良先生文集》卷四九，第 619 页。

12　陈傅良：《冯司理墓志铭》，《陈傅良先生文集》卷四七，第 595 页。

13　陈傅良：《陈子益母夫人墓志铭》，《陈傅良先生文集》卷四八，第 602 页。

14　陈傅良：《赵夫人墓志铭》，《陈傅良先生文集》卷四七，第 590 页。

15　陈傅良：《令人张氏圹志》，《陈傅良先生文集》卷五〇，第 631 页。

16　陈傅良：《福州长乐县主簿诸葛公行状》，《陈傅良先生文集》卷五一，第 647 页。

17　陈傅良：《新归墓表》，《陈傅良先生文集》卷四八，第 609 页。

18　陈傅良：《赵夫人墓志铭》，《陈傅良先生文集》卷四七，第 590 页。

19　陈傅良：《冯司理墓志铭》，《陈傅良先生文集》卷四七，第 595 页。

公之友，则其徒也，尤为一时之盛"。[1]陈傅良为同年所撰墓志文献四篇，传主分别为同年徐槐、[2]刘春、[3]徐谊的父亲徐迪哲、[4]潘雷焕的父亲潘朝卿。[5]

此外还有三篇墓志文献，《陈季阳墓志铭》描写陈傅良与传主陈义之子陈棣，以及温州其他陈氏陈谦、陈六龄等联谱的过程，[6]陈谦还是《陈习之圹志》传主、陈傅良学生陈说的从兄，[7]陈傅良父亲陈彬等又曾师从陈六龄的父亲陈鹏飞。《国子司业何公行状》的传主何伯瑾与陈傅良同样受知于周必大，周必大也是陈傅良在官场中最重要的座主。[8]《林民达墓志铭》则是陈傅良唯一一篇为富豪（林悦）撰写的墓志，除了是同乡，墓铭中并没有交代两人的任何私人关系。[9]

陈傅良不但为自己的交游圈撰写了大量墓志文献，而且在墓志书写中表现出明显的"士大夫"门第观念。依据陈傅良的墓志文献可以还原丁昌期、林石、张辉、陈傅良以及冯施叔、诸葛说之间的婚姻关系（见图4-2）。

显然陈傅良很以进入这个婚姻圈为荣，他强调这些家族的联姻关系具有一定的封闭性：

吾乡尚名德、贵门地，士大夫不苟为婚友。永嘉如草堂先生张子充氏、经行先生丁某父氏，瑞安如唐奥先生林介夫氏，皆名家也。数家子弟宾客，往往可称数。[10]

1 楼钥：《宋故宝谟阁待制赠通议大夫陈公神道碑》，《陈傅良先生文集》附录二，第683页。
2 陈傅良：《徐叔槑圹志》，《陈傅良先生文集》卷四七，第589页。
3 陈傅良：《刘端木墓志铭》，《陈傅良先生文集》卷四八，第601页。
4 陈傅良：《承事郎徐公墓志铭》，《陈傅良先生文集》卷四八，第608页。
5 陈傅良：《承事郎潘公墓志铭》，《陈傅良先生文集》卷四九，第619页。
6 陈傅良：《陈季阳墓志铭》，《陈傅良先生文集》卷四九，第614页。
7 陈傅良：《陈习之圹志》，《陈傅良先生文集》卷四九，第619页。
8 陈傅良：《国子司业何公行状》，《陈傅良先生文集》卷五一，第649页。
9 陈傅良：《林民达墓志铭》，《陈傅良先生文集》卷四八，第603页。
10 陈傅良：《冯司理墓志铭》，《陈傅良先生文集》卷四七，第595页。

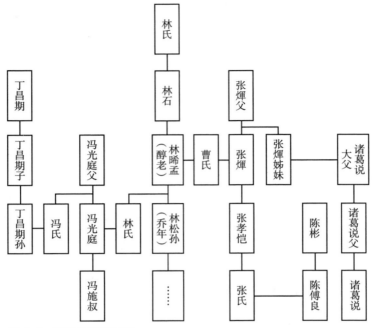

图 4-2　陈傅良的婚姻圈

陈傅良希望地方士大夫群体能够成为有别于平民的特殊集团。反映在墓志书写中，陈傅良在介绍传主的家庭背景时，并不满足于一般墓志文献只交待传主祖上三代的官职，而是刻意介绍整个家族的仕宦背景，有时甚至非常主观地将传主与知名士大夫联系起来，显示出陈傅良强烈甚至偏执的士大夫门第意识。如薛季宣的行状中不但指出温州薛氏是"唐补阙令之后"，而且罗列了祖父薛强立父子五人的官职：

　　　　光禄公（薛强立）始显，四子：司封郎中嘉言（长子），敷文阁待制弼（次子）及起居舍人（四子薛徽言），皆第进士，昌言（三子）为婺州通判。舍人从胡文定先生学，以丞相赵公鼎荐，仕于朝。[1]

1　陈傅良：《右奉议郎新权发遣常州借紫薛公行状》，《陈傅良先生文集》卷五一，第633页。

胡序的墓志铭中则罗列了传主父辈三兄弟的官职——"荆湖制置司干办公事君讳褒，通判滁州君讳衰，宗正少卿君讳襄，兄弟始著"，并特别交代了胡序与薛氏联姻而形成的婚姻圈：

> 少宾娶薛氏，故起居舍人徽言之女。世所称薛士龙者，其妻弟也。[1]

在诸葛说的行状中，讲诸葛说的祖父：

> 娶城南张氏，以诸子从其舅学，所谓草堂先生以八行应书者也，繇是阖郡贤士大夫往往多诸葛氏师友姻娅。[2]

除了联姻之外，同姓合谱是陈傅良非常在意的构建士大夫门第的重要途径，在陈义的墓志铭中，陈傅良交代了温州陈氏合族的情况：

> 吾州陈氏族最大，而谱残阙，间相与问系，皆曰闽徙也，或曰本开封。余儿时，诸父尝言故礼部侍郎桷自平阳使来合谱，以两家所自出县乡里皆合，诸父不能祔也。自今国子录谦、故尚书郎鹏飞之子六龄、奉国军节度推官栋，始于余聚，少长以齿，如家人，族稍稍合。[3]

可见陈傅良经营家族的重点不在于收族敬宗，而在于同士大夫阶层的联合。有了这样的合族经验，陈傅良对其他同姓士大夫家族似乎也抱有一种合谱的愿望，在墓志书写中刻意将同姓宗族联系起来。

1　陈傅良：《胡少宾墓志铭》，《陈傅良先生文集》卷四七，第 591 页。

2　陈傅良：《福州长乐县主簿诸葛公行状》，《陈傅良先生文集》卷五一，第 647 页。

3　陈傅良：《陈季阳墓志铭》，《陈傅良先生文集》卷四九，第 614 页。

比如在孙昭子母亲赵氏的墓志铭中，陈傅良通过名宦赵抃将温州不同的两支赵氏联系起来。传主赵氏出自瑞安东郭赵氏，陈傅良却称：

> 余闻东郭与金奥赵，皆清献公之族。熙宁中，清献公之子岄来丞郡，夫人曾大父峆从公问家法，繇是赵氏子姓有检守。自辟雍、正霄以文名天下，登进士第者至今不乏。[1]

同样，在何伯瑾的行状中，陈傅良将温州两支何氏家族联系起来，并不厌其烦地介绍两支何氏的仕宦情况：

> 何氏，郡大家，别为二族。讳溥，字通远，官至翰林学士，为百里坊族。公讳伯瑾，字诚夫，官至国子司业，为城南族。翰林公试礼部，奏名为天下第一，百里坊之何，于是始大。城南何氏，自讳某生四子：金华主簿子发，为宣和间进士；子达、子谟，同时为太学诸生。子达晚授官，累封至朝请郎。公以金华仲子来为朝请后，复与其弟青田令伯益同为绍兴二十一年进士。公卒，青田之子叔忱，与其三从兄次常，又为同年进士。盖以儒生赋禄三世矣。[2]

陈傅良的墓志书写体现出构建当地士大夫门第的观念。婚姻本来就讲究门当户对，各地科举仕宦家庭相互联姻就像宋代宰相门第的反复联姻一样不足为奇。但是，正如在周行己、许景衡、王十朋的墓志书写中所见，富民阶层是地方精英的主流，排斥富民阶层的士大夫门第观念在宋代会显得相当特别。宋代投入举子业的主流是富室与寒士，两者社会资源具有互补性，富室不可能自我排斥，寒士或者游

---

1 陈傅良：《赵夫人墓志铭》，《陈傅良先生文集》卷四七，第 590 页。

2 陈傅良：《国子司业何公行状》，《陈傅良先生文集》卷五一，第 649 页。

离于地方社会，或者乐意借助富户的资源，两者都很难形成陈傅良那样的士大夫门第观念。陈傅良独特的士大夫门第观念，与他独特的家庭背景、仕宦经历、婚姻情况以及在温州讲学获得巨大成功的个人经验应该有密切关系，当然也与"皇祐三先生""元丰九先生"以来逐渐形成的地方学脉（永嘉学派）有关。因为陈傅良描述的以林石、丁昌期、张辉以及薛季宣为核心的温州士大夫门第在某种程度上是客观存在的，陈傅良恰巧有机会长期以这个地方"士大夫"社会作为自己生活的重心，这是普通富户或游宦难以获得的生活经验，也是独特的士大夫门第观形成的社会根源。当然这种观念在宋代没有普遍性，却为理解宋代地方社会提供了独特的视角与案例（见表4-2）。

表4-2　陈傅良撰温籍墓志文献与社会关系对照表

类型	传主	墓志文献	社会关系说明
族人	陈韩氏	叔祖母韩氏墓铭	
	陈绍	族叔祖元继圹志	
	陈绛	族叔祖元成墓志铭	
	陈蹫	族兄际可圹志	
	陈方中	族叔国任墓志铭	
	朱兴国	朱君佐圹志	族姑夫
姻亲	孙昭子母、孙叔特妻	赵夫人墓志铭	岳母族人
	冯施叔	冯司理墓志铭	婚姻圈
	诸葛说	福州长乐县主簿诸葛公行状	岳父张氏婚姻圈
	张幼昭	令人张氏圹志	妻，岳父张孝恺是草堂先生张辉之子
	林石家族	新归墓表	林晞孟为岳父同母异父兄弟
师友	薛季宣	右奉议郎新权发遣常州借紫薛公行状	业师
	胡序	胡少宾墓志铭	薛季宣妻弟

续表

类型	传主	墓志文献	社会关系说明
师友	张淳	张忠甫墓志铭	薛季宣友
	杨缜妻，杨兴宗母	宜人林氏墓志铭	乾道八年科举考官
	薛良朋	敷文阁直学士薛公圹志	及门受教
	王自中	王道甫圹志	"吾友"
	朱黼父	朱公向圹志	"吾友"父
	徐钺	徐武叔墓志铭	"定交"
同年	徐槐	徐叔楘圹志	
	刘春	刘端木墓志铭	
	徐迪哲	承事郎徐公墓志铭	同年徐谊父
	潘朝卿	承事郎潘公墓志铭	同年潘雷焕父
学生	林居实	林安之圹志	
	章用中	章端叟墓志铭	
	陈端己母	陈子益母夫人墓志铭	学生母
	陈天锡，陈端己父	陈百朋圹志	学生父
	林渊叔	林懿仲墓志铭	
	沈昌	沈叔阜圹志	
	陈说	陈习之圹志	吾友陈谦从弟，学生
	孙昭子母	赵夫人墓志铭	吾友孙叔特妻，学生母
	冯施叔	冯司理墓志铭	婚姻圈，学生父
同僚	何伯瑾	国子司业何公行状	"辱知于"周必大
联谱	陈义	陈季阳墓志铭	子陈楝与联谱
富室	林悦	林民达墓志铭	同里富豪

五　叶适的墓志书写

叶适是为温州籍人士撰写墓志文献数量最多的人，数量多达 50 篇（其中叶适妻子高氏的墓志铭有两篇，薛季宣至少为叶适代写过一篇行状）。与周行己、许景衡与陈傅良所撰墓志文献的传主绝大部分是温州籍不同，在叶适撰写的墓志文献中温州籍传主仅占三分之一，即叶适文集中的墓志文献总量有 151 篇之多。这说明叶适在温州拥有广泛社会联系的同时，其完整的社会关系网络已完全超越温州一地。多方面的原因造成了叶适墓志文献以上特点，比如他在学术与仕宦方面取得了巨大的成就，以及叶适特殊的家庭出身。叶适自幼贫寒，科举登第后，官至吏部侍郎，又是永嘉学派集大成者，文名甚高，求铭者无数，所撰墓志文献的数量也达到惊人的地步，其中应该不乏碍于情面甚至念及润笔而撰写的墓志铭。

（一）叶适的家庭及其个性化的墓志书写

　　叶适（1150～1223）的父族、母族与妻族都比较特别。叶适祖籍处州龙泉（今属浙江丽水），曾祖叶公济因"游太学无成，赀衰"而迁居温州。[1] 据估计，叶公济游太学当在熙宁年间，距叶适出生有数十年时间。叶适出自科举无成的移民业儒家庭，父亲叶光祖是一位落魄的教书先生，"聚数童子以自给，多不继"。后来家中遭遇水灾，居无定所，"飘没数百里，室庐什吕皆尽。自是连困厄，无常居，随僦辄迁，凡迁二十一所。所至或出门无行路，或栋宇不完"。叶适的母亲杜氏出自温州瑞安一个"世为县吏"的家庭，外祖父"不愿为吏也，去之，居田间，有耕渔之乐"，其后"业衰"。杜氏十余岁即能"当其门户劳辱之事"而"异于他女子"，本该是善于治生的角色，却通过婚姻坚定地走上了业儒的道路，嫁入"贫匮三世的"叶家。遭遇水灾之后，杜氏"穷居如是二十余年"，亲戚们纷纷劝杜氏"改业由他道，衣食幸易致"。杜氏以"不可以羞舅姑之世也"为念，"虽其穷如此，而犹得保为士人之家者，由夫人见之

1　叶适：《致政朝请郎叶公圹志》，《叶适集》卷一五，第 292 页

之明而所守者笃也"。[1] 因此叶适出自寒士与富户联姻的业儒家庭，只是父母在科举与治生两方面都不成功。

除父母之外，墓志文献传主中叶适最早结识的是瑞安、永嘉一带的业儒富户。叶适年少时经常出入当地富室，可能是父亲叶光祖执教于此，也可能是父母设法让叶适就学于富室私塾。叶适既向这些业儒富室问学，也因这些富室结识了温州名士薛季宣、陈傅良等人。在瑞安时，叶适经常在当地富豪林元章家中玩耍，"余为儿，嬉同县林元章家"。林元章"能敛喜散，乡党乐附"，建起了当时瑞安罕见的豪宅，"时邑俗质俭，屋宇财足，而元章新造广宅，东望海，西挹三港诸山，曲楼重坐，门牖洞彻，表以梧柳，槛以芍药，行者咸流睇延颈"。林元章为儿子"择业儒术"，延请陈傅良指导两个儿子林颐叔、林渊叔并获成功，"诸子自刻琢，聘请陈君举为师，一州文士毕至，正仲（颐叔）、懿仲（渊叔）皆登进士第"，叶适应该从那时起就有机会向陈傅良问学。[2]

叶适十二三岁的时候，因遭遇水灾举家迁往永嘉，曾经与楠溪江一带的富室刘愈、李伯钧交往。刘愈是温州最有名望的富豪，薛季宣代叶适撰写的《刘进之行状》称"适乐成不见贾元范，楠溪不见刘进之，是浮洞庭而不尝橘之食也"。行状中又称"某少从君游，知君为悉，是固朋友之职，无所复辞"，[3] 这里的"某"就是叶适，叶适为刘愈之子刘士偲撰写的墓志铭也称"余少学于君（刘愈），数其前后师傅，盖有名士也"，刘士偲也因此成了叶适的好友。[4] 叶适年少时结识的楠溪江富室还有李伯钧。楠溪江苍坡李氏家族从五代一直延续至今，第八章将专题讨论这个家族的历史。叶适发现苍坡李氏"别为聚区，风气言语殊异"，应该是个移民家庭。墓志铭称

1　叶适：《母杜氏墓志》，《叶适集》卷二五，第509~511页。
2　叶适：《林正仲墓志铭》，《叶适集》卷一六，第311页。
3　薛季宣：《刘进之行状》，《薛季宣集》卷三四，第521页。
4　叶适：《刘子怡墓志铭》，《叶适集》卷一六，第333页。

李伯钧"足智恢达，以义理胜血气。倥偬难理，雍容应会；迷谬不决，欻疾赴机。而又外文内质，章采粲错，轻重襄序，主于敬共"，又与永嘉学派的代表人物郑伯熊、薛季宣过从，"引为亲友"。李伯钧曾经得官监酒（酒务监官）而辞归，声称"吾何忍诱饥民舍其糠籺而遁于醨糟耶？"叶适又与李伯钧之子李源（字深之）交往，墓志中称李源自幼就非常严肃，"余从童子戏，深之俨然端默，余惭，为弃戏敛衽"。[1]

乾道元年（1165），叶适为了谋生，开始在乐清白石北山小学舍讲习，应该这期间结识了当地富室叶士宁。叶士宁"自上世居乐清东乡，传序甚远，最为旧姓"，父子两代人"能贱枭薄责，休病哀死，昏夜救村落之急，一皆遵行，又稍推广之，人以为恩己"。在地方上极有势力与威信，病重时有"里人为燃指祭祠"。叶士宁师从王十朋，王十朋称其为自己门下的"曾子"，不过叶士宁不屑于科举仕宦，他声称"安能长为举人"。叶适十分羡慕叶士宁的富室闲人生活，"有百年之宅，千岁之田，前临清流，旁接高阜，亭院深芜，竟日寂寂。故人邑子常候门下，行路惟闻棋声出空虚。山遨谷嬉，意到不择。每樵歌夜动，櫂讴早发，水边林表，往往睹坠杯遗屦焉"，而叶士宁又提议与叶适联宗，"吾寡兄弟，子同姓，宜为宗"，为叶适婉言谢绝，却因此结下深厚情意。[2]

从乾道四年（1168）至淳熙二年（1175）七八年间，叶适的主要活动是游学婺州，并结识薛季宣、陈亮、吕祖谦等浙东事功学派的代表人物。淳熙元年，叶适曾在临安向签书枢密院事叶衡上书，认天下大势、治乱强弱成败之道，没有结果。淳熙三年，叶适回到温州在乐清雁荡山讲学，这时期的上书活动虽然没有达到预期目的，但叶适的学术、政治活动已经超越温州一隅，以薛季宣、陈傅

1　叶适：《李仲举墓志铭》，《叶适集》卷一八，第 357 页。
2　叶适：《叶君宗儒墓志铭》，《叶适集》卷一八，第 355~356 页。

良、陈亮、吕祖谦等为代表的浙东事功学派也在学术与政治上获得全国性的影响，叶适的社会关系也由此拓展到全国性的学术与政治交游圈。

淳熙四年至五年（1177~1178）是叶适人生中十分关键的两年。淳熙四年因翰林学士周必大以门客荐，叶适通过漕试获得解额。同年，叶适与高氏结婚。淳熙五年，叶适以进士第二名及第，授镇江府观察推官。同年母亲杜氏病逝，叶适返乡守制。婚姻与科举及第为叶适构建了两种新的社会关系——姻亲与同年。

叶适为姻亲撰写的墓志文献共四篇，包括妻子高氏的墓志铭两篇，岳父高子莫与连襟包履常的父亲包昂的墓志铭各一篇。叶适的岳父高子莫是宋朝开国武将高琼之后，宋英宗宣仁圣烈高皇后侄子高公绘的曾孙。宋室南渡时，高后的另一位侄孙高世则因"思永嘉山水之胜"而迁居温州，"于是买田负郭，作园圃，莳名葩，植佳木，以备游息"。高世则的从弟高世定可能也在这时随高世则迁居温州，高世则与其子高百之以及高世定又先后任温州通判及知州。高子莫是高世定的孙子，可能因为父亲早逝、家境转贫的缘故，叶适在墓志铭中称"高氏来永嘉，无宅无田。公幼孤，贫甚，天性耐穷约，知事轻重，转侧闾巷间，自求师友以立门户，故虽贵姓而知名与儒书生等"。[1]

高子莫一生在各地任官，二女一嫁叶适，一嫁包履常。根据叶适的墓记，包履常的父亲包昂应该是温州的业儒富户，上世从永嘉雁池迁居乐清柳市，"君和厚平恕，以卑逊韬其材力；时发于事之难者，壮勇敢决，已力（而）强党破散，阴类消伏，众皆推君为能"，"乡党周旋，通于令长，以任利害之政，凶饥有赒，征敛有损，施设惠爱，尚多可纪"。包昂科举无成，但包履常进士及第，曾任建

1　叶适：《高永州墓志铭》，《叶适集》卷一五，第 292~294 页。

昌军学教授，与叶适"同高氏婿"。[1]

叶适曾为陈季雅、翁忱与王自中三位科举同年撰写过墓志文献。陈季雅进士及第后仅出任过隆兴府（今江西南昌市）学教授，去世时年仅四十五岁，叶适对陈季雅学生时代独特的个性有深刻印象，称其"质灵气迈，随闻而思，遇见能述，自高其材，不乐师授"，"间独诣学堂，阔视长揖，与其先生弟子交论无所降，人亦未之然也"。进士及第之后，叶适与陈季雅似乎并无交集，叶适为其撰铭主要还是因为其岳父刘仲光的请求，"子非其同年进士乎？铭非子曷宜"。[2]

另一位同年乐清人翁忱也颇有个性，"少有大志，自间阎隐疾，田野久困，上蘦人主，秘及宫掖，皆欲尽言而不忌"。翁忱官至通判郴州，在叶适看来并不得志，"公既不求知于人，人亦无能知公者"。叶适对翁忱有较深厚的情谊，主动为其撰写墓志铭，"于是同年生龙泉叶某与为铭"，并在墓志铭中感慨翁忱怀才不遇，"公之平生可考见者如此，然则不足为名士贤大夫乎"。[3]叶适还曾为翁忱的一位贫寒朋友何傅撰写墓志铭，何傅所居墓林巷"草木稀疏而不荣，败屋才三间，悉用故《唐书》黏之"。叶适称其"有冻饿自守之乐，斯亦士之极致也"，去世时全赖翁忱料理后事，"死之日，其友翁忱既禫敛之，又率尝往来者尽有赙焉，始克葬于西山崇明寺旁"。[4]

叶适也为另一位同年王自中撰写墓志铭，不过这篇《陈同甫王道甫墓志铭》是为陈亮、王自中两人合撰，两位传主都是抗金志士，"以穷乡素士，任百年复仇之责，余固谓止于二公而已"，同年关系在叶适与王自中的交往中显得并不重要。[5]

1　叶适：《包颙叟墓记》，《叶适集》卷二三，第462~463页。
2　叶适：《陈彦群墓志铭》，《叶适集》卷一四，第258~259页。
3　叶适：《翁诚之墓志铭》，《叶适集》卷一五，第290页。
4　叶适：《墓林处士墓志铭》，《叶适集》卷一三，第232页。
5　叶适：《陈同甫王道甫墓志铭》，《叶适集》卷二四，第482~485页。

　　虽然叶适的外祖父曾经是富室，但到叶适时经济转衰，母亲嫁入叶家后也没有治生致富的念头。即使祖上是皇亲国戚，叶适的妻族到岳父高子莫时也不过是普通的科举仕宦家庭。总之，叶适出身于辗转迁徙各地、科举无成的传统业儒家庭，虽然通过教学、婚姻等关系在温州建立了广泛的社会联系，但是并没有因此在地方社会形成稳固的根基。虽然少儿时代有机会频繁出入温州各地富室，成年后又与靖康南渡的权贵之后联姻，并通过科举顺利跻身官僚队伍，但叶适志存高远，并不会对富户、权贵或官僚产生身份认同。叶适以道自任，个人情谊与人格境界才是他对人产生认同感的主要依据。这个特点在墓志书写中表现得尤为明显，比如为同年撰墓志铭主要刻画传主的独特个性；对富室叶士宁主要感怀其"托余宗之厚也，去之五十年而不忘也"；[1] 对富室李伯钧父子则称颂其"髦士，非科举所谓士也；誉之所不加，烝之所不及，科举蔽之也"。[2]

　　同时，叶适的墓志书写好发议论，有时铺陈无度，动辄以圣贤比附传主，常为传主发怀才不遇之感慨。如他称"朝议大夫秘书少监王公"王柟：

　　　　虽道欲成名而天不与时，噫，不知柳下惠之贤耶？亦素所
　　　蓄积然耶？余稚从公至耄，岁月相靡，而士之变故繁矣。若夫
　　　所谓大节者，于其去就穷达之际，可以考焉。[3]

钱敬直的墓志铭中长篇议论：

　　　　为善获誉，其报为福，常理也；好恶变迁，真伪难知，以
　　　善为盗，则誉方为谤，福方为祸，亦常势也。君不幸立于问学

1　叶适：《叶君宗儒墓志铭》，《叶适集》卷一八，第 355 页。
2　叶适：《李仲举墓志铭》，《叶适集》卷一八，第 356 页。
3　叶适：《朝议大夫秘书少监王公墓志铭》，《叶适集》卷二三，第 459 页。

之末流，而当好恶毁誉之未定，进而与世偶，疑若多祸而鲜福矣。然君廉不为刿，方不为割，不形物以明己，不离众以独立也，世环视而不得短，则深厚不伐之名交归之，而大官美爵将倾赴焉。人谓君必以此贵重矣，而又遽死。呜呼！合人之所不！合人之所不能合，而犹不与人以其所当与，是天之为耶？虽然，合人之所不能合者，正其义也，非求合也；不与人以其所当与，君子无怨于天可也。[1]

在宋傅的墓志铭中满腹牢骚、铺陈无度：

> 人之不同，正邪贤不肖耳。若甘荣愿达，崇爵厚势，则其大情极志未有不同者，顾有得否耳。其或躁或竞，或矜或炫，先己后人，始以此得，终以此失之。故静节动，钝济锐，密补疏，若愚似鄙，以为如是，则其于甘荣愿达，崇爵厚势，可以保而勿失也。颛孙氏求闻达之要，学干禄之术，孔子告以先远世患。老子、列御寇教人以后其身者固所以先其身，外其名者固所以存其名也。今岩老极明、极锐、极智虑、极闻识，其居于世也，则似钝、似鄙、似后、似不及。然而不甘荣，不愿达，不为崇爵厚势，终于后其身，遗其名，人不得而知，其子弟亦莫知也，是何道出耶？岂其非杨、非墨、非庄、非老，不枝叶于道之末流而近其本者或在是耶？昔孔氏定古今人品目，至汉有月旦、耆旧之论，余既疑而未能决，聊复序公之大略，刻于墓上，使后之君子得以详焉。[2]

在另一些墓志书写中，叶适则以散文的笔调记叙与传主交往的

1　叶适：《著作佐郎钱君墓志铭》，《叶适集》卷一八，第 349 页。
2　叶适：《参议朝奉大夫宋公墓志铭》，《叶适集》卷一四，第 265~266 页。

细节，如郑噩：

> 余一夕宿茭道厩，夜参半，回风飞雪，瞢瞢就寐，忽有列
> 炬，声稍哗，启门，则君自县走视余，相对荧然。俄曰："被
> 郡檄，明当至某处。"复揖归其舍。雪益急，比晓，没井干矣，
> 人怪此县丞竟夜行雪中，何也？今余老不自立，辱君知，坐念
> 太息。[1]

毛子中是瑞安大姓子弟，"所居瑞安深谷，号毛家山，以毛姓者
二千人"，却以豪侠误终身：

> 髫髻有杰气。十七八，游江淮，乱后邸店未复，卧起草
> 中，时时与小寇遇。行数千里，知形便厄塞，涕泣曰："管、乐
> 不再生耶！"夜捕鹿，迷失道。旦，见楼堞蠡然，合肥城也。
> 值帅方打围，戈甲耀日。君荐虎皮道旁，燔肉煮葵菜，浩歌纵
> 饮，弗为视。帅揖语，大惊，延上座。稍长，亲师友，学习今
> 古，诸生不能言者，尽为言之。复出沔、鄂，得贤豪名，世士
> 识别，相与欢甚，因留门下终身。所至专席高论，衮衮无对，
> 怒马独出，不施鞍勒，或入酒垆，凭高悲啸，众共怪不敢近。
> 荒旅穷肆，饭客常满，或闭门袖手，借书危读，经旬月无不
> 通，人畏其博而专也。然不得骋于科举，礼部尝欲第其文，又
> 议不合而止。余屡讽君："年过五十矣，气惰将衰，血燥将臒，
> 宜返耕筑室，以顺天命，无徒取俗子赘疣也！"君怏怏不自喜，
> 尚行游无忌。至逾六十，度决不偶矣，始弃去，蔽长松，吟
> 《小山》、《招隐》诸词，哀愤激烈。[2]

1　叶适：《郑仲酉墓志铭》，《叶适集》卷一五，第272~273页。
2　叶适：《毛积夫墓志铭》，《叶适集》卷二一，第408~409页。

在陈烨的墓志铭中开篇即借传主之口大谈道学、抨击士风：

> 或问："君以何称？"曰："道衰教失，士遁其常守而旅于分
> 域之外，抗而为异行众矣，俯而为常德鲜焉；离其朴于文众矣，
> 反其华于质鲜焉。若夫屡变有司之法，益薄而知自厚，又加鲜
> 焉；况于群千万人而进，而求其一二之能止者，殆将绝矣！"[1]

简单讲，叶适虽然长期在温州生活，是撰写温籍墓志文献最多
的人，但出自移民业儒家庭、以道自任的叶适并没有明显的地域认
同。叶适多以个人情谊和人格境界作为墓志书写的依据：个人情谊
表现个体化的、随机的社会关系，与陈傅良试图经营稳固的士大夫
交游圈形成鲜明对比；人格境界则反映普世性的社会秩序，他总是
为传主营造一种与"道"共存的氛围，而名门望族、地方显人从来
不是叶适墓志书写的视角，一个特殊的案例是南宋温州地方势力的
代表人物刘愈的行状，叶适是请薛季宣代写的。总之，叶适的墓志
书写无法体现任何地域意识。

（二）政治盟友与墓志书写

科举及第后不久，叶适就参与或卷入一系列重大的学术与政
治活动，包括陈亮与朱熹的"王霸义利"之争、绍熙内禅、庆元党
禁、开禧北伐等。

淳熙六年至七年（1179~1180），叶适在家守制，其间与永嘉知
县宋绍恭、浙东事功学派的代表人物陈傅良、郑伯熊、陈亮、吕祖
谦等均有交往。淳熙八年，叶适守制服满，赴平江府（今江苏苏州
市）任浙西提刑司干办公事直至淳熙十二年。这期间，叶适在平江
府讲学授徒，郑伯熊与吕祖谦相继去世，陈亮与朱熹开始"王霸义

1　叶适：《陈民表墓志铭》，《叶适集》卷二五，第 506 页。

利”之争，叶适也在学术上与朱熹为代表的道学产生分歧。自淳熙十二年至十六年（1185~1189），叶适在临安任职，这期间叶适多次上书论恢复之计，不久孝宗内禅，光宗继位。叶适因上书不报，自求外补，短暂回乡后出知蕲州（今湖北蕲春），并兼提举淮西铁冶司等职。绍熙三年（1192），叶适返回临安任职，与陈傅良等人上书请光宗过宫，绍熙五年，孝宗病逝，又参与策划绍熙内禅。赵汝愚、韩侂胄等人立宁宗为帝，参与者有永嘉人蔡必胜等人。绍熙内禅之后，叶适劝赵汝愚为韩侂胄加节钺，赵汝愚不从，叶适自求外补，赴镇江任职。庆元元年（1195），庆元党禁起，赵汝愚罢相，叶适也因党禁遭劾。庆元三年，叶适被列入“伪学逆党籍”，罢职归永嘉，直至嘉泰二年（1202），期间朱熹于庆元六年（1200）去世。嘉泰二年，党禁始弛，叶适改知泉州（今属福建）。第二年赴临安，授权兵部侍郎，又因丁父忧回永嘉。开禧二年（1206），叶适守制服满，召至临安，对韩侂胄北伐策略提出异议，无果。北伐失败，叶适知建康府。开禧三年，叶适兼江淮制置使等职，又反对与金议和，提议建立江北守江的防御体系。不久韩侂胄被史弥远袭杀，叶适以附韩侂胄用兵遭劾，返回永嘉。自嘉定元年（1208），叶适居永嘉水心村专心著述，讲学授徒，直至嘉定十六年（1223）去世。

自淳熙十二年（1185）赴临安任职，至开禧三年（1207）遭劾，在此二十余年间，叶适卷入当时学术与政治斗争的各种旋涡。叶适与朱熹为代表的道学产生分歧，在学术上成为浙东事功学派的代表人物；政治上主张恢复中原，参与绍熙政变，与道学一派同遭庆元党禁，参与韩侂胄北伐，又反对韩侂胄用兵策略，最终以附韩侂胄用兵遭劾。在这一系列的学术与政治的纷争中，叶适都能在温籍人士中找到同调或同道，他们对叶适意义重大，叶适的墓志书写对这些人用力极深。

叶适为撰墓志的温州人物中，陈傅良、徐谊、蔡必胜与蔡幼学四人直接参与了过宫事件与绍熙政变等事件。陈傅良与叶适学术上的关系在师友之间，他们同为永嘉学派代表人物，官场上又互为援引。墓志中描写陈傅良在过宫事件中"阴讽显谏，危论婉说，因乞致仕，下殿径行"。[1]此外，叶适也为陈傅良妻子张幼昭撰写墓志铭。[2]

徐谊是参与绍熙政变的重要人物，叶适在墓志中不惜笔墨描述绍熙政变前后徐谊的行动及遭遇：

> 初，光宗疾，免到重华，而日视朝毋改，中外交章论切。公既入谏，退见宰相，泪落曰："上慰纳从容，然目瞪不瞬而意恍惚，真病也已！盍为诏四方祷祠郊庙，进皇子嘉王参决。"留丞相未及用，跳之徐村，上使公谕还浙江亭，复其位。疾终不愈，孝宗崩，又不能丧，公与少保吴琚议，请太皇太后临朝，扶嘉王代祭，答群臣礼，幕士取帘帏俟命，后自祭奠，乃止。于是将禅，上临丧未可知也。公忧愤呕泄卧，责赵丞相曰："自古人臣，为忠则忠，为奸则奸；忠奸杂而能济者，未之有也。公内虽心惕，外欲坐观，非杂之类欤！国家存亡，在兹一举。"赵公问策安在，公以知阁门事蔡必胜授之，使同为知阁韩侂胄固请于太皇太后。禅之旦，嘉王竟立。呜呼！当是时，谤谗横流，而天下之口不可遏矣。微公定计，将使一夫攘袂而趋，然则社稷永安而宗庙常尊，泽施于今者，公之大节不可掩也。余观公忠利惨怛，能任大事，视人如己，本无以取嫉于世，而世亦无忌公者。独侂胄既得志则骄肆，公面诲之，惭恨，故得祸最酷，流落十年不复用。[3]

徐谊的墓志铭中提到另一位参与绍熙政变的关键人物温州平阳

1　叶适：《宝谟阁待制中书舍人陈公墓志铭》，《叶适集》卷一六，第 299 页。
2　叶适：《张令人墓志铭》，《叶适集》卷一四，第 263~264 页。
3　叶适：《宝谟阁待制知隆兴府徐公墓志铭》，《叶适集》卷二一，第 405 页。

人蔡必胜。平阳尚武，蔡必胜乾道二年（1166）"以武学进士对策第一"，光宗时召为知阁门事，与韩侂胄为同僚。在叶适撰写的《蔡知阁墓志铭》中，除了介绍蔡必胜生平时叙述"孝宗崩，光宗疾不能丧，太皇太后命今上即位。上却避再三，公与同列韩侂胄扶抱登御榻，涕泪被面，庭中惊悚"之外，在记录蔡必胜的重要事迹时，更以近千字的篇幅详述绍熙政变的详细过程：

> 绍熙初，光宗已不豫，虽御朝，犹苒苒未平。外庭不知之，多谏上宜过北宫省候如礼。疏积几上，言或讦至，上宽优不加怒，然亦不能从也。自是中外讹言相汹动，无不讥切过宫者，甚至群以相率攀上衣裾泣曰："寿皇死也，陛下合上辇一出！"随至福宁殿不退。上亦泣曰："此非卿等行处也。"急还内，裤綫为裂。有责宰相："上有疾明矣。父子相见，宜俟疾瘳。公不播告，使臣下轻议君父，可乎？"宰相怅然曰："君殆未晓。夫上实有疾，然讳言疾，日御朝自如，兹所以为疾也。且人臣无自以疾名上身之理。"既而孝宗大渐，上成服宫中，中外讹言益甚。或言"某将辄奔赴"，或传"某军私聚哭"，大抵皆反矣。朝士潜遁者前后数人，私窃以家去者甚众，近幸富民，竞匿重器村舍中，都人朝夕不自聊。或又责宰相："上虽疾而不临丧，无以辞于天下。今嘉王长，若豫建参决，则疑谤释矣。"宰相又怅然曰："他日尝降出一草茅书，书言储副事。吾袖进取旨，上变色曰：'储副不豫建，建即代也。朕欲卿知其妄尔。'然试合辞以请，上再报曰：'甚好、朕欲退闲久矣。'屡乞奏事不获命，忧惧无所出。"公自争过宫至孝宗崩，昼不食，夜不寐，私念曰："夫梓宫无主，而上疾不瘳，请储不获，计且穷。傥白太皇太后，遂立元子代执丧，养上疾，其可。"独与知枢密院赵公汝愚往反定议。时韩侂胄同在阁门，公素善侂胄，曰："公于太皇，甥也。吾欲以公至赵公所。"侂胄知指，

许诺。公遂挟侂胄见赵公参语，因知省关礼白太皇太后。赵公又约工部尚书赵彦逾戒郭杲饬宿卫，起居舍人彭龟年告嘉邸备进发，皆定矣。五年七月甲寅禫祭，时台谏官有待罪城外者，孝宗崩，不敢复入，而学官须祭毕将归田里。太皇太后遂引宰执至帘下，诏曰："皇帝疾，至今未能执丧，自欲退闲。此御笔也。嘉王可即皇帝位于重华宫，躬行丧礼。"百官泣拜起。而今上已立，天下晏然复宁者，公本致侂胄于赵公，定策遂立元子之力也。及侂胄恃功专恣，立党论为倾者方因之，而知阁刘弼又内忌公，即胁说侂胄曰："蔡直之素厚诸名士，今内参密画，外扶正论，非君福也。"侂胄由是疏公，出为池州。公叹曰：'吾受太上深知，不幸太上有疾将革，□□命悬漏刻，而吾判家族出此，所以报也。事属安定，何妄分彼我乎？祸今作矣！'亟去，绝口秘前事。侂胄果为飞语中赵公，贬死衡阳，士不附者，尽以赵公党坐之。自为太师、郡王，擅国命，绝席卿相。而公连刺外州，默默以卒，悲夫！[1]

蔡幼学是陈傅良的师友，也是永嘉学派的重要人物，庆元党禁中被打入党籍。蔡幼学在绍熙政变中的表现尚待进一步确认，《宋史》中描述了蔡幼学劝谏光宗过宫的情形，但叶适在墓志铭中着重记述了蔡幼学在庆元党禁前后的表现，"公叹伪学祸已成，朋类将散，求外补。特提举福建常平茶事……韩侂胄死，余党尚梗塞正路，公一扫绝，窜免尤众，号称职"。[2]

在墓志书写中被叶适引为庆元党禁之同道者还有蒋行简与薛绍。庆元元年（1195）蒋行简曾以"昏缪狠愎，专务惨酷，昧于断决，郡事废弛"被放罢，[3]但叶适在墓志中称蒋行简在知处州任上

1　叶适：《蔡知阁墓志铭》，《叶适集》卷一七，第319~321页。

2　叶适：《兵部尚书蔡公墓志铭》，《叶适集》卷二三，第444页。

3　《宋会要辑稿》职官七三《降黜官》，第351页。

"以爱惜知县为本"。无论蒋行简被罢的是非曲直如何，他与庆元党禁并无直接关系，而且蒋行简卒于庆元二年（1196），早于"伪学逆党籍"的出现。然而叶适在墓志书写中引用其子蒋叔舆之语将蒋行简与庆元党禁联系起来：

> 叔舆又言："自韩侂胄用，党论起，士大夫或去或逐，公始欲谢事。及赵公汝愚死，公痛其冤，因骤感疾不起。"[1]

官至太常少卿的薛绍与庆元党禁也无直接关系，但叶适在墓志铭中特别留意其谢绝韩侂胄援纳的事迹：

> 于韩太师侂胄未有纳也。异日，从陵下归，韩曰："陵树比前殊苍苍耶？"公答："陵庙至重，非被使，何敢觇！树有盛衰，不可考。然顷见吏云：'补种若干，今青活若干矣。'"韩悒然止。忽又言："少卿来几何时？亦何欲？"公但喏喏。退，丞辞于谢，遂行。鸣呼！公不自结于韩而自必于去，其中盖有所守，世固未察也。[2]

在叶适的时代，除了绍熙政变与庆元党禁两个重大事件而形成政治派别之外，对金战和问题更是南宋政治中最主要的分歧。叶适是坚定的主战派，孝宗时代曾多次上书论恢复大计，宁宗时代虽遭党禁并反对韩侂胄北伐策略，却仍参与战事并因此遭劾。在墓志书写中，叶适很自然地引主战派为政治同调，温州籍人士中最突出的主战派有王自中与陈谦两人。王自中去世后，陈傅良为撰圹志，魏了翁为撰墓志铭，惟叶适为突出"穷乡素士，任百年复雠之责，余

1　叶适：《朝议大夫知处州蒋公墓志铭》，《叶适集》卷一八，第353~354页。
2　叶适：《中奉大夫太常少卿直秘阁致仕薛公墓志铭》，《叶适集》卷一九，第367页。

固谓止于二公而已"，为婺州永康（今属浙江）人陈亮与温州平阳人王自中两人合撰墓志铭。[1]

　　永嘉人陈谦在开禧北伐中的遭遇与叶适有相似之处，叶适在墓志铭中寄以深切的同情。墓志中称陈谦在庆元党禁中也受影响，"党论方大起，贬斥不胜计，而公亦随去矣"。党禁松弛后陈谦被重新起用，然后叶适以九百字的篇幅详述陈谦在开禧北伐中的作为，先是抨击襄阳守将李奕、皇甫斌的战术。皇甫斌败后，陈谦又成功守卫襄阳城，"虏既解去，襄城米未食者十五万，薪水不乏，竟完二城，皆如公策"。此后以荆湖北路宣抚副使防卫武昌，"亟命土豪赵观覆之中流，人马溺死甚众，余兵皆反走"。韩侂胄被杀后，"嘉定元年五月，虏已决和，不乐者乘时毁公，复罢。自是不复用"。[2]《宋史·陈谦传》称"谦有隽声，早为善类所予。晚坐伪禁中废，首称侂胄为'我王'，士论由是薄之"。[3]对此叶适在墓志铭中辩驳称：

　　　　开禧之役，四十年大事，而公独先见李奕、皇甫斌败证，告于朝。及襄城、安陆获全，功又最著。然无分铢之赏，方以为罪，公亦不自明也。夫挟三最，世不异，复不赏，已置不论矣。至庸人之谤公，则有甚可哀者……呜呼！世言谤人能以白为黑，止于所谤而已，不谤者固素定也，人素定故也……今谤者往矣，不谤者可以定矣。古人谓舜与跖之分；嗟夫！不定则无分，而舜为跖矣。[4]

　　在对金战和问题上，对秦桧的态度是判断其立场的重要依据。

1　叶适：《陈同甫王道甫墓志铭》，《叶适集》卷二四，第 484 页。
2　叶适：《朝请大夫提举江州太平兴国宫陈公墓志铭》，《叶适集》卷二五，第 501~506 页。
3　《宋史》卷三九六《陈谦传》，第 12079 页。
4　叶适：《朝请大夫提举江州太平兴国宫陈公墓志铭》，《叶适集》卷二五，第 505 页。

作为坚定的主战派，叶适在墓志文献中也非常注重传主对秦桧的态度。陈鹏飞的墓志铭中叶适详细记载其得罪于秦桧的过程及主战的立场：

> 初，秦丞相子熺学于少南，丞相既重少南，且以熺故，遂骤引用，以博士为讲官。其为礼部郎也，熺为其侍郎。少南谓熺子弟未习事，所下文案多不应法，批其后还之。每见丞相，言："荆、襄可为都以控接北方。今置郊祀坛、都驿亭，劳费甚矣，是不动吴、越而忘雠耻以自佚也。"及上前讲解，多引尊君卑臣之义，崇抑予夺，有所开讽。自是丞相见少南礼甚恭，意浸不悦，而熺尤不平，遂以御史疏罢归……及秦丞相薨，诸常所排摈，随小大收用无遗，而少南独以先卒，无为言者。[1]

叶适为王十朋的两个儿子王闻诗、王闻礼都写过墓志。王闻诗的墓志铭中，叶适特别追溯其父王十朋的反秦事迹，"初，龙图阁学士、太子詹事王公十朋，以太学生对策，请收还威福，除秦桧蔽塞之政，天子即日施用"。[2] 在张季㟧的行状中，叶适也讨论其父张阐的反秦事迹，"始忠简拒秦丞相，斥之，晚翊孝宗，终不肯取执政。公耳目陶染，故虽列省寺，无顾恋意"。[3] 在薛弼的墓志铭中，叶适一边表彰其抗金事迹及任岳飞参谋官的过程，同时也为其结交秦桧感到遗憾，"公之为桧用，自其资所喜，而非利之也。公既为岳飞参谋，飞与其徒妄臣反，冤气贯日月。独公幸免，其子弟或以咎公"。[4]

1　叶适：《陈少南墓志铭》，《叶适集》卷一三，第230~231页。

2　叶适：《提刑检详王公墓志铭》，《叶适集》卷一六，第314页。

3　叶适：《宋故中散大夫提举武夷山冲佑观张公行状》，《叶适集》卷二六，第523页。

4　叶适：《故知广州敷文阁待制薛公墓志铭》，《叶适集》卷二二，第427页。

（三）永嘉学派与墓志书写

　　叶适早年曾引道学为学术同调，但随着与朱熹等人的交往以及政局的发展，在学术与政治两方面均与道学产生分歧。在与道学的争辩中，叶适与陈亮、吕祖谦的关系显得尤为紧密，叶适对永嘉学派的构建也逐渐形成强烈的自觉意识。在《温州新修学记》中，叶适构建了以周行己、郑伯熊、薛季宣与陈傅良四人为核心的永嘉学派的学统，称"永嘉之学，必兢省以御物欲者，周作于前而郑承于后也"，"永嘉之学，必弥纶以通世变者，薛经其始而陈纬其终也"。[1]

　　永嘉学派也是叶适墓志书写的特殊环节。他为薛季宣姊撰写墓志铭时称颂薛季宣，"夫人之弟常州君，博习综练，号有管、葛事业，天下所谓薛士隆者"；[2]为郑伯英撰墓志铭，论其学术则与其兄郑伯熊连称，"独景元与其兄，推性命微眇，酌今古要会，师友警策，惟统纪不接是忧，今天下以学名者，皆出其后也"；[3]在陈傅良的墓志铭中描述其与郑伯熊、薛季宣的关系，"公不自喜，悉谢去，独崇敬郑景望、薛士隆，师友事之"。[4]叶适《温州新修学记》中以周行己、郑伯熊、薛季宣以及陈傅良为永嘉之学的核心人物，其中后三人是叶适同时代人，周行己则是北宋永嘉"元丰九先生"之首、"永嘉学问所从出也"。[5]而"元丰九先生"的概念本身由周行己在《赵彦昭墓志铭》中提出，[6]叶适以周行己为永嘉学之开端，自然也将"元丰九先生"纳入永嘉学的脉络。叶适为撰墓志文献的温州人物中，也有几位与"元丰九先生"相关者。

　　沈体仁是陈傅良的学生，"君终身有师，陈君举是已"，又特别仰慕叶适，"其在时，手钞予文，自甲至癸"，叶适为他的情谊所感

1　叶适：《温州新修学记》，《叶适集》卷一〇，第178页。
2　叶适：《夫人薛氏墓志铭》，《叶适集》卷一五，第291页。
3　叶适：《郑景元墓志铭》，《叶适集》卷二一，第415页。
4　叶适：《宝谟阁待制中书舍人陈公墓志铭》，《叶适集》卷一六，第298页。
5　叶适：《温州新修学记》，《叶适集》卷一〇，第178页。
6　周行己：《赵彦昭墓志铭》，《周行己集》卷七，第136页。

动，"余念一生与君相邂近不数四，列御寇之于南郭子疏矣，有间矣，而能望余深如此，岂其寄情高远，真有在于形质之外邪"。沈体仁又特别在意身后的墓志铭，宣称"异日死，不得斯文以铭吾墓，犹不葬也"！沈体仁未得出仕，一生主要在地方上艰难扮演着乡绅的角色：

> 其取友道广，贤者亲之，贫者存之，授庐丐食，死而不贰，然不恃以自重，盖其持身有常度也。天行或饥凶，民利欲建置，君率先推与无疑。然岁熟不以为德，役成不以为功，彼偶汗漫败事，亦无恨意，不追诮首议者，盖其应事有常准也。

不过，他又是"元丰九先生"之沈躬行的后人（从曾孙），叶适在墓志铭中专论沈躬行门第家风：

> 先从吴兴避唐乱迁温州，为瑞安名家。有彬老者，北游程氏师生间，得性命微旨，经世大意。方禁《春秋》学，《石经》甫刻即废，彬老窃赂守者，自摹藏之。君生后百余年，珍其遗书，严奉若秘文焉。志意闲雅，鄙远声利。常言："沈氏本以儒术廉耻兴门户，奈何求官达，问生产，与俗人较高下哉！"敬士好文，十室之誉，一咏之工，无不降屈，坐者满堂，酬义侃侃。夜后市音阒寂，乃闻独诵声琅然。[1]

另一位传主沈躬行的侄子沈大经以特奏名科出仕，得官仅至主簿，然为县人所重：

> 君既重其县人，县将有大虑，必待君而后决。君同其疾患，

1　叶适：《沈仲一墓志铭》，《叶适集》卷一七，第335~336页。

时其阙囊，起而谋诸，新庙学，补荒年，修地利，设水险，备
欠政。故今盗夺于海者，自屏不近县；米贾岁来自海南，米不
大踊；复石岗斗门，浚九乡河渠，年以不侵：皆君所建画也。

叶适因此称赞沈大经，"余不知其一乡一国之善欤？抑不止一乡一国
者欤？余见其躬为善之责甚专，位虽不达，而欲着为善之利甚勤"。[1]

　　此外，叶适也为鲍浦的妻子刘善敬撰写墓志，她是"元丰九先
生"之刘安上的孙女。[2]

　　叶适显然认为学术思想是政治行为的根源，在墓志书写中也将
政治同道中蔡幼学与陈谦归为永嘉学人：

　　　　同县陈君举，声价喧踊，老旧莫敢齿列，公稚甚，独相与
雁行立。[3]

　　　　隆兴、乾道中，浙东儒学特盛，以名字擅海内数十人，惟
公才最高，其《在易菴集》文最胜。[4]

　　此外，叶适在墓志书写中对彭仲刚的学行表达了异乎寻常的热
情。彭仲刚在《宋元学案》中收入《丽泽诸儒学案》。《丽泽诸儒学
案》主要记述吕祖谦的门人，而彭仲刚又倾向于陈亮、王自中的事
功之学：

　　　　彭仲刚，字子复，平阳人也。乾、淳之际，永嘉儒者林
立，而平阳稍为别派，徐忠文公子宜以心学起，其说合于金

1　叶适：《沈元诚墓志铭》，《叶适集》卷一五，第277~279页。
2　叶适：《刘夫人墓志铭》，《叶适集》卷一七，第334~335页。
3　叶适：《兵部尚书蔡公墓志铭》，《叶适集》卷二三，第443页。
4　叶适：《朝请大夫提举江州太平兴国宫陈公墓志铭》，《叶适集》卷二五，第505页。

溪，王信州道甫以事功之学起，其说合于永康，先生遍游其间。及以进士释褐，主金华簿，始闻丽泽之教，东莱谓"其用力甚锐"。先生之学，不事论说，以实践为宗旨，尤有吏才。[1]

《宋元学案》引叶适所撰墓志铭说明彭仲刚学术的特点，并称"先生不著书，赖有水心之文，得以见其本末云"。而叶适在墓志铭中特别表彰的正是彭仲刚"不敢以意之为是，而独以力之能者试之"的学术实践精神：

> 士多以意为善，鲜以力为善也。诚得其意，圣贤何远！如意之而未至焉，遂又以意为力也，则善非其善，窒其材，枉其德矣。今夫意之者，如望远焉，目之所至，身可至乎？天下之理备矣，尺度按之，规矩占之，若称物然，斤石之差，必以其力，不可诬也。以力从意，不以意为力。力所不及，圣贤犹舍诸；力之所及，则材为实材，德为实德矣……然而子复知为善之难，非同声趋和之所能至也，故不敢以意之为是，而独以力之能者试之。常左经而右律，目验而耳核，考实以任重，先难以致远。非其心之所通，虽诚闻之，不苟从也；非其行之所至，虽审知之，犹憖置之。其修身，使奢者啬；其治民，使烦者理。朝廷不养交，乡党不合誉，侃然求其是而已。嗟夫！不同其所趋而不异其所合，宁少于其意而致多于其事，徒辛苦于所难而不敢安乐于所易也，何子复之用心勤行之笃哉！昔孔子谓"无能一日用其力于仁"，而又曰"未见力不足者"。然则以力而不以意，岂古人亦以为难也！

1　黄宗羲：《宋元学案》卷七三《丽泽诸儒学案》，中华书局，1986，第 2448 页。

显然这是叶适借墓志书写表达自己的学术思想，而且这种思想的阐述还有强烈的永嘉学本位的意识：

> 初，子复能胜冠，东南之学起。昔之宿闻腐见皆已遯散剥剥，奇论新说忽焉交列横布。士之研聪涤明，澄气养质，精意所获，自为深微，奚翅家尧、舜而身孔、颜也哉！其一时师友盛矣，而子复又最先周旋其间，其闻之早矣。[1]

叶适出身寒士家庭，少年时代还不断地在温州境内举家迁徙。母亲出自破落富室，这可能帮助叶适有机会与当地很多富室交往，但丝毫没有改变叶适寒士的身份。叶适的妻子来自温州最新一代的业儒移民家庭，虽然祖上显赫，但到叶适时仅能维持士人的体面而已。无论家世、经济、血缘还是地缘，叶适在温州有广泛的社会关系，却没有稳固的社会根基，因此也没有强烈的地域认同。但是，另一方面，叶适晚年长期在温州讲学、著述，在学术思想中具有强烈的学派色彩，为此他积极构建永嘉学的谱系，热烈表彰与理学相互竞争的"东南之学"（浙东学派）。但叶适赋予学术思想以地域色彩，主要是出于学派构建、学术竞争的需要，并非通过学术构建地方意识，学术思想的"在地化""地方化"的概念对于叶适而言应该是不适用的。

六　从墓志书写理解宋代地方士人社会

墓志书写对宋代地方社会造成了重大影响，其中最突出的当然是地方士人社会的构建。不过墓志书写的社会脉络及其影响地方士人社会的过程都是复杂的，这才是需要解释的重点。

1　叶适：《彭子复墓志铭》，《叶适集》卷一五，第 273~274 页。

首先，宋代温州的墓志书写者一般是进士登第的官僚士大夫，如果不是出于名士或士大夫之手，至少是在地方上颇有名望的文士，即使科举无成，至少与官府或地方士大夫交际圈有着密切的联系。同时，具备书写资格与能力的士大夫阶层，又需要与地方社会保持密切的联系，或者出仕后有较长时期乡居经历，才有机会为地方人士撰写墓志，如果长期宦游甚至迁徙他乡，地方人士便无缘向其求铭。即便以上条件都具备，墓志书写的范围一般也局限于私人的社会关系网络范围内，虽然社会关系有时可以层层扩张，但原则上讲为陌生人撰写墓志是不合适也极少出现的。

墓志文献的传主与书写者的社会关系类型当然非常多样化，血缘、姻缘、邻居、师生、同学、同年，或者仅仅是地方知名的贤达，都可以成为墓志书写的理由。但是除了亲属以外，宋代温州墓志书写主要集中在富户与士人两个阶层，后者一般与墓志书写者存在师生、同学、同年等社会关系，传主与书写者一般属于同一个社会阶层或群体。而成为墓志传主的富户一般都有（自身或使其子弟）业儒的倾向，这里需要特别注意，转向业儒的富户虽然越来越多，但在宋代尚不具备成为普遍现象的条件，[1]崇佛、信巫、抗拒业儒的富户大有人在。

由此可以发现，宋代温州的墓志书写是科举官僚乡居并与地方士人、业儒富户建立社会关系的产物，体现了儒家文化在地方的传播。这是发生在相当复杂的社会脉络中的过程，其中充满了不确定性：

其一，墓志书写在宋代已不只是一种丧葬文书，出自士大夫之手的墓志书写属于儒家文化仪式。

其二，儒家文化依附于政治，特别是在宋代早期，相当程度上只是科举制度的副产品。

---

1 参见拙稿《科举理学化：均田制崩溃以来的君民整合》，上海辞书出版社，2008。

其三，科举制度培育的文官惯于宦游，并没有多少机会为地方人士书写墓志。

其四，就温州地方而言，最初的地方墓志书写者是北宋两种政治文化现象纠缠的结果，两个现象是熙宁变法中的太学三舍法运动以及洛学的传播，由此形成了一批有全国性交游圈的地方儒士，落实到温州就是所谓的"元丰九先生"。

其五，南宋温州地方墓志书写活动特别活跃、丰富，主要墓志书写者王十朋、陈傅良、叶适三人中，有两位是永嘉学派的代表人物。永嘉学派是南宋最重要的学术思想流派，对于地方社会而言是特殊现象，并非各地都有类似的学派与重要的思想家，这也说明墓志书写的地方差异性极大。如果发现地方性差异才是社会史研究更有价值的话题，那么温州个案是否具有普遍性就近乎伪问题，或者说其特殊性恰好体现了差异的普遍性。

其六，墓志书写的地方差异性极大，不仅是因为各地方墓志书写者的差异性，当然也与各地方社会文化形态的差异有关。就温州的情况而言，当地富户与业儒群体文化观念的落差可能比较大，但强烈的功利取向可能是两个群体共同的特点。

其七，即使在同一地方，墓志书写构建的宋代士人社会形态也可能是不稳定的，不同的墓志书写者也会表现出不同的取向，在温州就表现为周行己与许景衡关注的富户与业儒的冲突与融合，王十朋以地方势力为根基的取向，陈傅良沉湎于士大夫门第的构建，而叶适超然于地方社会关系网络之上。

第五章 墓志书写中富户业儒的临界状态

一 善治生与家多赀

地方士人阶层随着科举的兴起与儒学的传播而逐渐形成。在地方士人阶层日益成熟且成为"地方精英"之前，除了官府之外，在地方社会真正拥有权势的自然是富户。士人阶层的兴起对富户在地方上的影响力产生了深远的影响，但这种影响并不是单方面的冲击。长远来看，地方富户业儒、富户的士人化才是主要趋势。明清时期，地方社会中富户、宗族、科举、儒学等现象已经融为一体，就是这种趋势长期演化的结果。但是，既然是不同现象的相互融合，就意味着相互之间的界限始终存在，而且还经历了由分到合的复杂过程。这其中就有一些观察与理解的关键环节，包括最初的分化状态、融合的临界点以及融合失败导致的分裂。在最初的分化状态，士人对富户的冲击，富户业儒时产生的不适以及文化观念的冲突与转型，都是比较突出的现象。在宋代温州，素无业儒传统的富户向儒士求铭，儒士按儒家的理想人格为富户立传，这就使得墓志书写在相当程度上成为富户与儒士通过儒家文化相互接纳的一种仪式，或者说构成富户士人化的临界点。

　　墓志对富户的书写，首先面临财富处理方式的问题。目前所见的将近 260 篇宋代温州墓志文献中，有 18 篇明确论及传主的治生活动或者富裕多赀的情形，这就是以下讨论的富户的墓志文献。

　　财富可能是世俗社会最普遍、最热衷追逐的目标，但在墓志文献中通篇直接赞颂传主治生致富的情况非常罕见。在以事功学派而著称的宋代温州确实有个别这样的墓志文献，那就是富户胥吏家庭出身的周行己撰写的《何子平墓志铭》。这篇撰写于北宋元祐年间的墓志铭是现存年代最早的宋代温州墓志文献之一，传主永嘉人何子平是纯粹的商人，又是周行己同学何恕的父亲。碍于同学的情面，周行己无法推却作铭的请求。虽然何恕在请铭时声称"尝获私于吾子（周行己）"，但是这篇墓志铭中完全没述及何恕业儒学习的情况，并用"客有服丧者，贸贸然来"来形容何恕请铭时的情形，说明周行己与何恕并无太多交情。周行己文集中保留的十余篇墓志文献主要是为温州籍人士撰写的，为下一代"择术业儒"几乎是这批墓志文献的核心主题。然而《何子平墓志铭》没有涉及这个话题，通篇都在热情称颂何子平经商的才能。何子平的家庭自父祖辈即以经商致富，"以乎术厚其业"，何子平耳濡目染，培养了经商的天赋，"心习气染，若不学而能"。成年后举贷"行贾江湖间"，开始时并不顺利，但何子平不畏艰难，苦心经营，对"知四方物色良窳多寡，与其价之上下"进行深入调查，很快就偿清了贷款开始赢利。此后何子平更掌握了市场的规律，"乃益罗取众贾所弃，时其钝利，为之出入。人家缓急，须索百物无不有"，因此扩大了利润，

跻身富豪之列，"物直常数倍，遂致累资千万，称于大家"。周行己
指出何子平致富的经验，除了出色的经商能力之外，更重要的是正
直、诚信、勤奋以及持之以恒的品格，并将何子平与《史记·货殖
列传》中的人物相提并论。[1] 与其他墓志对富户的书写相比，《何子平
墓志铭》的书写方式可能意味着周行己不认为何子平已经实现了业
儒的转化。

在其他墓志对富户的书写中，有时候致富被描述成积德的自然
结果，比如永嘉人陈元亮（1102~1173）北方经营贸易，靖康年间一
度被金军所掳获，陈元亮灵活应对，最后竟带数千人逃脱虎口。此
后"君愈种德不倦，营产□□万"。[2] 更多情况下，治生作为敢于担
负家庭责任的表现而获得赞颂，比如寓居于永嘉城内的处州松阳人
刘仁甫（1048~1113）：

> 蚤年常有志于学，因迫于养，聚二兄而谋曰："具庆在
> 堂，甘旨不赡，奈何子职之不共乎？"遂勉二兄力穑于家，
> 且躬服贾于外，用孝养厥父母，然不欲远游，其阜通往来止
> 于永嘉。[3]

永嘉人刘安上兄弟的父亲刘弅（1048~1116）：

> 皇考莹，摄长史，雅喜儒，既进诸子于学，且老矣，谓公
> 曰："能任吾家事，俾昆弟一于学乎？"曰："惟大人命。"公警
> 颖有志度，方营其家，规抚伟然，日奔走于艰难无厌怠色。久
> 之，凡所以为生之具毕办，而区处条理，粲然可观。[4]

---

1 周行己：《何子平墓志铭》，《周行己集》卷七，第147~148页。
2 《南宋陈元亮墓志》，《温州历史文献集刊》第2辑，第41页。
3 《北宋刘孝从墓志铭》，《温州历史文献集刊》第1辑，第164页。
4 许景衡：《宣义刘公墓志铭》，《许景衡集》卷一九，第530~531页。

永嘉人王之瑜及妻毛氏（1060~1111）：

> 王氏家方多资，属舅姑相继丧世，口众费广，家财稍衰。夫人才智出诸男子右，能不爱其装具，悉货所有，佐其夫以事本业。于是闭门处约，问遗服用，不敢修饰，至衣其子，虽弊不耻。艰踬数岁，家乃少赢。[1]

永嘉人陈世庠（1154~1215）：

> 同气者三人，旧产不克周其瞻，先君拯力扶养，略无德色……理生有纪，心计力驰，夜以继日，劳而不怨。[2]

瑞安人沈藻（？~1105）：

> 父惟卿既死，族人异籍而其赀无几；母夫人杜门弗出，日冀君壮大嗣其家。而君以能谨俭力于为生，家以是足。[3]

乐清人贾如讷（1087~1129）：

> 公勉其（弟贾如规）游太学，且躬任其家事，厚资给之，务成其志……公善治家，井井有法，不务兼并，而生产日肥。[4]

乐清人张端弼（1088~1154）：

1　周行己：《王君夫人毛氏墓志铭》，《周行己集》卷七，第140~141页。
2　《南宋陈世庠及妻李氏墓志》，《温州历史文献集刊》第1辑，第171页。
3　许景衡：《沈耕道妻某氏墓志铭》，《许景衡集》卷二〇，第539页。
4　王十朋：《贾府君行状》，《王十朋全集》卷一五，第813页。

先业颇广，重以兵火，业浸微。君通材经画有条，未几生事大振，富甲乡邑。[1]

平阳人林南仲（1094~1168）：

世豪于赀，自君先公，和柔不与物竞，由是稍沦落。君有兄某，不喜家人生产作业，君方少，奋曰："吾子弟也，可不任亲之忧！不能兴起吾家若祖父时，不室矣！"料理家政，一不以累父兄。行年三十有七而娶，时家道成。君于治生理财，曾不汲汲，种桑课农，井井有条理。以故他人不足，君独有余。[2]

瑞安陶山人林克诚（生卒不详）：

公幼□怙恃，生理肃然。弱冠，励志入城，业于今之新河。甫十载，家遂肥。[3]

在其他一些墓志中，"家多赀"只是作为人物的家庭背景而介绍的，治生并非传主的主要事迹，比如永嘉人丁世元（998~1067）"其上世未有业儒为官者，家或饶资，必被役于公……是时，惟吾家曾大父赠屯田君，与丁君世元顾籍文无害，出入公私，毫忽不犯"；[4] 永嘉人陈敦化（1111~1166）"家累百金，益能增侈"；[5] 瑞安人陈绍（1103~1166）"其用度如不节，而家赀倍于畴昔"；[6] 乐清人万世延

1　王十朋：《张府君行状》，《王十朋全集》卷一五，第811页。
2　薛季宣：《林南仲墓志铭》，《薛季宣集》卷三三，第515页。
3　《南宋林克诚墓志》，《温州历史文献集刊》第1辑，第166页。
4　周行己：《丁世元墓志铭》，《周行己集》卷七，第141页。
5　薛季宣：《陈益之父行状》，《浪语集》卷三四，文渊阁《四库全书》第1159册，台北，台湾商务印书馆，1986，第560页上。
6　陈傅良：《族叔祖元继圹志》，《陈傅良先生文集》卷五〇，第623~624页。

（1096~1154）"善治生，蓄而能散，亲故有不振者，每纲纪其家"；[1]
乐清人刘愈（1095~1166）"家豪于赀"；[2] 乐清人叶士宁（1144~1210）
"百年之宅，千岁之田"；[3] 平阳人陈宗伟（1031~1103）"家多赀"。[4]

　　由此可见，在富户业儒的临界状态中，墓志对财富有三种处理
方式。一种是单纯宣扬富户的治生致富能力，这很可能意味着书写
者并不认同富户已经实现业儒转型。另一种是从承担家庭责任的角
度来描述传主的治生活动，这种书写一般出现在传主支持其他子弟
业儒的情况下，同时也将传主的治生活动纳入儒家文化"齐家"的
道德范畴中。还有一种则将"家多赀"作为家庭背景来描述，这些
墓志的传主往往担负着富户业儒转型的期望，从"治生"的负担中
解脱出来而投身举子业，即使一时不能成功。

二　为人谦厚与为人方整

　　社会舆论对于富人的评价有一些特定的标准，在某些方面比较
宽容的同时在其他方面稍显苛刻，比如一般人会认为富人享乐、生
活奢侈是正常的现象，但不能容忍富人的吝啬。宋代温州墓志文献
的话语体系中，存在着儒家理想与社会舆论两个价值评价体系。对
于那些体现了更加高级的儒家价值理念的富裕墓主，墓志文献的作
者可以投入更多道德热情，对于不符合儒家道德标准的传主，则依
据社会一般的舆论有选择地展开描述，这也是富户业儒临界点的一
种表现。

　　宋代温州评价富人的基本标准是勤于孝亲、轻财嗜义与谦厚
为人。比如《北宋刘孝从墓志铭》描述了刘仁甫并不平静的人生经

1　王十朋：《东平万府君行状》，《王十朋全集》卷一五，第 809 页。
2　薛季宣：《刘进之行状》，《薛季宣集》卷三四，第 521 页。
3　叶适：《叶君宗儒墓志铭》，《叶适集》卷一八，第 355 页。
4　许景衡：《陈府君墓志铭》，《许景衡集》卷一九，第 529 页。

历，但其人格的总结仅局限于轻财与孝亲两个方面：

> 君奋虚臂，积累成家，宜其尤靳于财矣，乃能收嫁孤遗，赒恤故旧，藉厄者有为之济惠，患难者有为之拯救，与夫不仁为富者盖有间焉。君赋性纯孝，能竭力以事其亲，言信行谨，为闾里所称重。

其实墓志中也描述了刘仁甫乐与儒生交游的情形，但显得过于矜持而不符合世俗的一般的期待：

> 每与嘉宾语，则命其子侍于侧，有善言益论，必退而召之曰："斯言可矜式矣。"每肆宾筵，必躬莅其事，故家人供办笾豆，整楚不敢苟也。由是乡闾士君子多游其门，而人以好事之名归之。[1]

世俗社会的期待是富人对长幼贵贱无差别的热情招待，"好事之名"的评价中包含着对富人疏远自己的不满，以及不合身份过度讲究礼仪的讽刺。

墓志文献中保留了一些深受世俗社会欢迎的宋代温州富人的形象。陈世庠（1154~1215）以义勇称著，"江濑有溺者，力拯出之，活数人命，仁者必有勇信矣"；更为人称道的是他"遇人谦厚"，至于"揖每叩地，少践勿问也"；他的夫人李氏也因为"事以理裁，务存大体，御婢妾以恩，劳苦寒暑，皆有惠给"而深受人们的感念，"至今人犹思之"。[2]陈敦化在孝亲、轻财与谦厚三方面都堪称典范，孝亲则"公奉母夫人，经理家政，井井有条理，夫人一食不

1　《北宋刘孝从墓志铭》，《温州历史文献集刊》第 1 辑，第 164~165 页。

2　《南宋陈世庠及妻李氏墓志》，《温州历史文献集刊》第 1 辑，第 171 页。

饴，公辄忧之见颜面。方疾，汤药非亲尝不进。遭丧，庐墓左，哀慕至老不衰"；轻财则"世以轻财嗜义，德施于乡。先德之施，伏腊之外，率用振业族党乡闾之急难，余以修治桥梁、平夷道路无留者。凶岁，人多闭籴，常发私廪平价出之，赈贷单贫，孜孜不倦"；谦厚则"公性夷旷，不立城府，与人接无纤芥，虽庞夫单妇、三尺童子，一皆词情温厚，有以慰怿其心"。[1] 陈宗伟好宾客，"家多赀，度岁费外，尽以奉宾客。善饮酒，有过门者则为之欢忻引满，穷日夜弗厌"。[2] 贾如讷也是"喜宾客，馆无虚日，雅不好饮，遇宾醉则为之极欢。敦尚礼法，遇人无厚薄必尽恭，泛爱乡党"，"乡人燕其宗，耻以贫贱者与，公曰：'是岂两姓耶？'每家宴，合疏近长幼贫富均礼"。[3] 张端弼"好宾客，坐席常满，极饮不倦杯行，健语笑，年虽及而锐气不衰"。[4] 陈绍"日以酒肉饮食人。时出嬉游，冬岁必为具燕，少长至僮仆不遗"。[5]

事实上"极饮不倦杯行，健语笑"是富户在乡村社会培养起来的豪杰习性，也是世俗舆论津津乐道的话题。不过在业儒的转型过程中，有些富户开始培养正襟危坐、不苟言笑的儒家君子形象，如刘愈"君为人方整，至诚出于天性，不妄言笑，终日危坐，凛如也。盛暑不解衣带，接物温粹，见者必肃"。[6] 林南仲"闲居冠履必整，而自奉简素，立坐未尝跂倚，对妻子无惰容，精悍至老不衰，非勉强然也"。[7] 而叶士宁家似有道家风度，他的父亲"有尘外趣，虽在田野，而散朗简远，言不及利，对之泊如也"；叶士宁则"故人邑子常候门下，行路惟闻棋声出空虚。山

1　薛季宣：《陈益之父行状》，《薛季宣集》卷三四，第 525 页。
2　许景衡：《陈府君墓志铭》，《许景衡集》卷一九，第 529 页。
3　王十朋：《贾府君行状》，《王十朋全集》卷一五，第 813 页。
4　王十朋：《张府君行状》，《王十朋全集》卷一五，第 811 页。
5　陈傅良：《族叔祖元继圹志》，《陈傅良先生文集》卷五〇，第 623~624 页。
6　薛季宣：《刘进之行状》，《薛季宣集》卷三四，第 521 页。
7　薛季宣：《林南仲墓志铭》，《薛季宣集》卷三三，第 515 页。

邀谷嬉，意到不择。每樵歌夜动，棹讴早发，水边林表，往往睹坠杯遗屦焉”。[1]

宋代温州墓志文献中描述富人"为人谦厚"，这里的"谦厚"不是指等级观念中下对上、贱对贵的恭敬或者儒家倡导的"稳重""方整"，而是指不分长幼贵贱对人亲热，是与"刻薄"相对的"厚道"，可能被儒家视为"轻薄"的"好宾客，坐席常满，极饮不倦杯行，健语笑"，正是这种"谦厚"的突出表现。[2]这种谦厚与"轻财嗜义"的富人美德密切相关，非常接近于侠义小说中所谓"仗义疏财"的品格，[3]与正襟危坐、不苟言笑的儒家君子形象恰好形成鲜明的对比。

三　析产业与睦宗族

在宋代温州社会，兄弟析产、宗族离散是当时社会条件下的常态，也正因为如此，兄弟同居、敦睦宗族才成为儒生的理想、富民的美德，在墓志文献中被反复称颂。

刘仁甫放弃学业而承担起家庭治生养亲的责任，此后还令人费解地被杨氏纳为赘婿，墓志中描写他虽然寓居于妻家，仍然尽力养亲，在双亲去世后仍"奉二兄者供献如初"。他的长兄去世后，长嫂坚决要求分析家产，甚至诉讼于官府，结果兄弟离析，墓志中称

1　叶适：《叶君宗儒墓志铭》，《叶适集》卷一八，第 355~356 页。

2　王十朋：《张府君行状》，《王十朋全集》卷一五，第 811 页。

3　《水浒传》主人公宋江就是典型的宋代富户，及时雨、呼保义两个绰号更突显其富户"谦厚"的性格。《水浒传》这样描写宋江的处世风格："平生只好结识江湖上好汉，但有人来投奔他的，若高若低，无有不纳，便留在庄上馆谷，终日追陪，并无厌倦；若要起身，尽力资助，端的是挥霍，视金似土。人问他求钱物，亦不推托，且好做方便，每每排难解纷，只是周全人性命。如常散施棺材药饵，济人贫苦，人之急，扶人之困，以此山东、河北闻名，都称他做及时雨；却把他比做天上下的及时雨一般，能救万物。曾有一首《临江仙》赞宋江好处：'起自花村刀笔吏，英灵上应天星，疏财仗义更多能。事亲行孝敬，待士有声名。济弱扶倾心慷慨，高名水月双清。及时甘雨四方称，山东呼保义，豪杰宋公明。'"

刘仁甫放弃了自己分得的产业：

> 继而长嫂听惑□言，坚欲异处，君归，与次兄以义劝释，长嫂不从，辄言于公，有司论法，析业为三，分既定矣，次兄激切谓君曰："嫂谋不义，吾失手足力，汝其念我耶？"君恻其言曰："吾栖身妇舍，其家薄产，犹足糊口，且吾经营自力，可赡家用。今所分业愿悉以逊于兄，秋毫无取焉。"[1]

无论从寡妇的个人利益还是宋代的律法制度而言，刘仁甫的长嫂都有充分理由要求析产，而从儒家礼法的角度讲，被招为赘婿的刘仁甫要求兄弟（寡嫂）不析产甚至有些荒诞的色彩。墓志文献记述的刘仁甫的经历，揭示了兄弟析产的现实与宗族同居的理想之间的距离，也为理解墓志中析产业与睦宗族的情形提供了确实的社会背景。

另外有 8 篇墓志文献称颂了宋代温州富人兄弟同居或和睦宗族的事迹。薛季宣在墓志文献中特别在意兄弟关系，在两篇墓志文献中记载了兄弟同居共财的事迹，陈敦化"兄弟相友"，即使头发花白也没有析产分居，"及见二毛不忍析异"；[2] 又记载刘愈家中"其先世友爱，至君兄弟益雍睦，三世同居，无一言之间。君问不及生计，弟某亦任之不疑，视兄弟子若己子然，皆终始如一日"。[3] 作为儒家文化中兄弟伦理的典范，兄弟同居共财乃至形成累世同居家庭历来受到朝廷与史家的重视，这种现象在历代各地均有出现。但这种家庭形态完全依赖于兄弟间的情感，比如王十朋记载贾如讷"公素友爱兄弟，异居非其志，当析财，命宗人区处，未尝顾视，务推逊以化偷俗，季感其德，复义聚至今"。[4] 这种仅仅依赖于情感而可

1　《北宋刘孝从墓志铭》，《温州历史文献集刊》第 1 辑，第 164 页。
2　薛季宣：《陈益之父行状》，《薛季宣集》卷三四，第 525 页。
3　薛季宣：《刘进之行状》，《薛季宣集》卷三四，第 521 页。
4　王十朋：《贾府君行状》，《王十朋全集》卷一五，第 813 页。

能有损于财产的家庭形态并不稳定，在宋代温州社会更是一种特例。与兄弟或累世同居相比，兄弟析产后家庭间的相互照顾是更常见兄弟友悌的表现，比如薛季宣记载林南仲对没有家室的兄长的照顾，"兄无室家，君事之犹父也"，对祖父的奉养，"祖居华敞，君始筑室其西，便温清"，以及兄弟析产时对财产的推让，"先公即世，君推故第与其季，无靳色"。[1]

至于富人和睦宗族的事迹，主要体现为赈济宗族，但相关记载显示宋代温州的宗族中尚未出现族产、祠堂或者其他宗族组织的形态，宗族观念体现为宗族内部小家庭之间的照料。陈傅良记载他的族叔祖陈绍"里中有故，或众不能合，族中有故，或独不能支，必须府君至而后集"，[2]无论是宗族内部还是乡里之间，发生事故必须依赖陈绍个人的召集才能共同协商解决。这既说明像陈绍这样的富户在宗族、乡里之中扮演着领袖的角色，也说明当时的宗族或乡里尚未出现稳定的组织形式，宗族或乡里的团结有赖于富户个人的行动。而王十朋记载乐清富人张端弼"雅重义概，耻为俗子富，务周旋宗族，亲旧有以窘告，济之无难色"，[3]这里所谓的"俗子富"明确提示了当时温州社会中富人对宗族的冷漠态度，以及富人个人在"周旋宗族"中发挥的作用。因为赈济宗族的行为有赖富户个人的情感与价值取向，比如王十朋记载贾如讷"敦宗好施"：

> 其敦宗好施盖天性也。乡人燕其宗，耻以贫贱者与，公曰："是岂两姓耶？"每家宴，合疏近长幼贫富均礼。舅氏家不振，悉力赡之，岁时登其门，省事如父母，去必感泣。舅卒，厚礼以葬。公素友爱兄弟，异居非其志，当析财，命宗人区处，未

---

1 薛季宣：《林南仲墓志铭》，《薛季宣集》卷三三，第515页。
2 陈傅良：《族叔祖元继圹志》，《陈傅良先生文集》卷五〇，第623~624页。
3 王十朋：《张府君行状》，《王十朋全集》卷一五，第811页。

尝顾视，务推逊以化偷俗，季感其德，复义聚至今。[1]

在"敦宗好施"这个段落中，将赈济舅氏的事迹放在家宴与兄弟义聚的中间，显示在当时温州的社会观念中，所谓敦宗的实质是富人赈济贫困的亲戚，并没有对宗法关系作严格的定义。那些抱有儒家伦理观念而不满于宗族离散现状的人士也清醒地意识到，个人致富是团结宗族的实现途径，比如许景衡记载刘弢：

> 常叹世俗族众则异居，异居则恩意日薄，顾弟侄孙子繁衍，乃益广室庐、殖田畴为持久计，而涵容爱拊，上下辑睦，四十年间如一日，人皆以为难而公处之裕如也。[2]

宋代也有温州富人试图为宗族和睦提供稳定的经济基础，比如乐清人万世延不遗余力地赈济族人：

> 性宽博，与物无忤，尤善宗族，每先其急难。遇长幼慈爱均壹，无纤芥嫌隙，族众多间有违言，君周旋其间，开释以理，众皆愧服，协比如初。由是阖族内外咸钦而爱之，称为长者。亲故有不振者，每纲纪其家。其弟子有美质，困不能自业，给饮食师资费以教之。处女贫无以归，躬为择配，查而遣者凡数人。

万世延意识过度依赖于个人努力无法实现宗族的长久和睦，因此决定分割一部分田产作为赈济贫困亲戚的储备：

1　王十朋：《贾府君行状》，《王十朋全集》卷一五，第813页。
2　许景衡：《宣义刘公墓志铭》，《许景衡集》卷一九，第530~531页。

> 君仁而好施，志于济众者未艾也，尝割膏腴三十亩，储其
> 入以济亲戚之贫者。死之岁，语诸子曰："吾为是恨未广，自是
> 而后，宜资其人，岁一易之，庶几悉周。"且枚举其所当与者。[1]

万世延"割膏腴三十亩，储其入以济亲戚之贫者"，是目前所见宋代温州富户赈济宗族、亲戚的最高级形式，但这种专项长期用于赈济宗族的财产仍然属于小家庭的财产。以上这些案例说明，宗族观念在宋代温州社会影响深远，赈济与和睦宗族已经成为一部分富户强烈的愿望，但是赈济与和睦宗族的行为主要表现为小家庭之间的贫富互济，而且贫富互济的行为并不局限于宗族内部。总之墓志文献显示，虽然和睦宗族成为一种流行的观念，但为宗族组织提供经济基础的族产或作为产业共同体的宗法组织在宋代温州尚未出现。和睦宗族很大程度上是富户的自发行为，并非接受儒家文化的结果，但儒家文化对此非常认同，甚至成为儒士接纳富户的重要依据，或者说是两者融合的重要社会基础。

四　嗜释氏与尚礼法

到北宋中期，已经有一些儒生对温州倾力奉佛的风俗表达强烈不满，许景衡是排斥佛教而极力要求复兴儒家礼法的典型代表，他为温州人撰写的墓志文献反复彰显这一主题。比如在《章延仲墓志铭》中特别强调祖母杨氏丧礼中儒家礼法与佛教风俗的冲突：

> 延仲持丧如礼。里俗顷资奉老佛，俾诵其书祈福死者。延
> 仲以为，谨身节用，养生葬死，吾圣人所以教人者，独不率而
> 行之乎。乃集同志读《孝经》，曰："愿以是为乡闾劝也。"比举

---

[1]　王十朋：《东平万府君行状》，《王十朋全集》卷一五，第809页。

葬，江上半渡，风涛暴甚，延仲伏柩而哭，曰："罪逆应死，顾
吾亲独何辜？天地神明忍至是乎？"俄顷风息而济，议者以为
延仲孝感云。[1]

在《丁昌期妻蒋氏墓志铭》的描述中，排佛复礼似乎是蒋氏及
其家庭一生的事业：

> 自周后丧祭礼废，学士、大夫概仍俗，漫弗省非是，先
> 生父子独革去，纯用古法式，闻者多窃笑，而夫人率行之无难
> 色。温人惑浮屠说，诸子常从容道其必不然者，夫人颔可之，
> 诚诸妇毋违夫子令。岁时宗戚趋寺庙以嬉，或请夫人。夫人曰：
> "彼岂我属游止处耶？"不喜祈禳禁忌，曰："死生、祸福，天
> 也。"自少至老，其言多类此。[2]

《陈府君墓志铭》的传主陈宗伟是许景衡学生陈经德的祖父，
平阳陈氏也是转而业儒的本地富户。许景衡与陈宗伟并无交往，根
据陈经德的描述而对陈宗伟产生了"能自拔于流俗"的印象，并因
此接受撰铭文的请求。墓志中直接引述的这段陈经德对其祖父的描
述，其中排佛的部分或许也有投许景衡所好的嫌疑：

> 惟陈氏世为温人，吾大父生而挺特，尚气节，不事细谨，
> 遇人洞然无疑碍，虽犯之弗校。久之，皆曰："陈丈人长者，不
> 可欺也。"家多赀，度岁费外，尽以奉宾客。善饮酒，有过门
> 者则为之欢忻引满，穷日夜弗厌。邑之俗喜佛，豪民多弟侄，
> 则畀于浮屠以并其所有，大父深疾之，每以为宗戚戒，故于今

1　许景衡：《章延仲墓志铭》，《许景衡集》卷一九，第 532 页。
2　许景衡：《丁昌期妻蒋氏墓志铭》，《许景衡集》卷二〇，第 540 页。

凡陈氏子弟皆儒学，无一人趋异者，吾大父之教也。[1]

　　然而，即便是许景衡也不得不为奉佛的富户撰写墓志，如《沈君墓志铭》的传主沈藻是许景衡母亲的"外弟"，沈藻"喜浮屠法，读其书所谓《大藏》者凡再过，又撷其可为劝戒者，手抄以示人"。[2] 其他宋代温州墓志文献中富人奉佛的描写比比皆是，几乎没有富人排佛的案例。比如刘仁甫得了肺喘病，他的妻子万氏"素崇信三宝，遂□洁斋，□晨夕祈祷，广作善缘，凡费金□百万，唯知专救其夫，不恤所费之多，后刘公果保其生，人咸谓夫人精诚之□也"；[3] 陈元亮致富后，"晚年嗜释氏书，颇通大义，每见亲识，必以生□涅槃不二之法为劝诫。家藏《唐肃宗十问》《忠国师法语》并《大珠禅师入道论》《琪和尚注证道□》，悉重刊施用，广诱人，其合佛所谓'以发施者'类此，人皆以是多之"；[4] 十年致富的瑞安人林克诚"好释氏学"；[5] 陈世庠的妻子李氏"时偕先君诵行法经及诸佛典，如出一口，笃意义方"；[6] 刘愈"四十弃场屋，游志于浮图氏学，号无相居士……晚喜读西方书，不爱金钱，佐营塔庙，谓修福田利益"。[7]

　　王十朋墓志文献中对富人奉佛的描写又有一些特色，一般仅记载传主在财物上施舍佛门，但不强调传主信奉佛教，如万世延"缁素叩门，随所谒而获者叵计"；[8] 贾如讷"又捐百亩饭僧徒之往来者"；[9] 张端弼"以亲志好佛，二弟俱从空门学。为饭万僧，开义井以侑善

1　许景衡：《陈府君墓志铭》，《许景衡集》卷一九，第 529 页。

2　许景衡：《沈君墓志铭》，《许景衡集》卷二〇，第 538 页。

3　《北宋刘孝从墓志铭》，《温州历史文献集刊》第 1 辑，第 164 页。

4　《南宋陈元亮墓志》，《温州历史文献集刊》第 2 辑，第 41 页。

5　《南宋林克诚墓志》，《温州历史文献集刊》第 1 辑，第 166 页。

6　《南宋陈世庠及妻李氏墓志》，《温州历史文献集刊》第 1 辑，第 171 页。

7　薛季宣：《刘进之行状》，《薛季宣集》卷一四，第 521 页。

8　王十朋：《东平万府君行状》，《王十朋全集》卷一五，第 809 页。

9　王十朋：《贾府君行状》，《王十朋全集》卷一五，第 813 页。

云"。[1] 在王十朋的描述中，儒家礼法与亲近佛教也并无冲突，比如贾如讷"执丧如礼"，这并不妨碍他"喜与释子游谈无生之理，务忘身世"。[2]

总体而言，崇佛是宋代温州富户精神生活的基本内容，除非在科举上获得重大成功，如王十朋考中状元，否则即使转向业儒也不会轻易放弃。宋代的士人阶层一般也深受佛教影响，极端的排佛思想可能只是一种特定的儒学表述，未必是士人精神世界的整体面貌，在现实生活中更不可能极端排佛。在富户业儒的临界状态中，佛教甚至是富户与儒士精神世界中最具重叠性的部分。

五　刘愈：富户士人化的宋代案例

绍兴三十二年（1162），叶适随父自瑞安迁居永嘉，第二年在永嘉城南茶院寺学塾受教于陈傅良，这时期他曾问学于楠溪刘愈（字进之），并与其子刘士偲（字子怡）成为学友。薛季宣的《刘进之行状》其实是代叶适而作，叶适的《刘子怡墓志铭》也主要记录刘愈的事迹。

刘愈可能是南宋温州最杰出的富豪，除了具备轻财乐施、友爱兄弟、信奉佛教、遣子业儒等温州富户的典型特征之外，其出类拔萃之处在于他有足够的能力团结地方民众抵御各种灾难，并在这个过程中多次与官府交涉、为民请命，引起朝廷的瞩目，得到官府的尊崇。

刘愈出生于绍圣二年（1095），早年业儒，"笃志于学。试郡三舍，屡入优等荐，丁艰棘，不克荐"，四十岁以后就放弃科举，陶醉于佛学，而自号"无相居士"。行状中称刘愈"家豪于赀，未尝

1　王十朋：《张府君行状》，《王十朋全集》卷一五，第 811 页。
2　王十朋：《贾府君行状》，《王十朋全集》卷一五，第 813 页。

以讼至官府"，但刘愈一生为地方利益多次与地方官府或朝廷交涉。

最早是宣和三年（1121）方腊起兵时，"妖人吕师囊趣和之，返黄岩，陷乐清，犯楠溪，抵菰田，管界巡检陈莘以郡兵三百人拒之，居人慌恐，多逃去"，当时刘愈尚未放弃科举，奋起讨伐，"君始壮岁，奋不顾曰：'寇至则吾乡无噍类，忍相随为身地邪！'因自赞从讨贼"，于是出现了地方武装与官军共同讨伐吕师囊军的局面。然而当刘愈向巡检陈莘建议"贼营凭据岩险，官兵素不习，利诱致平地，乃可击耳"的建议遭到拒绝之后，刘愈没有参加官军率领的进攻，结果"官军半渡溪，贼决积水灌而下，官军大败"，陈莘与地方豪杰李徽兄弟均遇难。事后朝廷没有表彰、抚恤李徽兄弟，刘愈对官府忽略地方豪杰在地方动乱中的作用非常不满，为李徽兄弟立传"以表见于世"。[1]

温州江心屿龙判、兴庆二峰之巅有东西两塔，"其西建于后唐之末，其东建于我宋天圣间"，宣和年间方腊之乱中，两塔"顷因兵火，与院俱烬，惟故址存"。绍兴八年（1138），已经放弃科举、转而信奉佛教的刘愈与僧人净宣瞻仰宝塔，刘愈因"悯其颓废"，发起重建，"因率同志各捐己财而为之倡，鸠工修建，其西则加棉栱楹槛，盖砌而丹腹焉。以其旧筑耸固，无事改造也。其东则撤而筑之，凡形制严饰，悉与西塔等"，而刘愈的捐资应该占"资用之丰，无虑二万缗"中的大部分。绍兴十一年，两塔落成，全城内外举行盛大佛事，刘愈为之撰写记文，并作偈称："若今有人，能生谛性，应当来世，住胜善地，获胜妙果，一切天人，悉皆敬仰！"[2]

此后，刘愈三次领导了地方的救灾运动。第一次是绍兴二十年（1150）因旱饥荒，刘愈"博谋赈赡之"，除了"其家山樵采不禁，恣民伐薪鬻之以自给。择地不毛、道险巇副田君，买庸锄治"

1　薛季宣：《刘进之行状》，《薛季宣集》卷三四，第521页。
2　刘愈：《东西塔记》，释元奇：《江心志》卷七，《四库全书存目丛书》史部第245册，第4~5页。

之外，他还发起向州衙直接请贷救灾。可能当时知州缺职，刘愈通过州教授会见州将，州将担心民众无力还贷而感到为难，刘愈立即以家中田产砧基簿作为抵押，从州府获贷得三百斛米向贫困民户发放，"贫者咸赖以活"，到了秋天刘愈"独不收前贷，代出私廪还官"。[1]

绍兴二十四年（1154）再次发生饥荒，饥民盗劫成寇，"奸人谲起，托借粮为辞，警劫乡疃，稠树村党最悍，水陆为不通"，州府派遣县尉镇压，县尉畏惧，计划用组织乡兵"讨捕"。刘愈认为此举必将激化矛盾，酿成动乱，因此坚决阻止，并主动请战开说饥民首领，"单马至渡潭酒坊，呼酋首二三人命坐，谕以祸福，皆幡然感动，即日罢归，它党亦闻风而定"。绍兴二十五年，张九成知温州，也加入了为民请命的行列，罢科市柑实，蠲免酷禁以便民众丧葬，又"遗书大农"力诋"不恤州邑丰约，例遣隶属诛责军粮"之弊。绍兴二十七年，张九成又寻访孝贤，褒奖刘愈并延请其出任州学正。[2]

绍兴三十二年至隆兴元年（1162~1163），温州连续遭遇风灾，隆兴二年又有大旱，"不雨者三月，大无麦苗，农田不复播种"，饥荒比绍兴二十年更为严重，"方仍岁困飓风，因之以饥疫，贫民挑蕨根舂篒充腹，或尽室胀死去，而操觚以乞者载路"，偏偏这时"守倅俱阙"，刘愈向州府求救无门，便直接向朝廷投匦上书，请发常平仓米赈灾，又请温州籍官员张阐协助，投书终于报奏皇帝，宋孝宗"恻然听许，无一不如所乞"。在新任知州袁孚、司户参军刘朔的主持下，刘愈与乡人徐谠奋力赈灾，于是"生者得食，病者得药，死者得藏，孩提之委弃者得以长养，君之居里亦缘君得官米以给，全活无虑千万计"。叶适后来总结这三次赈灾，"是三大

---

1 薛季宣：《刘进之行状》，《薛季宣集》卷三四，第521页。

2 张槷：《横浦先生家传》，张九成：《横浦先生文集》卷首，北京图书馆出版社，2004年影印宋刻本，第12页。

饥，长老所记，号为厄运，而楠溪之人能团聚生活，不殚残于饿赢者，君力也"。[1]

除了自然灾难之外，由于宋金长期开战，官府与朝廷不但疏于赈灾，反而为筹军费对地方横征暴敛，至绍兴十九年（1149）温州的盐课已经增至每年七十四万八千五百斤，地方官府无力筹措，便向民众摊派，结果"寸产之家无免者，按月征敛，吏缘为奸，类略豪强而增敷，细民系缧于官无虚日，轻为破家者不可计"。于是刘愈在领导三次赈灾的同时，也发起了一场旷日持久的请愿减赋运动。刘愈开始派遣其子刘士直与乡人王大充向朝廷相关机构投诉，"得免增敷数万斤"。但刘愈仍不满足，再次派遣其子与外甥卢纬直接向户部请愿，要求减免一半之额，结果"时司邦计者聚敛方急，甥、子久客，困沮而归，君又遣之"，这样的请愿持续六年之久，刘愈耗费家产"钜亿计"，"沮挠非一，君嶷然无倦"，最后在温州籍官员何溥的大力支持下，终于获准"减年额二十五万二百斤，尽罢下户科抑，而上户所出亦轻"。

无论是在平乱、赈灾还是减免税赋运动中，刘愈与官府、朝廷多次交涉，无不扮演了地方利益代表的角色。不过在宋孝宗下诏书求直言时，刘愈又上《守方略要》与《内治详览》，分别讨论边防与内政大计。[2]

如果富户子弟科举成功，那么他的身份就实现了转换，就成了通常意义上的"地方士绅"。但在明清科举制度变革之前，这样的"地方士绅"阶层其实很难成形。[3]而刘愈的成功表现了富户业儒的另一种模式。他曾经投身举子业，但没有实现身份的转换，这里重要的不是科举失利，而是他不但维持着富户的财势，更保留了富户的行为模式与文化观念，崇佛、散财、"为人谦厚"。正是

1　叶适：《刘子怡墓志铭》，《叶适集》卷一七，第 332 页。

2　薛季宣：《刘进之行状》，《薛季宣集》卷三四，第 521 页。

3　参见拙稿《科举理学化：均田制崩溃以来的君民整合》。

以富户的身份，与士大夫密切交往，并做了很多士大夫乃至官府
该做而做不到的事，赢得了士大夫阶层的广泛认同。因此刘愈的
富户士人化道路不是转化，而是提升，是富户在士大夫政治环境
中对自身身份地位的维护与奋争。而且他的努力并不只是偶然的
特例，也代表着一种潜在的政治文化形态，至少在为其撰写墓志
文献的叶适的政治思想体系中，赋予富户更多地方自治的权力是
一个重要的论点。[1]

1　也可以认为叶适正是依据刘愈为代表的温州富民的社会形态提出了他的富民论。参见张家成
　　《析叶适的富民论》，《华东师范大学学报》2002 年第 1 期。

第六章　明代方志书写与宋元地方祠庙体系的复原

一　复原的可能性及分析的局限性

近数十年来，中国民间信仰研究主要是由海外学者推动，并形成了几方面的核心议题，包括以商业化为关注焦点的神明演变问题，以赐额、淫祠为核心的民间信仰与国家统治关系（神明标准化）问题，以祠庙为中心的民间社会关系网络问题，以及民间信仰观念的类型化问题。[1] 西方学者在这些领域的研究主要依赖田野调查而完成，但试图追溯这

1　代表性的作品，如万志英《财富的法术——江南社会史上的五通神》，华琛《神明的标准化——华南沿海天后的推广，960~1960 年》，德格洛珀《鹿港的宗教和仪式》，武雅士《神、鬼和祖先》等，分别参考刘永华主编《中国社会文化史读本》，北京大学出版社，2011；〔美〕武雅士（Arthur P.Wolf）《中国社会中的宗教与仪式》，彭泽安、邵铁峰译，江苏人民出版社，2014。

些问题在唐宋时期的源头时，又不得不主要依赖包括碑刻在内的文献材料。唐宋时期的相关研究同样获得了丰富的成果，并且在某些问题上达成了基本共识，比如宋代并没有明朝那样严厉的"淫祠"观念，民间奉祀的神明如不涉及刑律一般不会遭到朝廷的打击，民间广泛认为灵验的神明都有可能获得朝廷的封赐，朝廷与民间在某种程度上甚至共享同一套神明观念。[1] 然而，今天的田野调查难以直接呈现明清以前民间信仰的状况，依赖文献记载一般仅能粗略了解明清神明演化的源头以及朝廷封赐或打击的祠庙情况。这就意味着，一方面由于朝廷对民间信仰相当宽容甚至认同的态度，宋元时期地方神明的样貌可能远比明清时期更加丰富多彩和自由活泼；另一方面由于材料与田野的局限，今天试图还原宋元时期祠庙整体面貌变得尤为困难。本文试图通过明弘治时期《温州府志》中永嘉、瑞安两县祠庙部分的记载，来讨论明代方志在多大程度上还可能复原宋元时期地方祠庙社会的整体面貌——这既是社会史的问题，同时也是文本分析的问题。

1　参见蒋竹山《宋至清代的国家与祠神信仰研究的回顾与讨论》，《新史学》1997 年第 2 期，第 187~219 页；程民生《论宋代的神祠宗教》，《世界宗教研究》1992 年第 2 期；沈宗宪《宋代民间祠祀与政府政策》，《大陆杂志》1995 年第 6 期；〔法〕蓝克利（Christian Lamouroux）《礼仪、空间与财政——11 世纪中国的主权重组》，《法国汉学》第 3 辑，清华大学出版社，1998；颜章炮《晚唐至宋福建地区的造神高潮》，《世界宗教研究》1998 年第 3 期；郑振满、陈春声主编《民间信仰与社会空间》，福建人民出版社，2003；刘黎明《论宋代民间淫祠》，《四川大学学报》2004 年第 5 期；雷闻《唐宋时期地方祠祀政策的变化——兼论"祀典"与"淫祠"概念的落实》，《唐研究》第 11 卷，北京大学出版社，2005；高致华《探寻民间诸神与信仰文化》，黄山书社，2006；皮庆生《宋代民众祠神信仰研究》，上海古籍出版社，2008；杨俊峰《唐宋之间的国家与祠祀——兼论祠祀的"中心化"》，博士学位论文，台湾大学，2009；贺喜《亦神亦祖——粤西南信仰构建的社会史》，三联书店，2011；小岛毅「正祠と淫祠——福建の地方志における記述と論理」『東洋文化研究所紀要』1991 年 2 月；金井德幸「南宋の祠廟と賜額について——釈文・と劉克庄の視点——」『宋代の知識人：思想・制度・地域社会』汲古書院，1993 年；松本浩一「中国村落における祠廟とその変遷——中国の祠廟に関する研究動向と問題点 -1-」『社会文化史学』第 31 号，1993 年；須江隆「唐宋期における祠廟の廟額・封号の下賜について」『中国：社会と文化』第 9 号，1994 年；水越知「宋代社會と祠廟信仰の展開：地域核としての祠廟の出現」『東洋史研究』2002 年第 4 号。

在宋元方志至今仍有 40 余种留存的情况下，试图用明代方志来讨论宋元时期祠庙问题显得十分冒险。况且美国学者韩森（Valerie Hansen）的论著《变迁之神——南宋时期的民间信仰》已以南宋时期《嘉泰吴兴志》为基础，结合以《夷坚志》为代表的宋代文献及明清方志、金石志，尝试复原宋代湖州的祠庙体系。韩森复原工作的目的似乎局限于区分传统神祇与平民神祇以说明某些区域商业发展的趋势。然而一方面分析的具体案例数量过少，分类标准也并不明确，相关讨论不但值得质疑而且已经被作者自己否定；另一方面除了传统与平民两种神祇类型以外，作者未对其他儒教、佛教、道教、一般、自然、区域性等各种神祇类型展开分析，以致其分类系统有点不知所谓。即使不考虑韩森神祇分类体系的得失，湖州包括城区共 7 县，经韩森补充其他材料仅得祠庙 94 种，平均每县 13 种，数量本身也不足以支撑类型分析。[1] 今人编辑的《宋元方志丛刊》所收方志对祠庙的记录详略不一，有的付之阙如，有的一州一县所载祠庙寥寥无几。在有祠庙记录的约 30 种方志中，以台州《嘉定赤城志》收录 5 县 104 种祠庙为最多，平均每县也仅约 20 种。相比之下，《弘治温州府志》（简称《弘治府志》）所载祠庙凡 170 种，其中宋代 4 县 162 种，包括永嘉县 65 种，瑞安县 42 种，乐清县 20 种，平阳县 35 种。永嘉、瑞安两县所载祠庙不仅数量众多，而且相当部分有说明文字，为类型分析提供了数量优势与文献基础。

　　《弘治府志》祠庙部分的序言进一步显示出了复原宋元祠庙体系的可能性。序言开宗明义区分正祀、淫祠的对立，鲜明地表达了明代特色的祠庙观念：

　　　　　神祠几遍于境中，有合祀典者，有庋祀典者。合祀而祀

---

1 〔美〕韩森（Valerie Hansen）：《变迁之神——南宋时期的民间信仰》，包伟民译，浙江人民出版社，1999。

之，所以崇德报功以昭世劝也。细民蹑讹袭诞，沿流徇俗，祀
其所不当祀。而原其积虑，惟以侥福蠲患而已。夫通明正直，
神之所以为神也。使计祀否而异其祸福之施，已失其所以为神
者矣。

然而由于温州地方"淫祠"风俗异常顽固，明代官府与民间围
绕祠庙置毁产生激烈冲突：

> 而滔滔弗悟，岂乐鬼信巫，瓯之为俗固然哉，是亦学之
> 不讲也。近世良有司，怀狄仁杰、胡颖之志，间斥其淫祠而
> 毁之，毁之诚是也。而民锢惑于祸福之说，且将为瞻拜游憩之
> 所，伺其隙而复新焉，则又劳民而伤财矣，为政者奈之何哉！

在这种情况下，一方面宋元时期某些重要祠庙在明代被改造得
面目全非，另一方面《弘治府志》的编者根据明代的祠庙观念，以
先祠后庙及神明的政治地位为标准对祠庙重新排序，宋元时期重要
祠庙在府志中被严重边缘化。但即便如此，或许是出于某种"存
史"的观念，编者仍然试图尽量保留旧祠庙的信息："今因旧额而悉
存之，使人观焉问焉，知其孰为当祀、孰为不当祀也。"[1]这就使得
《弘治府志》的祠庙记录在严重扭曲宋元原貌的同时大量保留了宋元
时期的信息，为通过逐一考证尽量复原宋元祠庙全貌提供了可能性。

《弘治府志》宋元祠庙记录的复原工作又基于这样一种设定而
展开：明代形成了非常严厉的"淫祠"观念，不再可能封赐"侥福
蠲患"的"淫祠"，因此如果没有反证，这类祠庙一般都默认为形
成于明代以前。又有较多"行祠"即所谓的区域性神祇一般在宋元
时期就有相当范围的传播，这类祠庙也假定为宋元祠庙。依据这个

---

1 《弘治温州府志》卷一六，第415页。

判断，永嘉县 65 种祠庙中，明确记载明代新建的有文丞相祠（祀文天祥）、乡贤祠（祀王开祖以下 29 人）、名宦祠（祀王羲之以下 21 人）、章恭毅公祠（祀明人章纶）、节妇祠 5 种；瑞安县 42 种祠庙中，明代新建的有忠贞祠（祀明人卓敬）与止斋祠（祀宋人陈傅良）2 种，推测是入明以后出现的有宗祠性质的忠烈武义庙（祀叶一源）[1]与吴谏议庙（祀吴畦）2 种，[2] 其余永嘉县 60 种、瑞安县 38 种可能均在明代以前已经出现，这可能也是目前所知可以复原的规模最大的宋元县级祠庙体系。

祠庙是民间社会组织的基本形式之一，通过复原可以发现，宋元时期瑞安、永嘉两地的祠庙比明清时代更为丰富多彩，从这种意义上讲，郑振满提出的地方社会组织重心由佛寺经宗族到神庙的趋势或许值得稍做修正。[3] 三种社会组织形态应该是在长期共存的前提下此消彼长而非相互取代，自宋元到明清祠庙社会演变的主要特点或许不是逐渐兴起、不断发展，而是在经历了兴盛之后受官府的压力而不断调整却仍然延绵不绝的过程。

在尽量复原宋元祠庙的基础上，以什么标准对这些祠庙进行分类，是极易引起争议的话题。其实任何时代祠庙体系都不会有绝对的分类标准，本文主要讨论各类祠庙背后的社会力量，当然会从这个角度进行分类，由此形成的分类标准很大程度上是通过"想象"的相似性而获得的。相信这样做并无不妥——如果相信"我们可以推测所有这些逻辑观念都具有逻辑之外的起源"的话。[4]

1　参见《弘治温州府志》卷一六，第 422 页；嵇曾筠《雍正浙江通志》卷二二五，文渊阁《四库全书》第 525 册，台北，台湾商务印书馆，1986，第 164 页上；《万历温州府志》卷一二，第 1 页。

2　参见《弘治温州府志》卷一六，第 421 页；《万历温州府志》卷一一，第 26 页；王谠《唐语林》卷三，中华书局，1987，第 283 页。

3　参见郑振满《莆田平原的宗族与宗教——福建兴化府历代碑铭解析》，《历史人类学学刊》2006 年第 1 期。

4　参见〔法〕爱弥尔·涂尔干（Emile Durkheim）、马塞尔·莫斯 (Marcel Mauss)《原始分类》，汲喆译，上海人民出版社，2000，第 8 页。

二 瑞安县的宋元祠庙体系

《弘治府志》所载永嘉、瑞安两县祠庙一般都注明地点，就祠庙的城乡分布而言，宋元温州永嘉与瑞安两县的祠庙就呈现为两种不同的类型。永嘉县 60 种祠庙，40 种在城区，仅 20 种在乡村；瑞安县 38 种祠庙，29 种在乡村，9 种在城区（其中 5 种为行祠）。永嘉县乡村祠庙如此之少可能是因为文献失载而非实际情况，但州城城内祠庙远比瑞安县发达理应是历史事实。两县祠庙的类型也有明显区别，以下先讨论代表乡村社会的瑞安县祠庙体系。除了城隍庙与 7 种情况不明的祠庙之外，依据神祇的来源与功能的某种相似性，可以将瑞安县 30 种祠庙归纳为传统神祇、自然（潭）神、移民神祇、英雄神祇、航海神、农业神等 6 种类型。

韩森的湖州个案中归为传统神祇的数量相当多，其中相当部分应该是后人伪托的古神，实际的立祠历史并没有那么久远。瑞安县真正意义上的传统神祇是东门庙和罗阳王庙两种，在宋元时期均不受重视。传说东门庙奉祀的蔡敬则是东汉末年瑞安的民间武装首领，孙吴政权平定东南之后蔡敬则解甲归田，此后又有屠虎除害一类事迹。[1]《弘治府志》记载了蔡敬则死后成神的过程，但《万历温州府志》（简称《万历府志》）及《乾隆瑞安县志》（简称《乾隆县志》）删减了这部分内容，将蔡敬则还原为历史人物，东门庙也因此演变为功德祠庙。[2]《乾隆县志》详细记载东门庙本身的演变历史：南朝梁时庙已毁，唐宋时期东门庙殿宇被奉祀五显神的灵顺行祠占据一半，明代东门庙时复时毁，直到嘉靖以后才重新为地方势力所

1　参见《弘治温州府志》卷一六，第 421 页；《万历温州府志》卷四，第 10 页。
2　参见《万历温州府志》卷一一，第 26 页。

重视，¹ 显然东门庙在唐宋时期经历了一个相当黯淡的阶段。罗阳王庙也是相当古老的祠庙，《弘治府志》引用《三国志》将其与东吴的罗阳巫神王表联系起来，² 并记载了朱熹对王表这类巫神的理解。³《弘治府志》没有记载宋元时期或以后相关的民间传说或者灵应事迹，该祠庙在宋元时期可能久已荒废，出现在明代方志中恐怕是方志编纂者文献考订的结果。

在韩森的湖州个案中，自然神已经非常罕见。但瑞安县祠庙中有一系列潭庙非常突出，包括三姑潭祠、漱玉潭庙、玉函潭庙、龙进潭庙、龙耕潭显济庙、华岩潭惠济庙、七星潭庙 7 种。⁴ 这些潭庙一般只记载庙名与地址，只有三姑潭祠因与唐代温州刺史路应产生关联而在宋代闻奏于朝廷，形成了路应三女溺亡和参契佛教两种传说，但这些传说可能是后人附会的结果。⁵ 这一类潭庙可能遍布瑞安偏僻山村各地，是山区小农经济社会普遍存在的自然神信仰。

瑞安县的黄太尉行祠、白马行祠、郭太守行祠、孚泽庙 4 种祠庙的相关传说或背景均与中唐、五代以来由福建向浙南的移民潮有关。⁶ 其中黄太尉行祠神主黄乾，传说是王审知主政福建时的福建刺史，去世后为当地民众奉祀，后来其子率家族迁徙瑞安，又在瑞安创立行祠。⁷ 又传说五代时闽国国主王审知好骑白马，后来子孙为纪念王审知而立白马祠，白马行祠应该是王氏族人迁徙到瑞安后的产物。⁸ 郭太守行祠传说是躲避黄巢战乱的福建移民所建的祠庙。孚

1 参见《乾隆瑞安县志》卷五，《中国地方志集成·浙江府县志辑》第 64 册，上海书店出版社等，1993，第 107、109 页。
2 参见《三国志》卷四七，中华书局，1964，第 1148 页。
3 参见《弘治温州府志》卷一六，第 421 页。
4 参见《弘治温州府志》卷一六，第 420、422 页。
5 参见《宋会要辑稿》礼二〇《女神祠》，第 1020 页；顾宏义译注《景德传灯录译注》卷二六，上海书店出版社，2010，第 2106 页；《弘治温州府志》卷八，第 166 页。
6 参见吴松弟《宋代东南沿海丘陵地区的经济开发》，《历史地理》1990 年第 7 期。
7 参见《弘治温州府志》卷一六，第 420 页；《乾隆瑞安县志》卷五，第 109 页。
8 参见《弘治温州府志》卷一六，第 421 页；《乾隆瑞安县志》卷五，第 110 页。

泽庙传说是中唐时福建曹氏家族迁徙至瑞安后所建的宗祠，又混杂着道教、巫神的因素。以上这些祠庙的相关传说应该都有伪托的成分，但都可以归为宋元甚至更早时期的福建移民"亦神亦祖"的家族性祠庙。

　　宋元时期瑞安县的英雄神祇主要分为两个系列。一是宣和年间（1119~1125）方腊之乱中涌现的英雄人物，瑞安知县王公济当时积极组织御寇，去世后瑞安民众为之立祠，南宋淳熙年间（1174~1189）知县刘龟从重修祠庙。[1] 李将军庙[2]与贾太尉庙[3]则奉祀方腊之乱中因御寇遇难或有功的当地平民，但也有可能是宋元时期普通的民间祠庙，在明代为避免作为淫祠毁禁而伪造了抵御方腊的事迹。二是乡村豪杰，包括兴善庙奉祀的樊氏兄弟与显应庙奉祀的陈敏。兴善庙奉祀宋代的樊氏兄弟，他们的主要事迹是斗杀蛟蛇、为民除害并因此而殉难。[4] 显应庙奉祀南宋人陈敏，他是乡间富豪，主要事迹是施舍穷困、抚恤赈灾以及捣毁淫祠。[5] 除了王公济是地方官之外，这些英雄神祇均为平民神，他们因为有恩于民众而获奉祀。这些祠庙并未获得官府的封赐，与明清时期常见的旌忠功德祠有明显的区别。

　　宋元时期瑞安县影响最大的本地民间神祇应该是三港大圣、何敏与林三益。三港大圣即发源于嘉屿乡三港惠民庙奉祀的陈氏，传说是唐时人物，主要神迹是帮助远航"南闽"的乡人返乡，以及救

1　参见《弘治温州府志》卷一六，第 421 页。陈傅良《西庙招辞并序》，《陈傅良先生文集》卷一，第 2 页。《乾隆瑞安县志》卷五，第 107 页。《万历温州府志》卷九，第 24 页；卷一二，第 5 页。《弘治八闽通志》卷六七，北京图书馆古籍出版编辑组编《北京图书馆古籍珍本丛刊》第 34 册，书目文献出版社，1988，第 33 册，第 943 页。
2　参见《弘治温州府志》卷一六，第 422 页；《乾隆瑞安县志》卷五，第 108 页。
3　参见《弘治温州府志》卷一六，第 422 页；《万历温州府志》卷四，第 11 页。
4　参见《弘治温州府志》卷一六，第 422 页。
5　参见《弘治温州府志》卷一六，第 423 页；《乾隆瑞安县志》卷五，第 108 页。

助在海上遭遇风暴的海商，[1]是典型的航海神。《乾隆县志》记载三港大圣在宋端拱（988~989）、宣和（1119~1125）、德祐（1275）及元至正年间（1341~1368）屡获封号，但民间似乎更流行其俗称的"三港大圣"名号。奉祀三港大圣的行祠惠民庙遍及瑞安的西门外岗山下、月井、九里、安禄岩、凤村、中埭，永嘉县也有惠民王庙、龟山庙。[2]就流行程度而言，列于瑞安县祠庙名单末端的惠民庙可能是宋元时期温州影响最大的本土祠庙。

此外，行祠中的天妃行祠奉祀航海神莆田神女林氏（妈祖）；[3]晏公祠奉祀江西清江县江神晏戌仔，后来也成为妈祖的从神；[4]文孝行祠奉祀南朝梁昭明太子萧统，祖庙在池州府贵池县，但在瑞安当地流传宋时渔船在海上发现"昭明太子"的故事；[5]惠应行祠的祖庙在福建邵武县，神主是隋代泉州太守欧阳祐，虽然方志中称其能够调节水旱，但传说欧阳祐溺亡而成神，在瑞安县的奉祀可能也与航海贸易有关。[6]这些行祠说明瑞安县属于整个东南沿海航海贸易与海神信仰圈的一部分。从瑞安县本土的角度讲，也可以说航海神行祠补充与丰富了瑞安当地的航海神信仰文化。

瑞安县的灵惠庙与陶尖庙均奉祀何敏。灵惠庙在清泉乡陶公

1　《弘治温州府志》卷一六，第423页；《万历温州府志》卷四，第11页；《乾隆瑞安县志》卷五，第107页；《光绪永嘉县志》卷四，《中国地方志集成·浙江府县志辑》第60册，上海书店出版社等，1993，第436页。

2　《乾隆瑞安县志》卷五，第107页。

3　《弘治温州府志》卷一六，第420页。

4　参见《弘治温州府志》卷一六，第420页；《崇祯清江县志》卷二，明崇祯刻本，第27页；王士性《广志绎》卷四，中华书局，1981，第86页；胡行简：《清江镇晏公祠庙碑》，《樗隐集》卷六，文渊阁《四库全书》第1221册，第154页上、下；蒋叔舆《无上黄箓大斋立成仪》卷五三，正统道藏本，文物出版社等，1988，第9册，第695页；徐晓望《福建民间信仰源流》，福建教育出版社，1993，第318页。

5　参见《弘治温州府志》卷一六，第420页；《宋会要辑稿》礼二〇《历代帝王名臣祠》，第999页。

6　参见《弘治温州府志》卷一六，第421页；《弘治八闽通志》卷六〇，第845页；《宋会要辑稿》礼二〇《历代帝王名臣祠》，第1005页；《宋史全文》卷一四，李之亮校点，黑龙江人民出版社，2005，第783~784页。

尖，陶公庙在城内，[1]就名称而言，后者显然是前者的行祠。何敏的主要功能是保护农耕、调节水旱。但在城内的陶公庙兼具消防功能，体现了对城市生活的适应。[2]据《乾隆县志》记载，何敏生于北宋元丰年间（1078~1085），政和年间自称受命于上帝治理当地，成神后的何敏展现过"乘黑虎"的形象，从宋宣和年间到明洪武年间（1368~1398）屡获封赐，其中宋宣和年间与德祐年间分别被封为英武将军、显佑真君灵惠侯，道教化的封号应该与宋廷崇道风气有关。

除何敏之外，瑞安县其他具有道教色彩的祠庙还有东岳行祠（祀泰山神）、玄坛行祠（祀赵元帅）、圣井祠（祀许逊）一系列道教行祠。其中东岳行祠与玄坛行祠分布于城内，应该与城隍庙一样在各地普遍存在，而许逊信仰可能是宋代以来新兴道派在东南兴起的结果。[3]奉祀张王的广惠行祠则是韩森定义的典型的"区域性神祇"，很可能由流动的官员建立。

在所有瑞安县祠庙中，坐落于城内东南隅奉祀林三益的广济庙别具时代意义。关于林三益流传着相当生动的拯救海商的故事，原本可能是像三港大圣那样的本土航海神，然而有关林三益的传说出现了地方士大夫因素：

> 广济庙。在城内东南隅。神姓［林］名三益。（吾）方在海救舶遇风潮者。后有平阳白沙海商来寻，向东郭林三上太尉致谢。由是白沙达闽境皆在之。临殁，谓邻里曰："可于许府阁上某字号笼内取团金袍皂花帽为服饰。"许右丞景衡曰："可谓

1　参见《弘治温州府志》卷一六，第 422、423 页。《乾隆瑞安县志》卷五，第 107~108 页；卷九，第 119~120 页。

2　季兰坡：《陶尖庙记》，《弘治温州府志》，第 579 页。

3　参见《弘治温州府志》卷一六，第 421 页；《乾隆瑞安县志》卷五，第 109 页；赵道一《历世真仙体道通鉴》卷二六，正统道藏本，文物出版社等，1988，第 5 册，第 248 页。

神矣。"乃倡乡士项公泽等建祠，水旱有祷辄应灵。海寇侵境，张同知禧梦神告以助灵，贼果退。李州判恺押运在海遇风，神显护得济。海商郑宁航米遇贼，呼神号，现兵，贼遁。岁旱，监州哈剌一夕祷雨应感。元末虎入市，至庙侧就擒。赵知州荣祖以其事闻。宋咸淳七年封广济侯。[1]

　　这里不但林三益的功能由救护航海变成了调节水旱，而且明确记载宋代瑞安县两位有名望的士大夫许景衡（1072~1128）与项公泽（1201~1270）造神与建祠的活动，这在瑞安县祠庙体系中绝无仅有。如果真有其事或者传说出现在宋代，则反映了宋代瑞安县新兴的士人（士大夫）阶层利用、改造与控制像林三益这样的民间神祇的企图，无论这种努力在多大程度上获得了成功。赵荣祖是元代瑞安知州，林三益被封"广济侯"当在此后，"宋咸淳七年（1271）封广济侯"恐怕是错误的追溯。而这个误载的"宋咸淳七年封广济侯"是《弘治府志》对瑞安县本土祠庙封赐情况的唯一记录，本文所引其他瑞安县本地神祇的封赐均出自后来的方志。[2]

　　除了各地普遍存在的城隍神、道教神灵行祠、农业神之外，宋元时期温州瑞安县的祠庙主要分布在乡村地区，包括反映小农经济的自然神祇（潭庙）、反映福建家族性移民活动的移民祠庙、反映以武力与财富称雄的地方势力的英雄神祇，以及海商集团的航海神。瑞安县的"区域性神祇"，除了可能由地方官带来的张王信仰，瑞安本土英雄神祇显应庙的陈敏传说曾有捣毁五通庙的壮举，或许意味着区域性神祇与本土势力的冲突。广济庙林三益的案例或许意味本土新兴科举士人阶层参与祠庙活动的某些信息。总体而言，瑞安县的祠庙体系主要属于本土的乡村世界，小农、乡豪、福建移

---

1 《弘治温州府志》卷一六，第 421 页。
2 参见《乾隆瑞安县志》卷五，第 107 页；《弘治温州府志》卷八，第 156 页。

民、海商这些身份上可能交叉的群体，构成了瑞安祠庙体系的主要社会力量。朝廷通过封赐干预或控制民间祠庙的现象在相对边缘的瑞安县并不明显，新兴科举士人阶层的参与则开始显露苗头。

三　永嘉县的宋元祠庙体系

《弘治府志》记载宋元时期永嘉县祠庙 60 种，其中 40 种在城厢，20 种在乡村。方志编纂者可能因为永嘉城内祠庙异常发达从而忽略了对乡村祠庙的记载，永嘉县的乡村地区应该也存在类似瑞安县的祠庙体系。比如永嘉乡村的航海神信仰相当发达，除了发源于瑞安的三港大圣（龟山庙）与林三益（广济庙），还有惠应庙的叶氏"尝化形在海救护商船"，[1]忠烈将军庙的林梦桂航海途中遇盗斗死后数度显灵，[2]灵护庙奉祀的唐新罗太子溺海而亡。[3]其他祠庙仅能从名称推测其大概的类型，比如山隍庙、山谷神庙、名山王庙、陆塘庙等似乎构成了一组自然神祇，而徐忠训庙以及护境王庙、库官庙、器灶庙奉祀的可能是一组平民英雄神祇。此外，灵佑行祠[4]与英显行祠[5]虽然在城内，但其祖庙在福建，所奉祀的薛芳杜和萧孔仲的形象已经士大夫化，可能是在明代经过家族改造的宋代福建移民祠庙。

除了并不属于民间祠庙体系的先贤祠，以及各地通行的城隍庙、区域性神祇、道教神祇以外，永嘉县城内其他祠庙可以分为不同时期遭遇官府干预的三个系列：其一是北宋时期开始与民间航海神并行发展的官方海神庙；其二是主要在方腊之乱中形成的平民英雄神祇，到南宋逐渐被赋予了旌忠色彩；其三是在宋代未被赋予官

1　《弘治温州府志》卷一六，第 419 页。
2　参见《弘治温州府志》卷一六，第 420 页。《万历温州府志》卷四，第 7 页。《弘治温州府志》卷八，第 143、168 页；卷一三，第 357 页。
3　参见《弘治温州府志》卷一六，第 420、425 页。
4　参见《弘治温州府志》卷一六，第 417 页；《弘治八闽通志》卷六〇，第 853 页。
5　参见《弘治温州府志》卷一六，第 417 页；《弘治八闽通志》卷五八，第 826 页。

方色彩的民间祠庙，在明代因遭遇毁淫祠运动而变得面目全非。

　　海神信仰在温州祠庙体系中最富特色，但民间海神的功能集中于保护航海（航海神），是当地海商集团的奉祀对象。永嘉县航海神的构成与瑞安县类似，除了前述分布在乡村的本地航海神庙之外，还有分布在城内的顺济行祠与晏公行祠等。在航海神之外，永嘉城内又有地方官构建的以防御风灾与潮灾为主要功能的海神庙系统，主要是海神显相庙与夏大禹王行祠两种。

　　海神显相庙位于城内海坛山，始建于唐咸通二年（861），主要功能是防御风灾。元丰年间温州通判赵𫘢撰《谒海神庙记》，曾描写温州风灾及地方官向海神祈祷的情形。[1] 元祐年间（1086~1093），知州范峒声称海神向其托梦，宣告海神乃唐代被贬死岭南的名宦李德裕，于是做新庙，上奏朝廷，此后温州海神庙多次获得朝廷封爵赐额。[2] 海神显相庙在元代因废圮迁址，[3]《弘治府志》中记载的海坛平水庙，[4] 可能是指迁址前的海神显相庙。

　　元祐年间范峒改造温州海神庙之前，知州姚克明已于雍熙年间（984~987）在海坛山创建夏大禹王行祠，功能主要是平定潮灾。大禹是古代圣王，其祖庙在会稽（浙江绍兴），是朝廷重要的祭祀对象。北宋雍熙年间由知州姚克明从会稽迎建大禹王行祠。明代叶承遇在《祀大禹王碑记》从“祭不越望”的角度对温州祭祀大禹的合理性提出了质疑，然而又强调迎建大禹祠是为了帮助温州民众捍御海灾，表达对姚克明的同情之意。《光绪永嘉县志》收录的“大禹王庙石塔”为当时迎建大禹祠所建，其残文表明姚克明的建祠仪式

1　《弘治温州府志》卷一九，第509~510页。

2　参见《弘治温州府志》卷一六，第418页；卷八，第168页；卷一九，第509页。《万历温州府志》卷四，第6页。《宋会要辑稿》礼二〇《水神祠》，第1045页；礼二一《诸神祠》，第1089页。《宋史》卷三六，第10325页。

3　《万历温州府志》卷四，第6页。

4　参见《弘治温州府志》卷一六，第420页；孙衣言《瓯海轶闻》，上海社会科学院出版社，2005，第1478页。

在浓厚的佛教氛围中完成。[1]

北宋年间温州地方官为了祈祷平定风灾、潮灾，先不顾"祭不越望"的儒家观念从绍兴迎来大禹，后又以托梦的形式将原来遗存的海神庙神主确定为唐代名相李德裕。北宋这种官府改造或者引进祠庙的做法，并不具备类似明代毁淫祠运动的性质，而是根据地方官府祈福禳灾的实际需求开辟奉祀场所。

按照明代的祠庙观念，永嘉县有七种祠庙可以归为忠烈祠。其中，由于裘甫之乱并未波及温州，龚将军庙的神主因"遭仇（裘）甫之乱，力战溺死"的忠烈事迹应该是后人伪托。忠烈庙奉祀的州学教授刘士英、学生石励等人，[2]张忠惠侯庙奉祀的张理、周承己、娄渊、潘守真、丁仲修等人，[3]徐忠训庙奉祀的徐震，[4]显应庙奉祀的张氏，[5]都是宣和年间方腊之乱中殉难或立功的地方豪杰。其中徐忠训庙与显应庙是民间祠庙，与官府或朝廷无关。张忠惠侯庙由地方官间丘鹗于宣和二年（1120）创立，神主张理直到南宋末年的德祐元年（1275）获封"忠惠侯"，距立庙时已相隔150余年。忠烈庙的立祠时间也在方腊之乱百余年后、宋元开始交战的端平年间（1234~1236）。[6]方腊之乱中形成的这些祠庙原本奉祀的是作为平民

1　参见《弘治温州府志》卷一六，第417页。《光绪永嘉县志》卷四，第402页；卷二二，第2078~2080页。

2　参见《弘治温州府志》卷一六，第417页；卷一七，第468~470页；卷一九，第532页；卷八，第143页。《万历温州府志》卷四，第5页。《宋史》卷四五二，第13300页；卷四五三，第13317页。周行己《包端睦忠孝传》，《周行己集》卷一〇，第224~225页。陆心源《宋史翼》卷三〇《忠义一》，中华书局，1991，第323页。《溪南卢氏宗谱》卷二，耶稣基督后期圣徒教会FamilySearch网站：https://familysearch.org/pal:/MM9.3.1/TH-1951-20617-37496-84?cc=1787988&wc=M9H9-T2S:127202959，影像第255页。

3　参见《弘治温州府志》卷八，第141页；卷一一，第267页；卷一六，第417页。《宋史》卷四五三，第13317页。

4　《弘治温州府志》卷一六，第418页；卷一二，第10页。

5　《弘治温州府志》卷一六，第419页；《宋史》卷四二三，第12627页；《光绪永嘉县志》卷二三，第2160~2165页。

6　参见林景熙《重建忠烈庙记》，《弘治温州府志》卷一九，第532页。

神祇的地方豪杰，只是在对外战争的特殊背景下才被朝廷列为旌忠庙。与此类似，颜鲁公祠奉祀唐代忠烈颜真卿兄弟，[1] 冯鲁公祠奉祀北宋真宗朝忠烈冯守信，[2] 两者都是宋高宗驻跸温州的特殊背景下由后人创立的。

宋元时期永嘉城内活跃着其他诸多民间祠庙，到明代均作为淫祠遭遇毁废。比如永宁桥东的永嘉王庙，乾隆府志认为可能奉祀东瓯王。其实永嘉王庙原来应该是永宁庙，明成化年间知县刘逊认为永宁庙是淫祠，遂改为奉祀颜真卿兄弟的二颜庙，永宁坊也因此改名大忠坊。[3] 忠靖圣王庙奉祀的温琼原来也属于瘟神一类，后经宋濂的改造而成为出自士族的道士。[4] 广惠庙原来奉祀"噀酒灭火"的巫神，在永嘉城内影响尤大。[5] 孚德庙原来奉祀传说武进士起家、调节水旱的巫神张铉；[6] 到了明初，宋濂以临海的平水王周清为原型，将广惠庙灭火的周爽改造成温州的平水王周凯，并将张铉拉入平水王庙作为周凯的从神。[7]

《弘治府志》记载，宋咸淳年间（1265~1274）由知州王亚

1 参见《弘治温州府志》卷一六，第416、417页；李心传《建炎以来系年要录》卷九五，第1569~1570页；郑刚中《忠义堂记》，《北山文集》卷一三，商务印书馆，1935，第172页；王圻《续文献通考》卷一一五《宗庙考》，文海出版社，1979，第7040页。

2 参见《弘治温州府志》卷一六，第417、143、269页；《宋史》卷四五〇，第13254页；王称《东都事略》卷四二，刘晓东等点校，齐鲁书社，2000，第336页；王安石《侍卫亲军步军副都指挥使勤威冯鲁公神道碑》，《王文公文集》卷八四，上海人民出版社，1974，第899页。

3 《弘治温州府志》卷一六，第418页；卷五，第87页；卷六，第106页。《光绪永嘉县志》卷四，第440页。《乾隆温州府志》卷九，第112页。《万历温州府志》卷四，第8页。《嘉靖延平府志·学校志》，《天一阁藏明代方志选刊》第39册，上海古籍书店，1961，第14页。

4 参见《弘治温州府志》卷一六，第418页；卷一九，第554页；卷六，第102页；卷一六，第425页。《乾隆温州府志》卷九，第112页。〔美〕康豹（Paul R.Katz）《道教与地方信仰——以温元帅信仰为个例》，赵昕毅译，高致华编《探寻民间诸神与信仰文化》，黄山书社，2006，第136~137页。

5 参见《弘治温州府志》卷一六，第418页；卷六，第107页；卷一九，第587页；卷一九，第559~560页。《乾隆温州府志》卷九，第112页。《万历温州府志》卷三，第28页。《光绪永嘉县志》卷三，第252、253页。孙衣言《瓯海轶闻》，第1478页。《嘉定赤城志》卷三一，第7521页。

6 参见《弘治温州府志》卷一六，第419页。

7 宋濂：《横山仁济庙记》，《弘治温州府志》卷一九，第559~560页。

夫所建、奉祀五通神的灵顺行祠原在开元寺。[1]《万历府志》的记载中灵顺行祠已消失，王亚夫所建灵顺行祠为"宣灵广平王庙"所取代。宣灵广平王庙所祀周雄原是五通神的从神，到明代为了避免被毁禁，浙江衢州的地方官李遂又将其改造成为孝子形象。[2]

显通庙,《弘治府志》记载的另一个名称是"五圣祖庙"，又称是当地佛寺的"护伽蓝神"。[3]"五圣"也是五显神的一种称号，[4]"护伽蓝神"可能是显通庙神主遭毁禁之后藏于佛寺的掩护性身份。至于兴福九圣庙，据《夷坚志》故事《九圣奇鬼》记载，该庙的巫鬼五通、九圣等在士大夫薛季宣家中作害，后被道教法师所制服，隆兴二年（1164）薛季宣又亲自捣毁兴福九圣庙，该祠庙此后可能就不复存在。[5]此外，圣应七圣庙的名称与兴福九圣庙非常类似。

综上所述，可以发现作为州治的永嘉城内出现了诸多瑞安县乡村祠庙体系所没有的现象。首先，诸如先贤祠、赵清献公祠这类儒学化的祠庙在宋代的永嘉城内已经出现。其次，地方官为了寻求祈福禳灾的合适场所，往往会引进或改造某些古代历史人物作为祠庙的神主。再次，只是在宋金战争、宋元战争的特殊背景下，朝廷或地方官府才将某些战争中遇难的平民英雄的祠庙封赐为忠烈祠庙。最后，到了明代，宋元并未获封赐的民间祠庙整体遭遇毁淫祠的命运，相当多的宋元祠庙被毁禁，或者主动、被动地接受改造。

1　参见《弘治温州府志》卷一六，第 417、427 页；卷八，第 143 页。《宋会要辑稿》礼二〇《杂神祠》，第 1071 页。《万历温州府志》卷四，第 6 页。《光绪永嘉县志》卷四，第 437 页。《雍正浙江通志》卷二一七，第 49 页。

2　参见朱海滨《江南周宣灵王信仰的发生及其演变》，《史林》2008 年第 2 期。

3　《弘治温州府志》卷一六，第 418 页。

4　参见皮庆生《宋代民众祠神信仰研究》，第 225 页。

5　《弘治温州府志》卷一六，第 419 页；洪迈:《夷坚志》丙志卷一《九圣奇鬼》，第 369 页。

四　宋元温州祠庙体系的概貌

宋代任何被认为灵验的神祇都有机会获得朝廷的封赐，这种封赐制度确实可以理解为"通过承认地方的神明把地方传统纳入了国家正统的范畴"，[1] 与明代以来"主张淫祠不予赐封"非常不同。不过温州永嘉、瑞安两县可以确证在宋代获得封赐的祠庙只有海神显相庙一种，《万历府志》记载知州范峋于元祐五年梦神并奏报朝廷，崇宁元年（1102）赐额"善济"，[2]此事《弘治府志》失载，但见载于《宋会要辑稿》。[3]《弘治府志》中有封赐记载的灵惠庙、广济庙、孚泽庙、显应庙等，或者并非重要祠庙，或者记载相当错乱，比如奉祀林三益的广济庙，知州奏报事在元代，而封侯事在宋咸淳七年（1271）。而三港大圣行祠等《弘治府志》中没有封赐记录，但比较重要的祠庙，在后出的方志中常有封赐的详尽记录。由于后人伪造封赐记录的情况比较常见，仅凭方志文献不能确定这些祠庙在宋元时期的封赐情况，这对分析宋元温州祠庙的封赐情况造成很大的困难。但无论如何，封赐祠庙仅占地方祠庙的极小部分，意味着通过封赐研究仅能了解地方祠庙体系中金字塔尖的情况，由此也显示努力复原宋元地方祠庙整体格局的意义所在。

宋元温州的祠庙体系基本上是社会各群体共享的开放场域。温州地方官引进夏大禹王行祠和改造海神庙，以及许景衡、项公泽等地方士大夫参与林三益的造神过程，都是不同势力共同参与祠庙构建的表现，可能对城内祠庙体系造成局部的影响而并不构

1　科大卫、刘志伟：《"标准化"还是"正统化"——从民间信仰与礼仪看中国文化的大一统》，《历史人类学学刊》第 6 卷第 1、2 期合刊，第 18 页。

2　《万历温州府志》卷四，第 6 页。

3　《宋会要辑稿》礼二〇《水神祠》，第 1045 页。

成主导性力量，对乡村地区的影响更是微弱。战争背景下封赐某些平民神祇更像一种"征召"行为，与一般象征官方道德规范的功德类祠庙似乎也有区别。由于宋代祠庙本身并不作为国家的异端出现，因此也谈不上封赐的"正统化"意义。从某种意义上讲，宋代封赐民间神祇的意义在于丰富国家的"神殿"，就像通过科举制度充实朝廷的官僚系统一样。在这个开放的场域中，紧张与冲突往往发生在具体的神祇之间，比如瑞安县显应庙的神明攻击五显神，薛季宣又请道士与兴福九圣庙的巫鬼斗法，最终亲自捣毁兴福九圣庙。

　　以上讨论可以视为对宋代祠庙相关研究的回应。不过本文关注的焦点仍然在于通过复原地方祠庙体系观察到由小农、土豪、福建移民、海商与道教共同构建起来的宋元温州民间社会，以及朝廷、地方官、本土新士大夫对祠庙场域的有限参与。虽然这不是宋代温州社会结构精确而完整的图景，至少可以勾勒一个局部的大概轮廓。这样的图景经由特定的明代方志复原获得，现存宋元方志可能尚不能达成类似效果。由此观察宋明之际的历史记述，可以视为延续、断裂以及不合理追溯三种现象并存的状态。通过明代文献在某种程度上复原宋元历史虽然机会较小，但不能完全排除这种可能性，相比之下，由于不合理追溯而呈现的某种宋元明转型趋势，更值得研究者引起警惕。

附：《弘治温州府志》祠庙考

（一）永嘉县

（1）温州府城隍庙　旧在城内□□（扬名）坊，今在郡治西南偏。

　　宋代城隍已列祀典，官府有修缮、祭祀的责任。温州府城隍庙，始源不详。北宋永嘉人周行己有《代郭守修城隍庙文》称城隍之神：

祀典有载，德音所及。祠宇之敝，咎将谁执？因民之暇，卜日之吉，易坏以完，增陋而严，以舍神止。神之临矣，岁时祀之，民之福矣。惟吏之职，以是来告。[1]

郭守即郭敦实，大观四年（1110）、政和三年（1113）两知温州。[2]南宋宗室赵与时《州县城隍》漫谈当时所见各种城隍神提到温州的城隍为"富裕侯"，[3]似乎是民间俗神。

（2）**东瓯王庙**　旧在城内海坛山麓，今立华盖山。神名摇，姒驺氏，越王勾践七世孙。灭于楚，国族分王海上，摇自王东瓯，为秦所废。遂率义兵从汉高帝灭秦，蹙项籍。惠帝三年己酉，举高帝时粤功，曰：摇功多，其民便则（附），乃立为东海王，都东瓯。殁葬瓯浦山，因为立祠。先庙在海坛山，世称"永嘉地主昭烈广泽王。"元至正戊戌（十八年），方明善据郡，筑砦光孝寺以居，祠遂废。国朝洪武初，钦定汉东瓯王之神，每岁三月初八日致祭，牲用豕一。遂即故址建庙，续迁状元坊内。成化丁酉（十三年）知县文林钦依奏准，勘合改正东岳行宫，迁奉王神位祀之，即今庙也。

东海王摇之始末，见于司马迁《史记·东越列传》。东瓯王庙是温州古祠。方明善所据光孝寺，即报恩光孝禅寺，"在城内海坛山南，宋时始建，作崇宁万寿寺。政和改天宁万寿。绍兴改今名"。[4]元末方明善筑砦光孝寺而毁祠，则宋元时期东瓯王庙仍在海坛山故址且保存较好。

1　周行己：《代郭守修城隍庙文》，《周行己集》卷六，第124页。

2　《弘治温州府志》卷八，第141页，参见第187页胡珠生注82。

3　赵与时：《宾退录》卷八，上海古籍出版社，1983，第104页。近代永嘉人孙衣言《瓯海轶闻》补充赵与时记载称："今温州府城隍乃称威灵公，县城隍称威灵伯。"第1478页。

4　《弘治温州府志》卷一六，第428页。

温州江心屿江心寺

乐清白鹤寺

平阳宝胜寺双塔

温州龙湾区国安寺塔

温州江心屿江心寺东塔、西塔

乐清雁荡山灵岩寺

乐清雁荡山能仁寺及宋代大镬（元祐七年，1092）

乐清东塔

瑞安闲心寺村"闲心"周氏宗祠

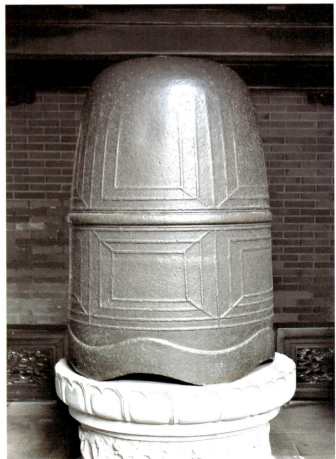

温州妙果寺及『猪头钟』

乐清王十朋墓

乐清万桥

瑞安陈傅良墓

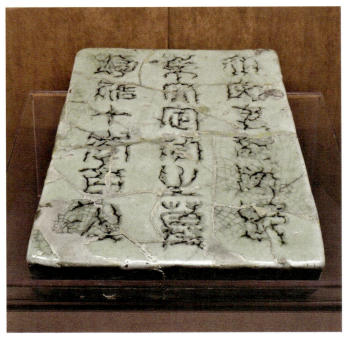

温州叶适墓、温州博物馆藏龙泉窑青瓷叶适墓志

温州博物馆藏告祭汉东瓯王文并序碑

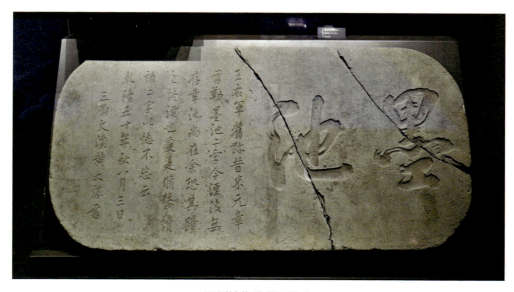

温州博物馆藏墨池碑

温州博物馆藏海神庙残碑

温州龙湾区三港殿

瑞安圣井山石殿、圣井石匾、圣井

1572年《包山陈氏族谱序》的修改痕迹

《苍坡方巷阖族宗谱》

永嘉苍坡古村

图片除族谱来源于耶稣基督后期圣徒教会 FamilySearch 网站，
其他均由作者摄于 2019 年 5 月 15 日至 19 日。

又成化十三年（1477）改正"东岳行宫"而奉祀东瓯王。东岳行宫，《弘治府志》不载。黄淮《重修东岳行宫记》所记明宣德年间（1426~1435）郡守何文渊重修事，其中称，"行宫在郡治东华盖山之麓，殿宇门庑，巍然伙出于苍翠之间，肖像崇严，俨有生气。于以揭虔妥灵，盖有年矣"。[1]宋元时期温州有无东岳行宫，仍俟考索。

（3）**文丞相祠**　在江心寺。

祀文天祥，始建于明成化年间（1465~1487）。《光绪永嘉县志》（简称《光绪县志》）载，"永嘉之祠则今刘令尹逊所创"。[2]刘逊，成化十六年（1480）知永嘉县，"立乡贤祠、汉东瓯王祠、唐二颜太守祠、宋陈潜室先生祠、文山先生祠及国朝太守何公祠。"[3]

（4）**先贤祠**　旧在稽古阁下……先是秦丞相桧以旧谪居，既而为守，其后当国，出私钱买田归于学，亦为立祠。孙守懋以秦误国之罪，朝野所共摈，绝非所以风厉学者，撤去之……

始建于洪武二十八年（1395）。《弘治府志》载，"（洪武）二十八年，知县李廷圭创先贤祠，立学门。"[4]宋代州学曾为秦桧立祠，未详是综合性祠庙还是独祀秦桧。

（5）**乡贤祠**　成化中，项守澄建祠于府学文庙戟门之西。

（6）**名宦祠**　旧在府学戟门东。弘治癸亥，邓守淮以官墙之内，非所以妥名宦，改创于府学之东……

乡贤祠与名宦祠始于明代。

（7）**忠烈庙**　在简讼坊。而祀刘、石、卢三公之神，详见记文。

所祀刘士英、石砺等。宣和二年（1120），方腊乱起，温州官府"以城圮，遂无固志"，州学教授刘士英与学生石砺召集义兵，

1　黄淮：《重修东岳行宫记》，《黄文简公介庵集》卷四，敬乡楼丛书本，第19~20页。
2　《光绪永嘉县志》卷四，第379页。
3　《弘治温州府志》卷八，第177页。
4　《弘治温州府志》卷二，第24页。

抗击乱军，守卫乡邦。刘士英、石砺组织义军"防寇"事，《弘治府志》卷一七《遗事》有详细记载。[1]

记文指林景熙《重建忠烈庙记》，记元大德十年（1306）重建事，收入《弘治府志》，其中称"永嘉忠烈庙在郡学东百步，虽故居庳隘，英风劲节，与九斗相高，非他庙比。始建于太守王公定，重建于今县尹王公安贞"。[2] 王定，端平元年（1234）知温州。[3] 据此，则温州忠烈庙建于宣和之乱百有余年之后。

《万历温州府志》（以下简称《万历府志》）载：

> 忠烈庙。在简讼坊，祀宋刘士英、石砺、卢璇三公，旧配享有张理、包汝谐、林懋，从祀有丁仲修等庙。初建于宋郡守王定，重建于元邑令王安贞。[4]

所祀忠烈除刘士英为州学教授外，其余皆为温州布衣。刘士英，《宋史》有传，后通判太原，在宋金战争中赴难。[5] 石砺，林景熙《重建忠烈庙记》记其后"辞禄不居，以布衣终"。[6] 张理、包汝谐、丁仲修，皆战死于宣和睦乱。张理，另有张忠惠侯庙祀之。[7] 包汝谐，周行己有《包端睦忠孝传》，[8]《宋史翼》有传。[9] 丁仲修，《宋史》有传。[10] 林懋，待考。

卢璇，史籍所载温州宣和之乱事中均无此人，唯温州卢氏族谱

1　《弘治温州府志》卷一七，第 468~470 页。

2　《弘治温州府志》卷一九，第 532 页。

3　《弘治温州府志》卷八，第 143 页。

4　《万历温州府志》卷四《祠祀志》，第 5 页。

5　《宋史》卷四五二，第 13300 页。

6　《弘治温州府志》卷一九，第 532 页。

7　见第 197 页（24）"张忠惠侯庙"考订。

8　周行己：《包端睦忠孝传》，《周行己集》卷一〇，第 224~225 页。

9　陆心源：《宋史翼》卷三〇《忠义一》，第 323 页。

10　《宋史》卷四五三，第 13317 页。

大书特书，¹当为族人窜入。

　　刘士英、石砺等人的事迹，具有保卫乡邦与为国尽忠两种意义。但祠庙并非民间或地方要求所立，立祠时间亦远在宣和之乱百年之后。端平元年（1234），蒙古与宋联合灭金，随后宋军入洛阳，为蒙古军所败，"端平入洛"事件可以视为宋蒙（元）战争的开端。因此，如庙额所揭，该祠庙"旌忠"意味浓厚。

　　（8）夏大禹王行祠　在城东海坛山下。宋雍熙三年姚守克明建。

　　《弘治府志》记姚克明出知温州事系于雍熙四年（987），²《光绪县志》收录"大禹王庙石塔"残字亦载为"雍熙四年"，则"宋雍熙三年姚守克明建"为误载。雍熙四年姚克明迎祀大禹之缘起，明叶承遇《祀大禹王碑记》云：

1　据《溪南卢氏宗谱》卷二（雁一）记载：卢衡，字璇，"宣和二年中武举后，归省亲。是年春，睦寇方氏之党俞道安掠本境，公率乡民及宗族长幼登南岩避之，告急于官府。时州守闾邱颐、州萃江端本议管界巡检陈萃同公剿捕，招率乡兵，于四月初六日迎敌，萃死于难，族人及乡民死者亦众，公独摧锋死战，贼众遂溃遁往小源。追芙蓉岭，获贼党张志，及斩首数十级，报官，其寇乃退。时台寇吕师奄至岭，自闻公骁勇，亦不敢进而退。数月内方腊率众相攻，连陷数城，至乐邑，遂被其所陷。于七月十六日，寇众万余自乐清犯乐湾，将逼郡城。时城垒不固，守将自为身谋，欲弃城遁，公闻，如城与同学友石公砺请于教授刘士英，共议画战守策为保障，立炮于各门，分市民为八界，各有头目掌领为率，首率男女登城守御，召民丁骁勇者，以张理等战于外，剉其锋，于是贼不敢逼城。至八月二十日，会王师来援而寇始退，于是平息，保全民城。教授刘公嘉公忠义，申闻统制官郭仲询，以功举保，转达于朝。朝廷嘉之，召至京，授忠义都尉。靖康初，从太子使于离不军为左军监。二年丙午复预湘州之役而有殊勋。建炎丁未，拜江东驻泊，又明年己酉，金人陷临安，死战于阵。至嘉熙元年，论功旌赏，诏谥敕封忠烈英惠侯。知军卢公位刘、石之次，赐额曰忠烈庙，官享春秋之祀。时郡守王公定建庙于府学之东，仍命子孙学于郡庠，世守其祀，官继廪焉。因公无后，以十三公之玄孙登十二公入于学，奉公之祀，后为府教授。景炎兵革之际，退而不仕。至元间复辟，为府学教授，以守先祀公。殁之后，无复继其祀者。至于大明洪武之初，邑庠训导戴子缟公固知先世德泽，荐二十六世孙瑞于汤逊，力以疾辞，不起。复荐二十七世孙潼于邑，请继先祀，辞以亲老，侍养不就。按《东瓯志》，忠烈庙刘公士英、石公厉、卢公衡，并谥侯爵，其同公凡二十八人，内张理谥忠惠侯，皆破睦寇有功，血食于本郡，今本里先锋庙主乃忠惠侯"。见耶稣基督后期圣徒教会 FamilySearch 网站：https://familysearch.org/ "溪南卢氏宗谱：10 册（933 页），1949"，https://familysearch.org/pal:/MM9.3.1/TH-1951-20617-37496-84?cc=1787988&wc=M9H9-T2S:127202959，影像第 255 页。

2　《弘治温州府志》卷八，第 14 页。

夫崇祀之典，尚矣报德报功也。神禹盛德大功，嘉懋无间者，掀揭于宇宙永赖之休，迄今睹河洛则兴思。仅仅东嘉一隅，亦立庙致祭，宁不近于亵哉？且会稽已有专祀，兹祀也无乃无所谓乎？予闻之，御灾捍患则祀之，祀典之设亦以顺民心也。吾瓯滨海，常患洪水，荡居覆舟，莫可捍御。宋雍熙间，郡伯姚公轸念民隐，敬诣会稽，祈迎香火，建庙于望京海坛之麓，厥后海宴民宁。[1]

叶承遇始而对永嘉奉祀大禹提出质疑，认为以东嘉一隅祭祀"神禹盛德大功"近于亵渎，继而又以"顺民心"、为民御灾祈福为其辩护，"祸福之说"成为奉祀大禹之依据。此说虽不无道理，然仅代表明人对宋代祠庙之理解，姚克明当时迎祀大禹之动机，仍有待考察。

《光绪县志》收录"大禹王庙石塔残字（塔今存五层，高约七尺，凡八面，每面宽二尺许，字仅存四面，可辨者止一百五十四字，正书）"：

乙（一行阙）日甲寅立（二行阙）

□熙四年二月十三日记句当僧（三行阙）

皇帝圣寿并□入会官员信士等（四行阙）

　　右第一面

内品（一行阙）内品守内（二行阙）

内品守内侍（三行阙十字）务徐洪

承奉郎守秘书省□□监温州盐酒税务韦成象

宣奉郎守著作佐郎监温州商税□□□元玭

殿前承　旨温州兵马□□兼在城巡检燕守则

承奉郎守太子□□□□军州（下阙）

---

1 《光绪永嘉县志》卷四，第 402 页。

　　　　右第二面

　　　右石塔在东门外大禹王庙殿前，太湖石造。志载："大禹
王庙在海坛山上，宋雍熙四年建。"此幢纪年熙字上必是雍字。
盖同时所造第三、第五两面皆记文，剜削过半，不成句读。所
存宋初官名姓氏皆旧郡志所佚，犹可考见一斑也。[1]

石塔残字中出现"勾当僧"、"皇帝圣寿"与"入会官员、信士"等。
"勾当僧"说明僧人、佛寺参与此次迎祀大禹的活动，"皇帝圣寿"
似为贺庆祝福用语，[2] "入会官员、信士"意味着此次迎祀与官员、
佛教信徒共同发起的某种会社有关。这次温州官府的迎祀活动中似
乎混杂着古代圣王崇拜与温州民间海神崇拜、官府与地方佛教会社
等多种文化与社会因素。

　　（9）颜鲁公祠　在吹台乡慈湖，赐额"忠烈"。
　　明代永嘉县学先贤祠所祀亦有"颜常山杲卿、颜鲁公真卿"，
《弘治府志》"先贤祠"条载：

　　　按真卿、杲卿本万年人。鲁公之孙裕，自五代时官温州，
与其弟纶祥皆徙居焉。宋世复其家，且时褒录。其孙子有登科
者。永嘉先贤祠祀二公者，以神主在也。或子孙欲致追远之诚，
或乡人仰二公之遗烈，各为庙以尸祝之，故境内多有二颜庙。[3]

　　宋代温州最早的颜鲁公祠是在"宋世复其家，且时褒录"的特
殊背景中创置的。"宋世复其家，且时褒录"事，《建炎以来系年要
录》系于绍兴五年（1135）十一月：

1　《光绪永嘉县志》卷二二，第 2078~2080 页。
2　宋太祖圣节为二月十六日，"建隆元年群臣请以二月十六日为长春节"，石塔残字有"口熙四
　　年二月十三日记"，不知是否有所关联。
3　《弘治温州府志》，第 416 页。

进士颜邵特补右修职郎，卓右迪功郎，彦辉下州文学。初，上闻真卿之后有居温州者，命守臣推择以闻，得邵等三人，而彦辉则真卿十一世孙也。上谓大臣曰："人有一死，或轻于鸿毛，或重于泰山，在处死为难耳。真卿在唐死节，可谓得处矣。况今艰难之际，欲臣下尽节，可量与推恩以为忠义之劝。况仁祖时曾命颜似贤以官，自有故事。"既命以官，遂命邵、卓监潭州南狱庙。[1]

郑刚中《忠义堂记》载：

永嘉州治之北有堂，曰"忠义"，前太守程公之所建也。绍兴丙辰，端明殿学士、礼部尚书、会稽李公来镇是邦。既见吏民问疾苦，颁条教约，与为清净之治。一日过其上，顾谓僚属曰："是堂规模阔伟，而创立命名之因，无所稽考。吾闻鲁公，唐人之英，言忠义者莫先焉。后五世流落为温人。鲁公末年，亲书告牒，其家传宝之，郡尝为刊于石。迩者天子官其家永嘉者二人、家乐清者一人，所以彰遗烈而播余芳者多矣。虽鲁公之名，所在咸仰要之，此邦乃其遗迹流风之地，吾今求其像，绘置堂上，徙其石刻，列之两楹，使后人知堂名之有属，公等以为宜乎？"[2]

前太守程公即程迈，绍兴二年（1132）、十年两知温州。李公即李光，绍兴六年继秦桧知温州。据此，则绍兴六年知州李光曾据前守程迈所建"忠义堂"奉祀颜鲁公，地点在"州治之北"，并非《弘治府志》所载"吹台乡慈湖"。又《续文献通考》载：

1　李心传：《建炎以来系年要录》卷九五，第 1569~1570 页。
2　郑刚中：《忠义堂记》，《北山文集》卷一三，第 172 页。

高宗绍兴中，立颜鲁公祠于温州，以鲁公为唐室忠臣，悉
官其后，为天下臣子劝，令塑像而祀之。盖永嘉、乐清颜氏皆
鲁公后也。[1]

此颜鲁公祠或在"吹台乡慈湖"——高宗褒录的颜氏后裔颜邵
等人中或有居"吹台乡慈湖"者，宋廷特许建祠；亦或即指州治之
忠义堂，而"吹台乡慈湖"乃是明代族人"欲致追远之诚"而建。
颜氏庙具有名宦祠、宗祠等多种可能性，但从宋代立祠的缘起而
言，具有浓厚的"忠烈"意味。

（10）冯鲁公祠　在德政乡夹屿。公名守信，字中孚，宋滑州
白马县人。宋真宗朝捍边御契丹及治河决有功，累进太师中书令，
追封鲁国公，谥勤威。参政王安石为撰《神道碑》。孙成，为岳飞
裨将，扈驾至温，遂居夹屿。李守苎建祠祀焉。具立嘉忠访，为邦
民劝。郡兵马都监岁每习武，辄具牲往祀之。

冯鲁公祠建于景定四年（1263）。《弘治府志》载："李苎，（景
定）四年，建甲屿冯鲁公祠，序国介翁《孝经大义》。"[2] 李苎入《宋
史·忠义传》："字叔章，除司农寺丞，历知永州，有惠政，永人
祠之。以浙东提刑知温州，州濒海多盗，苎至盗息。遂以前官移
浙西。"[3]

神主冯守信，《东都事略》有传：

冯守信字中孚，滑州白马人也。太平兴国初，应募军籍。
从征太原，先登，斩获甚众。至真宗时，以军功迁至天武都虞
候。从幸大名，迁御龙直都虞候。又从真宗北巡，次卫南顿，
真宗问曰："契丹入边，汝辈何以展效？"守信曰："臣等备宿

1　王圻：《续文献通考》卷一一五《宗庙考》，第7040页。
2　《弘治温州府志》，第143页。
3　《宋史》卷四五〇，第13254页。

卫，常愿必死。今乃上劳大驾亲征，将帅之过也。"真宗嘉其忠，授天武军都指挥使，累迁莱州团练使。守信虽起行伍，然本田家子，颇知民间疾苦，为政无害。徙沧州。未几，选为龙神卫四厢都指挥使、英州防御使，出知定州，徙高阳关，知瀛州。河决滑州城西，即命守信领州事，就加步军副都指挥使、容州观察使，领威虏军节度使。卒，年六十六，赠太尉，谥曰"勤威"。[1]

嘉祐五年（1060），王安石为撰《勤威冯公神道碑》。[2]冯守信孙冯成，入《弘治府志》"忠义传"：

> 冯成，字熙绩，其先为滑州白马县人，太师中书令鲁国勤威公守信云孙。建炎间扈驾至温州，遂居永嘉德政乡夹岙。尝赋诗有云："扈跸东来到永嘉，南燕万里尽平沙。粉身碎骨死无恨，愿拓中原报国家。"岳飞素奇之，罗致闱幕，委成措置军马，屡与兀术并龙虎大王战，获捷立功，收复州县。每念鲁公以必死报国，高宗书"嘉忠"赐之，遂以"嘉忠"名堂，誓曰："吾家清野久矣，今何面目行白日下！使成不能灭虏报国，辱祖不忠不孝，当自殒于斯堂。"时高宗赐岳军旗曰"旌忠"，而成以"嘉忠"名家，故虏有"二忠将军万死不可亲"之谣。飞既以冤死，成遂迹人间，以琴书自娱，号湖山居士。及卒，枢使刘珙以诗挽之，有"武穆英贤友，勤威忠孝孙"之句。孙彦玢，博学多才，略有祖风。李守节表其间为嘉忠坊。宋亡人出不出，年九十余，寿终。[3]

1　王称：《东都事略》卷四二，刘晓东等点校，第 336 页。
2　王安石：《侍卫亲军步军副都指挥使勤威冯鲁公神道碑》，《王文公文集》卷八四，第 899 页。
3　《弘治温州府志》卷一一，第 269 页。

温州冯氏"嘉忠"之名，实源于冯成"扈驾至温"而获高宗旌表。冯成所居即在冯鲁公祠所在"永嘉德政乡夹屿"，李苐或依"嘉忠堂"建冯鲁公祠。李苐建冯鲁公祠在景定四年，时代逼近宋朝灭亡。冯鲁公祠是宋蒙战争背景下地方官员为旌表忠义而建。

（11）郭记室祠　在城内海坛山。晋郭璞字景纯，卜城有功于民，立祠。璞后为王敦记室，死难，赠弘郡守。又有郭仙庵。

温州古祠。《万历府志》载：

> 初，晋郭璞卜城有功于温，立祠山下祀之，塑白鹿衔花于侧，纪卜城之时瑞也。后迁山下为白莲堂，内设公神位，然为缁流所有，其祀遂废。今移祀于镇东塔。[1]

宋元时期该祠可能仅在佛寺设有神位，并不为温州官民重视，导致长期衰落。

（12）薛补阙祠　在城梯云坊。

神主薛令之，传为福建首位进士。史籍多城其玄宗朝失官隐居事。《唐语林》载：

> 薛令之，闽之长溪人。神龙二年，赵彦昭下进士及第，后为左补阙兼太子侍讲。时东宫官冷落，之次难进，令之有诗曰……明皇幸东宫，见之不悦，以为讽上……令之遂谢病归。及肃宗即位，召之。诏下，而令之已卒。[2]

据孙诒让《温州经籍志》引《宝祐四年（1256）登科录》，南宋时薛令之后裔薛峋寓所，即在祠庙坐落之梯云坊：

1　《万历温州府志》卷四，第 8 页。
2　王谠：《唐语林》卷五，第 451 页。

　　第五甲第三十八人，薛峋字宾日，小名峡，小字仲止。
第万三，永感下，年四十五，六月十日巳时生，外氏陈，治
《书》，三举，兄弟三人，娶林氏。曾祖良逢；祖绍，中奉大夫；
父师武，承议郎。本贯温州永嘉县，在城梯云坊。[1]

《光绪永嘉县志》引《梯云薛氏谱》称：

　　薛峋，唐补阙令之之裔孙。宋淳祐乙巳，砻石勒补阙公遗
像，建祠奉祀。明初甲辰灾，至永乐癸巳，田畯得补阙石像，
欲剗去之，公降梦以警，由是闻于薛，得归奉焉。癸卯，复葺
其祠于故址，见王时中《重建补阙祠记》。[2]

南宋薛峋寓居梯云坊，因此有可能为薛令之建祠，但此事无从确
证。族谱所谓永乐年间复葺其祠于故址事，不见于弘治、万历府
志，王时中《重建补阙祠记》亦无考。仅凭族谱孤证，不排除明代
薛氏族人创祠而伪托薛峋建祠的可能。

　　（13）兴肇龙王祠　在城内广惠院。
　　来历不明。《弘治府志》载，"广恩教院，在城井莲坊，宋乾德
间（963~968）建，祥符赐名'广慈'，淳熙改名。有兴肇龙王祠，
又有塔院"。[3] 而"广惠院，在吹台乡，宋祥符元年（1008）建"。[4] 则
兴肇龙王祠当在广恩院内，可能只是附祀于佛院，并非独立祠庙。
　　（14）王右军祠　在城内墨池坊。晋王羲之为郡刺史，仕至右
军将（军）。尝涤笔于池，遗迹尚存。旧传池水极清，唯水面上常

1　孙诒让:《温州经籍志》卷二三，引《宝祐四年登科录》，上海社会科学出版社，2005，第
　　981页。
2　《光绪永嘉县志》卷四，第409页。
3　《弘治温州府志》卷一六，第429页。
4　《弘治温州府志》卷一六，第432页。

有墨点如蝌蚪，汲之无有，水定复然。然今其池为民居所匿，遂不复知其处。

王羲之守温州及墨池事，清人梁章钜《浪迹续谈》卷二《王右军墨池》考之甚详，略谓：

> 今温州郡署东偏有墨池，旁有石刻"墨池"二大字，相传为王右军守郡时所凿，而镇戎署中亦有之。或云彼是真迹，而此是后人附会者；或云镇署之墨池，初亦没于民间，而后理出之者。余谓《晋书·王羲之传》并不言其守永嘉，惟郡、县旧志，皆承宋、元数修之后，纪载凿凿。旧志《祠祀门》有王谢祠，在华盖山下，祀晋郡守王羲之、宋郡守谢灵运。邑人王叔杲有《王谢祠记》略云："两贤治郡之绩，虽世远莫详，而任敬序《郡志》尝曰：'永嘉自东晋置郡以来，为之守者，若王羲之治尚慈惠，谢灵运招士讲书，由是人知向学。'盖并以循吏称，而声迹流播。泉曰'墨池'，堂曰'梦草'，坊曰'康乐'，民至于今称之。"……又引万历旧志，谓墨池在城内墨池坊，王右军临池作书于此，米芾书"墨池"二大字。又叶式《墨池记》云："右军刺温，多惠政，暇辄复临池。其制方，其水洌。或云即右军涤研所，至今水面时时见墨点如科斗，汲之无有。"……凡此皆右军在永嘉之实事，想宋、元以前尚有他书可征，不能因《晋书》本传偶未及之，遂断为右军必未守永嘉也。今署东墨池上隶书石刻"墨池"二大字，跋云："《郡志》载右军为永嘉太守，于署凿池，曰'墨池'。考《晋书》，右军无守永嘉事，池之有无，疑信间耳。"……又按《四朝闻见录》云："留元刚，字茂潜，以宏博应选，使酒任气。永嘉刘锡祖、父掩据羲之墨池且百年。后为世仆所发，公断其庐，得池于卧内，刘氏遂衰。"留茂潜为丞相申公之子，建炎中知温州军州事，当时此事甚伟。所可笑者刘氏以前贤名迹，掩之卧内，不知是何

肺肠耳。[1]

叶绍翁《四朝闻见录》卷一"宏而不博博而不宏"条称：

> 先是，永嘉刘锡祖父掩据羲之墨池且百年，后世为仆所
> 发，公（留元刚）断其庐，得池于刘卧内，刘氏遂衰。[2]

据此，则宋元时墨池淹没已久。《万历府志》载："王谢祠，在
华盖山下，祀晋郡守王羲之、南宋郡守谢灵运。故为王右军祠，
郡守龚秉德并祀。"[3] 因此宋元时并无王谢祠。《光绪县志》又称：

> 滴水巷在华盖山西北，旧志云晋太守王羲之尝临墨池试
> 笔。据元丰二年十二月真华观户帖，则本观五岳殿王右军祠堂
> 即墨池故地，今亡其处，滴水亦不知何水也。[4]

真华观，"在城内华盖山西，旧在子城东南塘（隅），开元间建"。[5]
因此北宋时王右军祠在真华观五岳殿，与墨池联为一体。真华观
南宋时仍在，绍兴二年（1132）"三月二日，神主、神御提点所言：
'契勘太庙神主、景灵宫等处神御，在温州真华观、开元寺奉安，
与民间屋宇相接……'"[6]可见当时真华观附近鱼龙混杂，这或许可以
为"永嘉刘锡祖父掩据羲之墨池且百年"提供某种背景。刘锡祖，
其人无考。既然王右军祠在真华观内，墨池又在"卧内"，刘父应
该居住观内，或者本身即是道士？

1　梁章钜：《浪迹续谈》卷二《王右军墨池》，中华书局，1981，第264~265页。
2　叶绍翁：《四朝闻见录》卷一"宏而不博博而不宏"条，中华书局，1989，第16页。
3　《万历温州府志》卷四，第8页。
4　《光绪永嘉县志》卷三七，第3753页。
5　《弘治温州府志》卷一六，第433页。
6　《中兴礼书》卷九四，清蒋氏宝彝堂抄本，第3页。

王右军祠宋元时代或已湮没。

（15）灵顺行祠　在城内开元寺。宋咸淳六年王守亚夫建。

灵顺行祠即徽州婺源五显祠的行祠，祀五显（通）神：

> 五显灵观祠。在宁国府婺源县，五通祠。徽宗大观三年三月赐庙额"灵顺"。[1]

《弘治府志》称灵顺行祠在开元寺。开元寺，"在城内习礼坊"。[2]《万历府志》不载灵顺行祠，但有"宣灵广平王庙"：

> 宣灵广平王庙。在城内开元寺左。神姓周氏名洪，杭州新城县人。宋咸淳二年郡守王亚夫建，岁久圮坏。皇明万历三十二年，见梦于通判沈公宗舜，因重建庙，事详公碑记中。[3]

该庙不见于《弘治府志》，而与灵顺行祠同在开元寺，同为郡守王亚夫于咸淳六年（1270）所建，[4]两者关系究竟如何？其实宣灵广平王庙所祀周雄，最初是灵顺祠所祀五通神的从神。两者的关系，又或与宣灵王信仰的演变有关。《光绪县志》"宣灵广平王庙"条称：

> 按《通志》，神名雄，字仲伟，生于宋季，锐志恢复，抑郁以没。此载名洪，未知孰是。[5]

1　《宋会要辑稿》礼二〇《杂神祠》，第 1071 页。
2　《弘治温州府志》卷一六，第 427 页。
3　《万历温州府志》卷四，第 6 页。
4　王亚夫咸淳五年"知瑞安府事节制镇海水军"，《万历温州府志》王亚夫咸淳二年建，误。见《弘治温州府志》卷八，第 143 页。
5　《光绪永嘉县志》卷四，第 437 页。

《通志》即《雍正浙江通志》，其卷二〇七"祠祀"载：

> 周宣灵王庙。《仁和县志》在褚家堂广丰仓侧，神姓周，
> 名雄，字仲伟，杭之新城渌渚人，以屡显灵进封王爵。钱养廉
> 《周宣灵王像赞并序》："王生于宋季，锐志恢复，抑郁以殁，其
> 忠诚激烈，固宜与日月争光矣。"[1]

然而，这个宋季"锐志恢复"的周雄，只是宣灵王信仰的过渡形
态。朱海滨《江南周宣灵王信仰的发生及其演变》一文专论周宣灵
王信仰的演变：

> 汪绩提到的周雄是临安府新城县渌渚人，生于淳熙十五
> 年，死于嘉定四年，享年24虚岁……生前的周雄极有可能是一
> 个从事托宣活动的巫师……徽州婺源县的"五王"神（即五显
> 神、五通神）列入祀典已有多年，其从神之中，"翊应将军"即
> 周雄神特别有名……作为此后才加入从神行列的周雄神，端平
> 二年（1235）也在德兴知县的上奏之下，被朝廷授予了"翊应
> 将军"的封号，获得了与另外两位从神相称的爵位……宝祐五
> 年（1257），在五显神封号向前迈进一步的同时……（三位从
> 神）其中周雄在"翊应"的基础，再增加了"助顺"二字……
> 浙江地区早期的周雄祠庙记录也都显示周雄神与五显神的从属
> 关系。浙江最先出现周雄祠庙的是衢州，弘治《衢州府志》卷
> 6《祠庙》的"周翊应侯庙"条记载说："即保安兴福五显王之
> 从神，自宋迄今。"……明代中期以后，周雄神作为五显神从神
> 的性格在逐渐弱化，与此同时其信仰却出现了新的转机……李
> 遂在就任衢州府知府后，响应嘉靖朝的取缔淫祠号召，在衢州

---

1 《雍正浙江通志》卷二一七，第49页。

进行了撤毁淫祠的行动。当他准备把周雄庙作为淫祠来拆除的时候，衢州的民众涌进府衙，抗议把周雄庙作为淫祠处理……此后，李遂不但放弃了把周雄作为淫祠来认定的想法，反而亲自为其撰写庙记，并把庙额也改成了周孝子祠。[1]

　　永嘉宣灵王周雄的形象应该有三变：先是灵顺祠五显神的从神，既而演变为宋季"锐于恢复"的忠义之士，明嘉靖以后演变为周孝子的形象。可以想象，随着周雄由五显神的从神演变为独立的神主，永嘉的灵顺行祠也逐渐演变为宣灵广平王庙。

　　（16）**广惠行祠**　在城内开元寺东。神姓张名渤。

　　这是广德山神张渤祠的行祠。《宋会要辑稿》记载：

　　　　广德山神祠。广德山神张渤祠，在广德军广德县。真宗景德二年六月，监察御史崔宪上言："祠山庙素号灵应，民多以牛为献。伪命时听乡民租赁，每牛岁输绢一匹，供本庙费。迩来绢悉入官，望特给以葺祠宇。"诏本军葺之，以官物给费。天禧二年五月，知军陈覃上言："祠山庙承前民施牛三百头，并僦于民，每牛岁输绢一匹。经三十年，毙而犹纳僦绢。欲望历十五年以上者并蠲放。"从之。仁宗康定元年三月，诏广德军祠山广德王庙祈求有应，未被真封，宜封灵济王。徽宗崇宁三年，赐庙额"广惠"。[2]

温州建行祠当在宋徽宗崇宁三年（1104）以后事。关于张渤信仰的起源与传播，皮庆生有《他乡之神：宋代张王信仰传播研究》专文讨论：

1　朱海滨：《江南周宣灵王信仰的发生及其演变》，《史林》2008年第2期，第72~74页。

2　《宋会要辑稿》礼二〇《山神祠》，第1031页。

　　张王信仰起源于江南东路的广德军（今安徽广德），祖庙在军治西五里的横山之上。所崇奉的神祇张渤，或说是吴兴乌程（今浙江湖州）人，或说是武陵龙阳（今湖南常德东）人，"欲自长兴之荆溪凿河至广德，以通舟辑之利。工役将半，俄化为异物，驱役阴兵。夫人李氏见而怪之，遂隐形遁去。居民思之不已，即横山立祠以祀之，祈祭不辍"。据说庙宇初创于汉代，一直是当地民众的信仰中心……到南宋和明代，张王信仰曾盛极一时。宋代张王被加封为最高的八字王（或八字真君），信众称之为张大帝，形成了一个以张王为中心的神祇群体，先后受封赐三十余次，受封神灵达 43 位，行祠散布于江南各地……[1]

可能是因为具体情况的记载太少，皮庆生文并未讨论温州的广惠行祠。

（17）灵佑行祠　在南城下，神唐薛芳杜，闽人。

这是福建福安县灵佑庙的行祠。《弘治八闽通志》载：

　　（福安县）灵佑庙。在县南二十都廉村。神姓薛，名芳杜，唐太子补阙令之之孙也。为人清简而寡欲，英明而有断，乡人或有争讼，不之官而之芳杜，得一言皆帖帖服去。肃宗践祚，念令之，有启沃旧恩，召用其子孙，芳杜固辞不赴，一时士大夫咸推重之，当自谓："吾生有骨青，死当为神。"年六十七，无疾而卒，颇著灵异，乡人立庙祀之，祈祷辄应。宋嘉定九年，部使者上其御灾捍患之功，于朝赐庙额曰"灵佑"，封侯爵，配陈氏封夫人。按：薛补阙祠记谓芳。[2]

1　皮庆生：《他乡之神：宋代张王信仰传播研究》，《历史研究》2007 年第 3 期，第 55 页。
2　《弘治八闽通志》卷六〇，《北京图书馆古籍珍本丛刊》第 33 册，第 853 页。

根据"吾生有骨青，死当为神。年六十七，无疾而卒，颇著灵异，乡人立庙祀之，祈祷辄应"的描述，福安县灵佑庙的神主应该也是"侥福蠲患"一类巫神。与薛令之的关系、为乡人断讼以及辞召不赴的传说，趋近于儒家文化所塑造的地方长者与处士形象，或为后人附会。

（18）顺济行祠　在城内龙王院前顺济坊。

所祀莆田神女林氏，即后来在东南沿海十分兴盛的天妃或妈祖。《宋会要辑稿》载：

> 莆田县有神女祠。徽宗宣和五年八月赐额"顺济"。高宗绍兴二十六年十月封"灵惠夫人"。三十年十二月加封"灵惠昭应夫人"。孝宗乾道三年正月加封"灵惠昭应崇福夫人"。[1]

永嘉祠庙保留着宣和年间"顺济"赐额，应该创建于宋代。

（19）玄坛赵元帅行祠　在城内谯楼外。

赵公明成为道教中的"赵元帅"是元代时的事。张富春《论瘟神赵公明是怎样成为财神的》称：

> 赵公明最早以瘟神形象出现在晋代……自有文献记载直至南宋，赵公明虽为瘟神，却并非专行恶事，其职分实为惩恶，亦兼扬善。到了元代，赵公明惩恶、扬善的两种神格则一分为二。元本《新编连相搜神广记》记载了两个赵公明——五瘟使者与赵元帅……是书"五瘟使者"条云："……秋瘟赵公明……"同时，该书又载有一赵元帅赵公明，其"赵元帅"条云："……故上天圣号为高上神霄玉府大都督……上清正一玄坛飞虎金轮执法赵元帅。"[2]

1　《宋会要辑稿》礼二〇《女神祠》，第 1018 页。
2　张富春：《论瘟神赵公明是怎样成为财神的》，《宗教学研究》2006 年第 1 期，第 127~128 页。

温州玄坛赵元帅庙应该在元代或更晚出现。

（20）**义勇武安王行祠**　在城内平定仓北。神汉将军姓关名羽。

关羽受封"义勇武安王"当为北宋大观至宣和年间（1119~1125）事。《宋会要辑稿》载：

> 蜀汉寿亭侯祠。一在当阳县，哲宗绍圣二年五月赐额"显烈"。徽宗崇宁元年二月封忠惠公。大观二年进封武安王。[1]

《雍正山西通志》载：

> 大观二年加封武安王。李焘《续通鉴长编》，宣和五年正月己卯，礼部奏，关某敕封义勇武安王，今以从祀武成王庙，契勘从祀诸将，例不显谥号，合称"蜀将武安王"，从之。《徽宗实录》曰：武安王关某加"义勇"。焘以谓礼部元奏乃是去"义勇"，实录误也。[2]

永嘉义勇武安王庙或许出现于北宋徽宗年间。

（21）**英显行祠**　在城内广化坊西河庵前，神（姓）萧名孔仲。

祖庙在福建。《弘治八闽通志》载：

> （连江县）英显庙。在县南新安里兑峰山。神姓萧，名孔冲，字仲谋，建安人，五代唐庄宗时中甲科，不乐仕进，遂削发为僧，志行坚苦，能伏虎豹。既殁，邑人祠之。宋靖康初，建寇叶侬逼县境，神兵见于罗仑山，遂遁去。绍兴中，海寇掠获芦寨，神兵复现于九龙江，亦遁去。累封昭烈正顺公。宝祐

1　《宋会要辑稿》礼二○《历代帝王名臣祠》，第1002页。

2　《雍正山西通志》卷一六七，文渊阁《四库全书》第548册，第173页上、下。

元年夏大旱，乡人祷之辄应。元监县抄耳赤以神有功于民，闻于朝，封卫善保济著祥公，赐今额。国朝洪武十八年重建，东阁太学士吴沈为记。[1]

"中甲科，不乐仕进，遂削发为僧，志行坚苦，能伏虎豹"的传说混杂着儒释道三教的因素。但就其灵应神迹而言，萧孔冲信仰的主要功能是防寇护境，应该也是"侥福蠲患"一类巫神。"英显"庙额获自元代，温州的行祠应该是建于元代赐额之后。

（22）**瑞颖行祠**　在城内瑞颖坊。

无考。瑞颖或指嘉禾一类祥瑞。温州永嘉有瑞颖坊，"隋以西洋产嘉禾，故名。"[2]南宋温州又有"咸淳戊辰秋七月，禾有异亩同颖，郡守王亚夫闻于朝，有旨升温州为瑞安府"之事。[3]然而既称"行祠"，祖庙当在别处。

（23）**晏公行祠**　在城内北市街西。

晏公祖庙在江西清江县。《崇祯清江县志》记载称晏公名戍仔，元初时人，元末明初曾显灵于朱元璋，永乐年间（1403~1424）获封平浪侯：

> 晏公庙：在清江镇，濒江。明洪武间建，郡人聂铉记《一统志》云，晏公名戍仔，本镇人，元初为文锦局堂长，因病归，登舟尸解，人以为神，立庙祀之，有灵江湖间。永乐中封平浪侯，今讹为鄢公庙。[4]

晏公"尸解"的说法具有道教色彩，万历年间成书的《广志绎》所

1　《弘治八闽通志》卷五八，《北京图书馆古籍珍本丛刊》第 33 册，第 826 页。

2　《弘治温州府志》卷六，第 107 页。

3　《弘治温州府志》卷一七，第 454 页。

4　《崇祯清江县志》卷二，第 27 页。

描述的晏公形象具有更浓厚的道教色彩，而永乐年间封平浪侯的记载也显得并不确定：

> 晏公名戌仔，亦临江府之靖江镇人也，浓眉、虬髯、面如黑漆，生而疾恶太甚，元初以人材应选，入为文锦局堂长，因疾归，登舟遂奄然而逝，乡人先见其驺从归，一月讣至，开棺无所有，立庙祀之。亦云本朝封平浪侯。[1]

元末明初的胡行简在洪武年间撰有《清江镇晏公祠庙碑》，其中并没有晏公元初尸解及显灵于朱元璋的事迹，而且以儒家的孝子形象取代了原本的道教色彩。《清江镇晏公祠庙碑》称：

> 清江镇旧有晏公庙，历世滋久，莫之改作，谒而祀者见其隘且陋，欲撤而新之不果。洪武甲子，里人彭士宽慨然曰："神食于斯，永福我民，而庙貌不足揭虔妥灵，非缺典欤？"凡徼福者闻其言，或助之金，或输之粟，以相其役，乃度地于宝金山之侧，建殿庭，立门庑，规模位置增其旧数倍。既逾年，弗克，就郡守钱恕还自京师，过而叹曰："独力之难成也如此。"乃捐俸以为之倡，于是乡邑官吏咸相率鸠赀以相其成，不待劝而能也，远近之见者闻者争效其力，逾数月竣事，里父老士庶击牲醑酒，告成功于神，咸愿勒石以纪成绩。前守以属予因次第，记其说，以为之文。按郡乘，镇之地，故金阳县也。山川英淑之气，代产异人，以庙食于斯。聂公友、喻公法，先是也。公生乎是镇，与二公匹，休祠而祭之，亦宜也。稽诸礼经，能为民御灾捍患，则列之于祀。公之威灵，始乎乡里，著于江右，南至湖湘，东暨京口，以至川峡河海，莫不仰其英

风，钦其肹蠁，上自朝廷，下逮士庶，舟楫之行，材木庶物之运，卒遇风涛之险，往往叫号神明，其免于危难之余，而措之坦夷之际，易危而安，如履平地，祠宇所在，晔然相望，矧公桑梓之乡，可弗加之意乎？礼莫大于报本，不于祠祀致恭不可也。公生有异质，善事父母，人称其孝，生为孝子，殁为明神，故宜默扶世道，与天地相为悠久也……[1]

"历世滋久"说明晏公庙历史久远，而"南至湖湘，东暨京口，以至川峡河海"，又说明晏公崇拜在明代以前就传播广远，应该并不限于碑文中所描述的这些地域。

《无上黄箓大斋立成仪》的作者一般署为宋代永嘉人蒋叔舆，该文献记载的道教神谱中也有晏公的名号"都督晏元帅平浪侯"。[2]虽然这个名号可能是后人窜改道教神谱的结果，但也不排除宋代晏公崇拜已经通过道教系统传播至包括温州在内的东南沿海，"平浪侯"的称号也可能早已有之。此外，莆田妈祖崇拜中妈祖的从神中亦有晏公，形象与前述迥异。[3]

晏公信仰传播至永嘉的具体途径与时代不详。但永嘉很可能在宋元时期就有晏公信仰，当地应该视晏公为海神的一种。

（24）张忠惠侯庙　旧在城南厢巽吉山北。今徙瑞安门底。神张理。宋宣和睦寇至，统兵为先锋，出城迎敌。先一夕，贼坏庐舍，聚火焚锻坝接桥石。理奋身驰马，力战方酣，贼众披靡，而桥陷溺死，郡为立祠，扁曰"忠义"。德祐间，封忠惠侯，俗称张统领庙，从祀四（人），乃义士同溺死者：周承己、娄渊、潘守真、丁仲修。郡附后，礼部奏称："宋先锋张忠惠侯之神，每岁四月朔日本府致祭。"

1　胡行简：《清江镇晏公祠庙碑》，《樗隐集》卷六，第5~6页。
2　蒋叔舆：《无上黄箓大斋立成仪》卷五三，第9册，第695页。
3　参见徐晓望《福建民间信仰源流》，第318页。

忠义庙,《宋会要辑稿》亦有记载：

> 忠义庙。庙在巽吉山北，宋先锋张忠惠侯之神，四月初一日祭。[1]

张理与丁仲修事迹,《宋史》有载：

> 丁仲修，字敏之，温州人。方腊党俞道安陷乐清，将渡江，巡检陈华往捕，死之。先锋将张理同李振出南门迎敌，渡八接桥，桥断，马蹶，溺死。贼至帆游，夏祥遣辅褒迎战，数十合，褒死之。仲修帅乡兵御诸乐湾，乡兵失据而散，仲修以余兵与贼战，力屈乃死。[2]

周承己、娄渊、潘守真、闾丘鹗等人事迹,《弘治府志》有载：

> 周承己，字恭先，周行己弟也；娄渊，字渊明；潘守真，字适道，皆永嘉人。清溪寇渡乐湾，将攻城，统制郭仲荀遣裨将张理帅师迎敌，承己等慨然请于郡以行，度八接桥，遇贼锋甚锐，麾兵少却，桥忽断，四人皆溺死。贼平，郡为申请，诏赐号义士，推恩子孙，闾太守丘鹗于瑞安门外立庙祀之，戴迅诗有"元侯嘉乃绩，庙食寄江滨"之句。[3]
>
> （闾丘鹗）朝奉郎知（温州），（宣和）二年，时方腊寇城，刘士英御之。[4]

---

1 《宋会要辑稿》礼二一《诸神庙》，第 1106 页。
2 《宋史》卷四五三，第 13317 页。
3 《弘治温州府志》卷一一，第 267 页。
4 《弘治温州府志》卷八，第 141 页。

前述忠烈庙，奉祀宣和之乱中组织义军御寇的州学教授刘士英与学生石砺，两人的身份多少与官府有关，而且并未在宣和乱中殉难。张忠惠侯庙所祀张理、丁仲修、周承己、娄渊、潘守真等五人，则均是宣和乱中涌现的地方义军、护卫乡境之烈士。如前所述，宣和之乱中的义军组织具有保卫乡邦与为国尽忠两种意义，忠烈庙的意义是表彰朝廷忠烈，立祠时间远在宣和之后百有余年。而张理等人的事迹，意义主要在于护卫乡境之义士，宣和之乱后立即为之立祠，意义与忠烈庙不同。直至南宋末年之"德祐间，封忠惠侯"，则是宋元战争之中朝廷表彰忠烈之举，性质又趋近于忠烈庙。

（25）**龚将军庙**　**在集云厢西湖行春桥侧。神姓龚，逸其名，唐人。会昌四年，韦刺史庸奏开浚城南湖以利民。神时为郡将，被旨督视。事毕，遭仇甫之乱，力战溺死所凿湖，郡人以尸所止之地立祠，从祀二翁将军，同死是役者。郡附后，礼官奏称："唐将军龚公之神，每岁四月十有六日本府致祭。"**

龚将军的事迹，简言之曾经督工城南湖疏浚工程，后在仇甫之乱中遇难。韦庸浚湖事在会昌四年（844），而裘甫之乱在大中十三、十四年（859~860）。且裘甫军所过之处有明州、台州、越州、衢州、婺州等地，并不见犯温州之记载。《弘治府志》卷一七记裘甫之乱，仅称"甫党至温境，郡将龚将军死之，翁、苏二将亦死"，[1]这段记载显然出自龚将军庙。龚将军之身份、事迹均含糊不清。据"郡人以尸所止之地立祠"可以确定，龚将军庙因龚氏遇难而为民间所立，以将军名庙，而且也意味着历代并无封赐，将军当时民间对于武人俗称而已。民间或以为龚将军有浚湖护境之功德，也或者因其死于非命而为之立祠，总之该祠庙属于当地民间信仰，并无官方色彩。

（26）**徐忠训庙**　旧在吹台乡小桐岭，今徙于西北隅。神徐震，

1　《弘治温州府志》卷一七，第467页。

宋瑞安县义翔乡人。宣和睦寇至，率义兵御贼，死敌于此，民为立祠，事闻，赠忠训郎。郡附后，礼部检照奏称："宋忠训郎徐公之神，每岁五月十有五日本府致祭。"

史籍不载徐震御寇事。据《万历府志》，忠训郎封赠于洪武年间（1368~1398）：

> 徐震，瑞安人，居义翔乡宣和间，睦寇至吹台小岭震，率义兵捍卫，贼众势盛，力战死之。民为立祠祀焉。洪武初诏加忠训郎，定祀典。[1]

据此则徐忠训庙明代以前未获封赐，与龚将军庙一样，徐忠训庙为民间所立，宋元时期并无官方色彩。

（27）永嘉王庙　在城内永宁桥东。庙巷（号）不详起于何代。旧志云："神初王永嘉，有功德于民，遂为立庙。"

此为旧祠。《乾隆府志》认为永嘉王庙所祀可能就是东瓯王：

> 永嘉王庙。在永宁巷。按，《志》称"神初王永嘉，有功德于民"，则非遥领追赠者。比考史乘，唯驺摇王东瓯，其庙额旧称"永嘉地主昭烈广泽王"，岂兹庙所祀即驺摇欤？附识，俟考。[2]

据《弘治府志》，"永宁桥。在永宁坊"，[3] 而"大忠坊。旧名永宁坊，内永宁庙在焉。成化间知县刘逊建二颜庙，改今名"。[4] 据《万历府志》，则刘逊据永宁庙建二颜庙，"（颜鲁公祠）岁久圮。成化间邑令

1　《万历温州府志》卷一二，第10页。
2　《乾隆温州府志》卷九，第112页。
3　《弘治温州府志》卷五，第87页。
4　《弘治温州府志》卷六，第106页。

刘逊改东北隅永宁庙为公祠，合恒山公祀焉"。[1]《光绪县志》径指永宁庙即永嘉王庙，"永嘉王庙。在永宁桥东，又称永宁庙，内有颜氏双忠祠"。[2]如永嘉王庙所祀为东瓯王摇，官府似无改祀颜氏之理由。《嘉靖延平府志》载，"衍山书院。在府城西门外，正德十五年，知府欧阳铎改淫祠永宁庙而立，以祀宋黄裳"。[3]此处永宁庙被指为淫祠而改祀儒家先贤，与刘逊改永宁庙为颜氏祠类似，因此永嘉王庙更可能是民间巫神祠庙，与东瓯王应该无关。

（28）海神显相庙　在城内海坛山上。唐咸通二年建。先是郡数有台风，民苦之，建庙山巅，祠海神以镇之，每风作则涛（祷）。

所祀为温州当地的海神。《万历府志》载：

> 海神庙。在城内海坛山上。唐咸通二年建，郡苦飓风，建庙山巅以镇之。每遇风作则祷，未知为何神。宋元祐五年，守范峋梦神，自言李姓唐武宗时宰相，以事南迁而没，今在城东北隅丛薄间。范悟疑为卫公德裕，作新庙貌，上其事。崇宁元年赐额"善济"，封侯爵。元至正丁酉庙圮，因创神行祠于状元坊剃头巷故庙。宋赵屼有记。[4]

赵屼，《宋史》有传。[5]《弘治府志》载其"元丰二年八月以大理评事通判温州事，廉慎自持，勤于佐政，石守特之爱其能，悉推委之，由是郡务悉治"。[6]赵屼《谒海神庙记》作于元丰三年（1080）八月十七日，记文中一半以上的篇幅描写了温州严重的风灾情况，然后记海神庙称：

1 《万历温州府志》卷四，第8页。
2 《光绪永嘉县志》卷四，第440页。
3 《嘉靖延平府志》学校志，第14页。
4 《万历温州府志》卷四，第6页。
5 《宋史》卷三六，第10325页。
6 《弘治温州府志》卷八，第168页。

　　辛而有海神庙者，在郡城东北隅海坛山之上。风之兴，长
吏或躬往，或遣僚属祷之，或验或不验，岂非情至与不至耶？
不唯风尔，至于水火之灾，旱蝗之虐，祷之多应，诚有德于斯
民者，列之祀典，宜哉！前日风，余从太守石公凹祷于庙下，
翌日风遂定，今晨来致谢，民皆欢喜。余以谓诚之至者，犹可
以动无情之金玉，况有德于民之神乎！孔子曰："丘之祷久矣。"
则至诚之心贵行之于平居无事之时，非特措之于仓卒之变而已
也。温州频年火，而火常苦风，虽莫不有数，意其为吏者，莫
知兹神之灵而不知来祷。借有祷之，或措诚于仓卒，而责应于
必然，皆未可也。因笔以告来者。[1]

根据赵岘记文可以想象海神庙在当地具有重要地位，是官府祷神禳
灾祈福的重要场所。元祐五年（1090），范峋以梦神为由将其他附
会于唐代名宦李德裕，从而使得温州的海神庙与名宦祠融合，更符
合官方的观念。此后，两宋时期温州海神庙多受封：

　　海神祠。一在温州永嘉县。徽宗崇宁元年十二月赐庙额
"善济"。政和五年三月封灵施侯。哲宗元祐中神现梦于郡守范
绚，自谓唐李德裕。光尧皇帝建炎四年七月加封宁惠英烈公。
绍兴二年闰四月加"忠亮"二字。二十四年九月加封宁惠英烈
忠亮孚应公。寿皇圣帝乾道九年十月封顺应王。[2]
　　善济庙。庙在温州府。海神顺应灵佑王，嘉泰二年五月加
封顺应灵佑广惠王。[3]

《万历府志》与赵岘记文均称"海神庙"，唯《弘治府志》名之"海

---

1 《弘治温州府志》卷一九，第 509 页。
2 《宋会要辑稿》礼二〇《水神祠》，第 1045 页。
3 《宋会要辑稿》礼二一《诸神祠》，第 1089 页。

神显相庙","显相"称号来源待考。

**（29）忠靖圣王庙　**在郡城内蒙泉右偏。神姓温名琼，唐平阳黄泥桥人。

关于温琼信仰，康豹有专文《道教与地方信仰——以温元帅信仰为个例》。该文讨论了温琼在道教与民间信仰中的不同面貌，其中南宋的神霄派道士黄公瑾的《地祇上将温元帅传》中称，温琼武夫出身，曾随郭子仪与安禄山作战，后来在泰山脚下当屠夫，在东岳庙成神。该文通过宋濂的庙记与《三教源流搜神大全》介绍了元明时期温琼的两个主要形象，其中这样介绍宋濂元至正十五年（1355）《白石忠靖王庙记》塑造的温琼形象：

> 此碑文中，温琼只是一唐代士族子弟，父母本来无子，向玉帝求祷后，有异梦，而怀下温琼。琼幼年即熟读三礼，亦习"禹步"，然屡试进士不第，遂誓奉泰山神（东岳大帝），驱逐瘟疫……碑文中所用的称号是"正福显应威烈忠靖王"，显然是国封而非教封。这当然是浙江一带方志最常用的温元帅封号。[1]

按：宋濂《白石忠靖王庙记》，"王初封'翊灵昭武将军正佑侯'，其曰'正福显应威烈忠靖王'，则宋季之累加也"，[2]则忠靖王是宋廷的封号。宋濂又称，温琼是"温之平阳人"，所记忠靖王庙也在平阳县，即《弘治府志》所记平阳广灵庙，"在城西。神姓温名琼，唐人，世居黄泥桥，宋常簿林铠夫建庙立石，宋景濂记之"。[3]林铠夫是乐清人，景定三年（1262）进士。[4]林铠夫所建平阳温琼庙或为祖

1　〔美〕康豹（Paul R. Katz）:《道教与地方信仰——以温元帅信仰为个例》，赵昕毅译，高致华编《探寻民间诸神与信仰文化》，第136~137页。

2　《弘治温州府志》卷一九，第554页。

3　《弘治温州府志》卷一六，第425页。白石在平阳县万全乡一都，参见《弘治温州府志》卷六，第102页。

4　《弘治温州府志》卷一三，第356页。

庙，据此推测永嘉创建忠靖王庙当在此后，而宋濂的记温州道士诸
祥曦至正四年（1344）"新作温忠靖王庙成"，[1] 当指原广灵庙的一次
重修。

永嘉的温琼庙应该是宋末或元代时建，当时的温琼应该是获封
赐的民间巫神，尚未作为道教神被奉祀。

（30）惠民王庙 在城内北市街。俗称"三港大圣"。神姓陈，
逸其名。唐时人，祖庙在瑞安三港。

三港大圣的祖庙在瑞安。《弘治府志》记瑞安县惠民庙来历：

> 在嘉屿乡三港。神陈工，唐时人，居邑之洪口。幼时宅
> 旁有大竹林，母令取竹，神以两指握之皆破，今有二竹林。及
> 长，为大公行舟于海。当岁除在南闽，乡人同舟者皆忆家。神
> 谓曰："宜各闭目，来日可到家贺新正。"咸未之信，姑从其言。
> 但闻舟戛林木有声，达旦则舟抵其乡矣。（人船既殁），乡人商
> 于海，值风，舟将覆，忽帆樯间有声，泄其姓氏，及济还，为
> 立祠于三港，俗称"三港大圣"。[2]

《万历府志》记宋代封赐：

> 因为立庙三港。宋宣和敕封赐额，后以地远，不便祈祷，
> 故郡邑多建行祠焉。[3]

《光绪县志》又记载宣和敕封的相关传说：

> 方腊犯境，神显异，寇不敢入邑，令王济上其事，封护国

---

1 《弘治温州府志》卷一九，第 554 页。
2 《弘治温州府志》卷一六，第 423 页。
3 《万历温州府志》卷四，第 11 页。

> 惠民侯，进福善王，元至正间加"庄济"。[1]

以上文献记载呈现"层累"的结构，宣和年间赐封事或不可信。但"三港大圣"当自宋元时有之，是瑞安当地的海神信仰，在温州传播较广。

（31）广惠庙　在城内厢（麻）行街，今广惠坊，神周氏。

广惠庙可能原本是永嘉当地十分兴盛的民间信仰，后来遭到官府的打击以及宋濂的篡改，因此相关的记载含糊不清。《万历府志》亦载广惠庙，"在城内麻行街，神周氏"。[2]《乾隆府志》的信息较多：

> 广惠庙。在永清门内，姓周名爽，唐时人，喋醪灭火，运米济饥，宋建炎间建庙，明洪武诏六月初十祭。[3]

麻行街与广惠坊两个地名，均不见载于《弘治府志》"坊门"，然而《万历府志》与《永嘉县志》均有记载。《万历府志》载：

> 广惠坊……喋酒坊，俗麻行巷。[4]

《光绪县志》载：

> 广惠坊，今曰麻行新街……喋酒坊，俗曰麻行巷。[5]

《弘治府志》"坊门"虽不记载麻行街与广惠坊，但有喋酒坊：

1　《光绪永嘉县志》卷四，第 436 页。
2　《万历温州府志》卷四，第 6 页。
3　《乾隆温州府志》卷九，第 112 页。
4　《万历温州府志》卷三，第 28 页。
5　《光绪永嘉县志》卷三，第 252、253 页。

噗酒坊，郡守杨蟠以其地灵火，故名。[1]

杨蟠，绍圣二年（1095）至元符元年（1098）知温州，入《弘治府志·名宦传》：

> 杨蟠，字公济，章安人。绍圣二年以承议郎知温州，宽和恺弟，待百姓如妻子，唯恐其嗟怨。立石仪门，镌刘述五事劝民者。定城中三十六坊。在任二年，民爱之如父母。遇风日妍丽，老稚必问郡守曾出游行否？共得民心若是。元符元年二月间赴阙去任，民攀留不忍别。[2]

杨蟠"定城中三十六坊"，噗酒坊以其地"灵火"名，显然是指广惠庙神主周爽"噗醪灭火，运米济饥"事。既然杨蟠时已有噗酒、灵火事，广惠庙始建时间似应早于《乾隆府志》记载的"建炎间"。

明弘治十一年（1498）永嘉知县汪循作《唐将军庙碑记》称：

> 循始莅官谒神，见神庙多不治，喟然叹曰："敬天事神，为政之首务。今庙若是，可但已乎？"既而，以事过所谓广惠庙者，工极侈丽，中无所有，见牌书"土谷之神"，怪而问之曰："土谷之神，社稷也，亦既有坛矣，奚以屋为？"从者告以其故，乃白于太守文侯宗儒，相庙陋之尤者，相与舁唐将军龚公之神以乘之，于以杜其窥伺之心，使知即正弃邪以示风教，亦重慎财力，用以纾吾民也。呜呼！予岂拂民之性者哉，不得已也。[3]

工极侈丽的广惠庙中并无神主，只有牌书"土谷之神"，汪循问其

---

1 《弘治温州府志》卷六，第107页。
2 《弘治温州府志》卷八，第167页。
3 《弘治温州府志》卷一九，第587页。

故而移龚将军神像，如此蹊跷的现象必有复杂的背景，亦即所谓的"从者告以其故"。汪循记文中没有交代"从者告以其故"的具体内容，但记文开篇所描述温州地区民间应对官府打击淫祠的手段，应该即是指广惠庙而言：

> 温俗好鬼，多淫祠，凡市集、乡团居民，或百余家，或数十家，必设立一鬼以祀之。其有水旱疾病患难，即争操豚蹄，挈壶浆祭祷以祈福，虽渎不厌。每遇官府举行朝廷简汰之诏，辄匿其像僻室中，而掩以土谷神位，伺长人者防范少懈，复出祀之，其敬信如此。至于聪明正直之鬼著在祀典者，漫不加敬，而亦不之信也。[1]

显然，广惠庙中的"土谷之神"牌位乃是民间为应对朝廷打击淫祠而临时设置的幌子，这时民间信众将"淫祠"神主隐匿起来，对官府设置的"聪明正直之鬼"则"漫不加敬"。通过汪循记文可以了解，广惠庙规模宏伟，"工极侈丽"，深受民众信仰，又具有浓厚巫神信仰色彩，虽不为官府或者士大夫所容，屡次毁禁，却能复祀重生。此外，嘌酒坊与广惠坊两坊名称，均由广惠庙而来，也说明在当地影响之深远。然而嘌酒坊与广惠坊不在一地，又分别俗称麻行街与麻行新街，似乎广惠庙曾有迁徙之举。联系汪循记文所谓"从者告以其故"，可以想象广惠庙之身世必有曲折，而产生这些奇怪的现象，又必然与汪循所谓民间"漫不加敬"之"聪明正直之鬼"有关。

那么汪循所谓"聪明正直之鬼著在祀典者"究竟是何方神圣？比较《弘治府志》与后续府志、县志，容易发现《弘治府志》漏载一种极重要之祠庙，且该祠庙亦在广惠坊，此即"横山周公庙"，

---

1 《弘治温州府志》卷一九，第587页。

宋濂记文称之为"横山仁济庙"。离奇的是，《弘治府志》全文收录了宋濂这篇《横山仁济庙记》。宋濂记文篇幅长达 1400 余字，兹不赘引，仅引《万历府志》"横山周公庙"条引宋濂《横山仁济庙记》说明大概：

> 横山周公庙。在广惠坊，俗称平水王庙，洪武初诏定庙号，岁二月朔致祭。学士宋濂《记》略曰：神讳凯，字公武，姓周氏，世居临海郡之横阳。临海属邑曰永宁，曰安固，曰横阳，地皆濒海。海水沸腾，蛇龙杂居之，民罹其毒。神乃白于邑长，随其地形，凿瓮塞而疏之，遂使三江东注于海，水性既顺，其土作乂。永康中，三江逆流，风挟怒潮为孽，邑将陆沉，民咸惧为鱼。神奋然曰："吾将以身平之。"即援弓发矢，大呼冲潮而入。水忽裂开，电光中见神乘白龙东去，但闻海门有声如雷，而神莫知所在矣。俄而水势平，江祸乃绝。邑长思其功，号其里曰"平水"，且建祠尸祝之。逮入国初，诏礼官定议为"横山周公之神"，仍命守土臣岁修祀事。其佐神张铉，字子元，郡人。宋右科进士，忠简公阖之族孙，仕至閤门宣赞舍人，刚烈正直，尝上疏言事，忤史嵩之，被斥而殁。既殁而显灵，太守吴泳因并祀之，庙号"嘉惠"，元封"协惠侯"，进"正肃英烈王"。[1]

宋濂庙记称周凯出生于东吴、西晋之间，成神之后，东晋、南朝、唐、宋各代神迹六件，又称"神之灵异，或见诸记载，或相传于父老之口如此者，盖不一而足，今则粗举其概而已"。记文又叙神之封赐及庙宇建修，宣称"至于庙宇之建修，皆郡守任其责。可考见者自陈毛喜逮元左答纳失里凡一十三人云"。[2] 现存的其他文献中并

---

1 《万历温州府志》卷四，第 4 页。
2 《弘治温州府志》卷一九，560 页。

不见宋濂以前有关周凯神话的记载，"自陈毛喜逮元左答纳失里凡一十三人"建周凯庙之说更是无从考证。

宋濂记文，又有明显穿凿附会，"神讳凯，字公武，姓周氏，世居临海郡之横阳。临海属邑曰永宁、曰安固、曰横阳"。横阳即平阳，既居横阳，为何不称"东瓯"、"永嘉"、"东嘉"或"永宁"之横阳，偏偏称其为"临海"之横阳，岂非多此一举。而且既居平阳，为何平阳无其祠庙，反而在永嘉立庙？其中当然别有隐情。

其实此平水王庙本在临海，孙衣言《瓯海轶闻》记载：

> "横山周公庙，俗称平水王庙。"宋文宪《记》谓神讳凯，字公武，姓周氏，初封为唐，为平水显应公庙，与《赤城志》所载微异。[1]

陈耆卿《赤城志》载：

> 平水王庙在白鹤山西，祀西晋周清。俗传清以行贾往来温、台，俗呼周七郎，娶临海林氏女。俄弃杵化龙，与女皆不见。后有遇彭公屿者，遂祠之。大中祥符九年，以显异于温，锡今封。[2]

宋濂所谓平水之周凯，显然由《赤城志》所载临海之周清转化而来，非但出生时代均在西晋，而且唯此可以解释宋濂为何非称周凯"世居临海郡之横阳"。又《赤城志》称大中祥符九年（1016）神"以显异于温"而获"平水王"之赐封，"显异于温"并不指祠庙在温州。然而宋濂假托"祠初在城之西郊，及更永宁为永嘉郡，郭

1　孙衣言：《瓯海轶闻》，第 1478 页。
2　《嘉定赤城志》卷三一，第 7521 页。

璞相土迁之于西洋"，云山雾罩中将祠庙搬迁至永嘉，而且在编造
一系列神迹时，也不忘以大中祥符年间事为终结：

> 大中祥符初，诏营玉清昭应宫，取材于温之乐成。使者
> 以重山不可致，走祷于神。忽风霆凌厉。龙湫震荡，巨石皆起
> 立，大木斯拔，蔽江流而下。[1]

这番故事，当是作为大学士的宋濂见到"大中祥符"联想到"玉清
昭应宫"而编造出来的。至于宋濂将平水王搬至西洋，有一些更加
"巧妙"的设计显露了"再造"的痕迹。原来宋濂除了将临海平水
王重新塑造之后搬迁至永嘉之外，还将永嘉境内原有的孚德庙所祀
之张铉拉入了横山平水王庙，"其佐神张铉，字子元，郡人……"而
祀张铉的孚德庙，恰恰就在"城内西洋"。[2]这就不难理解"郭璞相
土迁之于西洋"之原始"出处"了。

总之，只有相信宋濂为了以"聪明正直之鬼著在祀典者"打击
淫祠广惠庙，从而将临海之平水王庙一手炮制成永嘉之"横山仁济
庙"，才能解释前述种种奇怪的现象。宋濂制造的横山仁济庙当然
遭到了广惠庙信众的强烈抵制，并且竭力恢复原来的广惠庙，这样
就能解释《弘治府志》为何不载横山仁济庙却收录宋濂记文。此后
广惠庙持续遭受官府的打击和信众的保护，这就形成了汪循记文描
述的奇怪现象，以及噀酒坊与广惠坊的分离。

广惠庙所奉祀的周氏原来应该是以噀酒灭火为主要神迹的民间
巫神，"广惠"的庙额不知源于何时，但知州杨蟠既然以其神迹作为
坊名，很有可能就是宋朝的赐额。宋元时期永嘉的广惠庙信仰显然
十分兴盛，但按明代的标准广惠庙的淫祠特点非常突出。宋濂试图

---

1 《弘治温州府志》卷一九，第 560 页。
2 《弘治温州府志》卷一六，第 419 页。

以临海的平水王周清改造广惠庙信仰，生造了周凯这个新的神明，导致永嘉民间的广惠庙信仰与官方横山周凯正祀的激烈冲突。民间的广惠庙虽然屡毁屡兴，但毕竟在官府的持续打击中走向衰落。

（32）**赞善王庙**　在城内瑞安门底。旧传为大圣寺护伽蓝神。

赞善王庙的来源不详，但具有佛教色彩。《万历府志》载：

> 赞善王庙，在瑞安门内，相传尝有绯彩飞挂殿上，故近庙居民素无火患。佐神有五道将军。[1]

明代有藏僧获封"赞善王"，《明会要》载：

> 赞善王。赞善王者，灵藏僧也。其地在四川徼外，视乌斯藏稍近。永乐四年，其僧珠卜巴勒（旧作著思巴儿）遣使入贡，命为灌顶国师。明年封赞善王，赐印诰。[2]

佐神五道将军是"佛教中位居阎罗王之下较低等的掌死之神，在唐代这一观念伴随着佛教的流行，广泛存在于民间"。[3] 从"旧传为大圣寺护伽蓝神"以及以五道将军为佐神等情况看，赞善王庙与佛教有密切关系。不排除温州赞善王庙所祀即永乐四年（1406）所封灵藏僧的可能。[4]

（33）**保安侯庙**　在城内平定仓前，本府里域神。

宋代多以保安侯封山神或土地神，《宋会要辑稿》载：

> 和尚原山神、土地祠。光尧皇帝绍兴元年十月，山神封康

1　《万历温州府志》卷四，第 6 页。
2　《明会要》卷七八，中华书局，1956，第 1531 页。
3　贾二强：《说"五道将军"》，《中国典籍与文化》1994 年第 1 期，第 68 页。
4　沈卫荣：《元明两代朵甘思灵藏王族历史考证》，《中国藏学》2006 年第 2 期，第 144 页。

卫侯，土地封保安侯，并赐"协济"庙额。[1]

黄牛山神祠，在峡州夷陵县洛川。高宗绍兴七年闰十月赐庙额灵感，十九年八月封保安侯，孝宗乾道元年八月加封嘉应保安侯，七年十二月加封泽润嘉应保安侯。[2]

"本府里域神"可能即指温州民俗供奉之土地神，"保安侯"也可能由宋朝敕封，无从详考。

（34）赵清献公祠　在八风丹巷。

赵清献公即赵抃，北宋名宦。其子赵㞦元丰二年（1079）八月以大理评事通判温州，"迎父侍养，作戏彩堂，时以为荣。"[3]温州赵清献公祠不知建于何时。但南宋时各地已出现不少赵清献公祠：

（衢州府西安县）赵清献公祠。旧《浙江通志》：在郡城拱辰门外二里，即公故居。宋咸淳间郡守陈蒙请于朝，立祠。[4]

（金华府兰溪县）赵清献公祠。《万历金华府志》：隆庆初建，在平康桥北，祀宋赵抃。[5]

（刘子和）更调赣州教授……及至官，视其学故有赵清献公祠，后废，而生祠郡守、部刺史至五六人。子和曰："赵公与濂溪先生法皆当得祠者，今或废于已举，或初未尝立也，彼纷纷者，果何为哉？"命悉撤去，而更为二公之祠。诸生请曰："赵公则闻耳矣，敢问濂溪何人也？"子和具告之故，且出其书，使之读之……[6]

1　《宋会要辑稿》礼二〇《天地月星风雨岳渎等祠》，第998页。

2　《宋会要辑稿》礼二〇《山神祠》，第1043页。

3　《弘治温州府志》卷八，第168页。

4　《雍正浙江通志》卷二二四，第3页。

5　《雍正浙江通志》卷二二三，第7页。

6　朱熹：《刘子和传》，《晦庵先生朱文公文集》卷九八，朱子全书本，上海古籍出版社等，2002，第4574页。

宋代温州永嘉几乎没有奉祀当代文臣的独立祠庙，赵清献公祠或是特例。

（35）**章恭毅公祠**　在竹马坊，弘治辛酉（十四年）邓守淮建。祀明代乐清人章纶。

（36）**容成庙**　在城内华盖山岭下。神陈、留二府君，乃华盖山神容成太玉洞主。

容成子是远古神话及道教人物，饶宗颐有《（传老子师）容成遗说钩沉——先老学初探》一文专论之。[1]华盖山是道教三十六洞天，传说"黄帝时造历容成子修炼得道之地，后莫知所之"。[2]元延祐年间（1314~1320），有曹渊龙等建容成道院，黄溍撰文记之，略谓：

> 旧传宋仁宗梦游于此，三遣使致香币礼祠焉。前后为是郡者，宝历则张又新，绍圣则（杨）蟠，咸有赋咏，山川之灵亦既发舒，而宫宇仪物尝盛矣，夫何不久复就芜废。至大己酉（二年），郡太守某公按《永宁编》得其故墟，面儒黉而背佛刹，地之广袤，寻丈而已，亟命作门，标识其处，未几辄毁于灾。广信朱君某，夙有方外志，侨居永嘉甚久，将择地建屋，乃求（全）真之侣与居与游而终老焉。玄妙观提点曹君某、郡人王君某金谓："华盖，仙圣之所主治，吉壤也。"朱君卜于其所奉戈阳惠爱庙神而协，捐钱购山旁童氏地以尺计者若干，割田贸玄妙东偏地以尺计者若干，缭以修垣，创门芜、殿堂、室庐、庖庚，为屋以间计者若干……经始于延祐庚申（七年），落成于至顺庚午（元年）……[3]

1　参见饶宗颐《（传老子师）容成遗说钩沉——先老学初探》，《北京大学学报》（哲学社会科学版）1998 年第 3 期。

2　《弘治温州府志》卷一六，第 434 页。

3　《弘治温州府志》卷一九，第 543~544 页。

宋人李洪有诗《游华盖山容成洞天》：

> 小雨廉纤早酿寒，清晨来访道家山。寂寥玉座缨香覆，点
> 缀碧岩枫叶丹。地胜七山星有斗，人疑千岁鹤飞还。闲翻洞简
> 寻真诀，脉望难求发似环。[1]

元延祐年间（1314~1320）容成道院建成前，容成祠只是"寂寥玉
座缨香覆，点缀碧岩枫叶丹"的小祠庙，"面儒黉而背佛刹，地之广
袤，寻丈而已"，并不起眼。

**（37）显通庙　在城内新河街。旧传五圣祖庙，在西山，本云
居院护珈蓝神。**

显通庙或为改头换面的五通庙。皮庆生《宋代民众祠神信仰研
究》：

> 五通，又称五显或五圣，祖庙在徽州婺源（治今江西婺
> 源）。据《新安志》卷五，庙在婺源县西，其神五人，大观
> 三年（1109）赐庙额灵顺，宣和五年（1123），五神分别封
> 为通贶、通佑、通泽、通惠、通济侯，所以又称五通。之所
> 以称为五显，是因为淳熙元年（1174）五神加封为显应、显
> 济、显佑、显灵、显宁公。至于五圣，自是信众对所奉祠神
> 的尊称。[2]

南宋时五通信仰在中国东南一带非常兴盛，温州"旧传五圣祖
庙"也应该出现在南宋时期。至于如何演化为显通庙、为何从西山

1　李洪：《芸庵类稿》，文渊阁《四库全书》第 1159 册，第 101 页下 ~102 页上。
2　皮庆生：《宋代民众祠神信仰研究》，第 225 页。

移至城内新河街、为何"本云居院护珈蓝神",均不得而知,猜想也是明代毁禁淫祠的结果。

（38）兴福九圣庙　在城内松台山麓。

来源、性质、年代均不详。但可能是宋代与五通神信仰有关的淫祠。《夷坚志》有一篇《九圣奇鬼》故事,讲述隆兴二年（1164）巫鬼在薛季宣家作祟之事,情节相当曲折。最后薛季宣请道士解围,巫鬼交代原委,薛季宣怒而毁其祠:

> 　　我西庙五通九圣也。沈安之所事,皆吾魆属。此郡人事我谨,唯薛氏不然,故因沈巫以绐之,欲害其子。今手足俱露,请从此别……鬼反呼正神为贼将,言曰:"勿得以戈梼我,我为王邦佐,铁心石肠人也,汝何能为,趣修我庙乃已。"宣不复问,领仆毁其庙,悉断土偶首……以篮盛尸去三,朱榜标其后,曰"九圣",曰"山魆",曰"五通",罪皆有状,使徇于庙,相次以驴床钉……[1]

薛季宣所遭遇之"西庙五通九圣",或即此兴福九圣庙,所祀九圣、山魅、五显,应该是同一类型的巫鬼怪魆。从《夷坚志》的这则故事看,九圣庙在当地颇具势力,不知薛季宣毁庙后是否开始衰落。

（39）广佑万灵庙　在城内平定仓。

待考。

（40）灵应七圣庙　在城内华盖山下。宋咸淳赐额,封孚惠侯。

神主"封孚惠侯",《弘治府志》并未记载灵应七圣庙以外的孚惠庙。万历、乾隆府志均无"灵应七圣庙",但均载"孚惠庙"。《万历府志》载:

1　洪迈:《夷坚志》丙志卷一《九圣奇鬼》,第369页。

> 孚惠庙。在仙居乡五十一都，神陈氏，名盈，茗香人，宋
> 真宗时以阴兵护驾，封孚惠侯。[1]

《乾隆温州府志》载：

> 孚惠庙。在五十一都，神陈氏，名盈，茗香人，任侠仗
> 义，殁显灵异。宋真宗时以阴兵护国，封孚惠侯。[2]

城内华盖山与仙居乡五十一都显然是两地，灵应七圣庙与孚惠庙为两
处不同的祠庙。《光绪县志》同时记载了灵应七圣庙与孚惠庙：

> 灵应七圣庙，在七圣巷，神薛氏，宋咸淳间，赐额封孚惠
> 侯（旧志）。[3]
> 孚惠庙。在瓦市殿巷，一在仙居乡四十七都枫林，神陈
> 氏，名盈，梅溪茗奥人，宋真宗时澶渊之役，以阴兵护驾，封
> 孚惠侯。[4]

灵应七圣庙神主薛氏，于咸淳间（1265~1274）赐额孚惠侯，与孚
惠庙神主陈盈，宋真宗时以阴兵护驾，两庙应该并无关联。据《永
嘉金石志》，永嘉白泉《陈氏宗谱》有一篇《宋陈五侯王庙碑记》，
其中叙述了楠溪仙居乡利仁里下坞的"陈五侯王庙"即"显应庙"，
甚至收录了宋理宗时尚书省赐额"显应"的牒文。碑文最后又提及
距显应庙五六里地的另一种祠庙，神主即为陈盈：

---

1 《万历温州府志》卷四，第 7 页。
2 《乾隆温州府志》卷九，第 113 页。
3 《光绪永嘉县志》卷四，第 441 页。
4 《光绪永嘉县志》卷四，第 442~443 页。

盖芙蓉里有陈氏族聚，通显应于宋，神同姓名盈，居小
源，宜显灵先于芙蓉也。今下坞南望芙蓉，仅五六里，其祠支
于下亦宜也。[1]

据此推测，陈盈孚惠庙是芙蓉陈氏家族奉祀的祠庙，《弘治府志》既
未见载，或者是弘治以后新创的祠庙，"宋真宗时以阴兵护驾"之说
或为陈氏族人编造。

灵应七圣庙的名称颇似于前述兴福九圣庙，不知类型是否相似。

（41）**显佑庙**　在城内甘泉坊东，神戴氏。

《弘治府志》载平阳县有"显佑庙"，"在夹屿桥，神姓戴，名
崇真"。[2]

（42）**孚德庙**　在城内西洋。神宋阁门宣赞舍人张铉，字子元，
永嘉人，忠简公阐之孙。生于嘉定庚辰（十三年），未冠，登端平
乙未（二年）右科朱熠。嘉熙己亥（三年），因上书极言时事，忤
史相嵩之，被斥，不反舍，径出国门归乡里。庚子夏殁，显灵，为
平水庙佐神。吴守泳悯其忠烈，立像祀之。水旱灾沴，祷应如响。
助神黄德正，郡之悌华里人。元至正未（十五年）春，年十九，
无疾而殁，越三日，家有女童降曰："我黄德正也，今为张侯助
神，可立像于祠。唐帽襕袍束带，二童捧书剑立侍。"或曰："诸庙
助神皆方巾花袍，兹服恐弗祚？"答曰："但依吾语，岁一纪后凡
仕者皆为此服矣。"遂如其言。至洪武戊申（元年）冬，始悟其言
之验。

最初为之立祠的吴泳，《宋史》有传，嘉熙四年（1240）知
温州，"赴官，道间闻温州有饥，至处州，乞蠲租科降，救饥者

1　李贞：《宋陈五侯王庙碑记》，郑小小主编《永嘉金石志》，中华书局，2011，第 290 页。
2　《弘治温州府志》卷一六，第 425 页。

四万八千有奇，放夏税一十二万有奇，秋苗二万二千有奇，病者复与之药"。[1]

《光绪永嘉县志》卷二三"古迹志"收录明人吴沈所撰《横山孚德庙碑》，其中叙述张铉事迹甚详：

　　余观永嘉张侯，信矣。侯讳铉，字子元，其先四明人，唐和州刺史无择之后。宋乾德中，九世祖始家永嘉，迨五世祖阐，仕至吏部尚书、端明殿学士，赠少师，谥忠。简而降皆高科显官。侯生于嘉定庚辰，容貌异常，神气俊爽，慷慨有大志，博习经史，尤精韬略，善风角，虽卜筮方技之书，靡所不究，善骑射，弓剑绝伦，喜交豪侠士。年十六，领乡荐，试春官不利，乃就右科，登端平己未朱熠榜第，阁门宣赞舍人，耿介特立，足不蹑权贵门，睹时政日紊，郁郁不乐。嘉熙己亥冬，虹见风霆，侯上书极言时事，忤史相嵩之，被斥，径不返舍，遂归乡，尽散其囊橐于族里之贫者。时宝谟阁学士吴泳守温，访侯，因语曰："谮佞浸渍，天象垂示，不可忘武备也。刓郡城东负山，北倚江惟，西南跨水枕虚，宜亟修理以备缓急。"泳然之，乃与胥董其事。郡之西山，侯从曾祖太府丞墓在焉，侯命营一圹，其侧曰："吾不日居是。"尝与郡守燕，酒酣，谓坐客曰："吾欲致力中原，不堪矣。"乃满自变量觥而出，自是忽忽若醉，语人祸福，秘悉中。一日晨兴，正衣冠，告兄铸曰："上帝以吾有爱君忧民之心，命为平水佐神。"言既而逝。时居宅外，连夕闻人马金铁声。年二十一，遂葬所营圹。守为创祠立像，水旱疾疫，祷之回应。德祐末，元兵至，首攻西城，咸服其先见。至元己卯，桔寇詹老鹘攻郡城，监郡刘万奴先遁去，安抚徐似孙祷神，与战，有张合门旗见寨台峰，贼即

溃去。既而闻帅哈剌觯舟师自海上至，万奴乃嫁祸郡邑，请于帅，将屠城，似孙辨不能明。侯示梦似孙，但力争勿惧。翌日与万奴对辨，言及神之事，帅乃叹曰："宋家忠臣，乃为神乎。"意大悟，民赖以免。至大己酉，重建庙门，儒士章仕尧撰上梁文，梦侯慰谢，道及科目事，则曰："遇虎当兴，蛇猴亦起，但未睹其头角耳。"至延祐甲寅科举，问丁巳庚申，仕尧两中省试，悉符所言。有龙泉民张源孙，被诬系狱，梦神谓当救之，因誓曰然则当罄家赀以报。已而果脱，乃大伐材木新其祠宇。至正间海寇攻郡，坡祷于祠，神显灵而寇退，南台侍御史左答纳失里、浙东佥宪王武类其绩闻于朝，初封"协惠侯"，加封正肃英烈王，庙额"孚德"。侯父摭封显庆侯，母吴氏赵氏封夫人。国朝岁祀横山周公，以侯配焉，列在祀典。

郡人有黄德正者，年十九而卒，后附女童言曰："我今为张阁门助神，巫肖吾像于祠左，唐衣冠可也。"或曰助神若是耶，答曰"岁一纪后凡仕者皆此服矣"。至我朝乃验。又有蜃川渔者林毅，生平鲠直，自塑其像于祠下而终。二神亦有灵响，元末皆封将军……

洪武十六年春三月记

成化十三年龙集丙申春王月吉日重立

（右碑在蛟翔里仁济坊平水王庙）[1]

根据这个碑记，则张铉在宋代"守为创祠立像"，至元代获封赐入祀典，至明初成为横山仁济庙平水王周公的从神，祠庙也移入"平水王庙"。张铉的事迹具有明显的巫神色彩，应该是宋代已获封赐的民间信仰。张铉形象中的士族、科举、理学（忤史嵩之）色彩，有可能是元明时代文人如宋濂等所编造。

1　《光绪永嘉县志》卷二三，第 2160~2165 页。

（43）**显应庙**　在城南厢外沙。神姓张，南溪小源（源）麻铺人。宋宣和方寇至，阵亡，逆水流三滩。因建祠祀之。

前述张忠惠侯庙祀张理，张理在宣和睦乱中"力战方酣，贼众披靡，而桥陷溺死"，《光绪永嘉县志》或许据此认为显应庙"疑即张忠惠侯"。[1]

前述永嘉白泉《陈氏宗谱》中的《宋陈五侯王庙碑记》称当地"有显应庙曰陈五侯庙"：

> 一日，姻友里人戴思忠出旧录宋理宗尚书省牒示予：
> 牒该礼部申，准御封降下两浙转运司状卷：近据温州府申，永嘉楠溪芙蓉里南社陈五官庙，坐镇一乡，民居数千余口，依密佑多，历年所祷随感而应，显灵不可殚述。如乙酉秋，水旱在处为虐，及绍定三年夏秋癫疾流行，死者委积。此方居民日祷祠下，如响答声，独免无危。为国保民委有功绩，乞舒爵施行。本司委官申究核实，明保是实。状候敕旨，批送礼部勘当，申尚书省。寻连检太常寺申，高宗建炎三年正月初六以降指挥，神祠遇有灵应，即先赐额。今拟额曰：显应。绍定五年七月二十三日……[2]

陈氏族谱钞录的这件牒文似有所据，然真伪莫辨。但陈五侯庙应该是陈族家族祠庙，不排除陈氏家族将陈五侯庙附会显应庙赐额的可能。

（44）**保德明王庙**　在瑞安门外城南厢。宋大中祥符元年（立），神姓萧名曜。

待考。

1　《光绪永嘉县志》卷四，第442页。
2　李贞：《宋陈五侯王庙碑记》，郑小小主编《永嘉金石志》，第290页。

大中祥符七年（1014）十一月癸未，宋廷下诏，"翊圣将军宜加号曰'翊圣保德真君'"。[1]翊圣保德真君即黑煞将军，曾降世预言宋太宗赵光义之即位，因此得到皇室的奉祀：

> 杨亿《谈苑》曰：开宝中，有神降于终南山，进士张守真自言："我天之尊神，号黑煞将军，与真武、天蓬等列为天之大将。"太宗即位，筑宫终南山阴。太平兴国六年，封翊圣将军。《翊圣传》曰：建隆之初，凤翔府盩厔县民张守真游终南山，闻空中有召之者曰："吾高天大圣玉帝辅臣，授命卫时，乘龙降世。"太宗遣王守节、王龟从就终南山下筑宫。兴国初，诏封"翊圣将军"。真宗受元符、封泰山后，大中祥符七年，诏加号曰"翊圣保德真君"。[2]

黑煞是星曜之神，《星学大成》载："计都……怒则为黑煞……能掩日月之光。"[3]或许保德明王庙与翊圣保德真君并无关系，但"大中祥符"年间所立、神姓萧名"曜"的"保德"明王庙，容易让人联想到大中祥符年间加封为"翊圣保德真君"的星曜神黑煞将军。

（45）惠应庙　一在德政乡水心，一在城南厢花柳塘。神叶氏，泉村人，生而神灵，尝化形在海救护商船。殁后立庙尤著。有从神杨氏，居雁池。

待考。

（46）护境王庙　在瑞安门外黄土山麓。

待考。《宋会要辑稿》记载有"渌口神祠，在福州永福县（太

1　《宋大诏令集》卷一三六《加号翊圣保德真君诏》，中华书局，1962，第 478 页。

2　高承：《事物纪原》卷二《黑煞号》，中华书局，1989，第 81 页。

3　万民英：《星学大成》卷二二，文渊阁《四库全书》第 809 册，第 704 页下。

祖开宝五年封灵通护境王，世传汉丞相陈平之后）"，¹不知是否有关。

（47）**山隍庙**　在巽吉山下井头，神赵，名稷，字稼村。

待考。似为民间土俗奉祀的社稷、土地、山神一类，《万历府志》称"山皇土地庙……郡邑厢乡俱有之"。²

（48）**土谷神庙**　在瑞安门外半里，大街之东岸。

（49）**库官庙**　在德政乡吴田。俗传神潘氏，钱塘人，为军资库官，殁于兵，立祠祀之。

（50）**器灶庙**　在德政乡仙洋，神王氏。

山隍庙、土谷神庙、库官庙、器灶庙，这些祠庙名称鄙俗，无封赐记载，应该是一些乡间土庙。

（51）**龟山庙**　在德政乡张屿，祀三港神。

即前述惠民王庙祀三港大圣，祖庙在瑞安三港，在温州影响较大，龟山庙是三港大圣永嘉地区的行祠之一。

（52）**灵济庙**　在吹台乡二过洋刘桥。

待考。前述广惠行祠奉祀张渤，曾经获封"灵济王"，仁宗康定元年（1040）三月诏："诏广德军祠山广德王庙祈求有应，未被真封，宜封灵济王。"徽宗崇宁三年（1104），赐庙额"广惠"。³

（53）**嘉佑庙**　在建牙乡下壁村，神俞氏。

待考。

（54）**灵护庙**　在膺符乡五都。

据《万历府志》载，平阳县亦有灵护庙："灵护庙。在新罗山，山以神庙得名。唐新罗国太子因航海入觐，溺焉，显灵兹山，邑人立祠祀之。"⁴或即此庙行祠。

（55）**忠烈将军庙**　在华盖乡沙村，神郑氏。

---

1 《宋会要辑稿》礼二〇《杂神祠》，第 1067 页。

2 《万历温州府志》卷四，第 7 页。

3 《宋会要辑稿》礼二〇《山神祠》，第 1031 页。

4 《弘治温州府志》卷一六，第 425 页。

《万历府志》记载较详：

> 大尉郑侯庙。在三都沙村，乡人宋进士林梦桂有《记》略曰："神郑氏，讳生，字公全，三都沙村里人。生于宋乾道乙酉正月十五日，夙灵异，好侠使气，能出神示幻，尝语所亲曰：'吾当由兵刃解，血食人世。'后附海贾舟，中流遇盗，斗死，其家忽睹侯骑从归，惊起问，倏复弗见。嗣后数显灵异。宋宝祐五年见梦于永嘉守某公，建像崇庙于其乡。"元文宗大德间敕封忠烈将军。[1]

林梦桂是咸淳四年（1268）进士，[2]宝祐五年（1257）永嘉守某公应该是知州印应雷，[3]曾设宴平定兵乱。[4]据《万历府志》的记载，郑生属于当地海神，南宋立祠、元代获封。

（56）**广济庙**　在迎恩门外广化厢。

瑞安县、平阳县均有广济庙。《万历府志》记瑞安县广济庙称：

> 广济庙。一在永丰桥，一在城东门内。神林氏，名三益，字友直，居永丰北，生于熙宁戊申五月初四日，卒著灵异，邑人告于长吏祀焉。宋咸淳中加封赐额。[5]

瑞安广济庙也是获封赐的地方巫神，永嘉广济庙或为行祠。

（57）**广庆侯庙**　在集云厢护国岭，神袁氏。

---

1 《万历温州府志》卷四，第7页。
2 《弘治温州府志》卷一三，第357页。
3 《弘治温州府志》卷八，第143页。
4 《弘治温州府志》卷八，第168页。
5 《万历温州府志》卷四，第11页。

待考。

（58）名山王庙　在建牙乡白塔。

待考。

（59）王仆射庙　在建牙乡郭溪山阳。

待考。

（60）海坛平水庙　在拱辰门外海坛岭斗门侧。

待考。孙衣言《瓯海轶闻》称："《郡志》有海坛平水王庙，不详神之姓氏，盖即陈振孙《书录解题》所谓李卫公也。"[1]前述海神显相庙与夏大禹王行祠均在海坛山，其中海神显相庙"元至正丁酉庙圮，因创神行祠于状元坊剃头巷故庙"，或者海坛平水庙即指海神显相庙旧址？

（61）明王庙　在仙桂乡东岙山。

待考。或与保德明王庙有关？

（62）卢府君庙

待考。《弘治府志》失载地点。《万历府志》记"在仙桂乡三十二都"。[2]

（63）孝佑庙　在上塘。唐孝女卢氏，卢岙人。

《弘治府志·列女传》记载：

> （唐）卢氏女，永嘉人，居卢奥。虎将噬其母，乃以身代。后有人见其跨虎而行，立祠永宁乡上塘，宋理宗朝封曰"孝佑"。[3]

这是温州非常罕见的宋代敕封的节孝祠。其形象近似孝女曹娥，最初当为巫神。

1　《瓯海轶闻》，第 1478 页。
2　《万历温州府志》卷四，第 7 页。
3　《弘治温州府志》卷一四，第 387 页。

（64）节妇祠　在十二都庙前桥。弘治癸亥（十六年）邓守淮建。

明代所建。

（65）陆塘庙　在广化厢。

待考。

（二）瑞安县

（66）城隍庙　在永丰厢。

《乾隆瑞安县志》（简称《乾隆县志》）记之较详：

> 在永丰厢白岩桥小屿之巅。宋嘉祐徙西南隅濒江，后风潮圮。元大德三年复迁故址，至元十四年火，知州吴滨重建，至正甲午山寇毁，复建。明洪武元年循例封显佑伯，降式设像，二年颁降诰命，立碑勒词。三年厘正祀典，革去号像，设木牌位，题曰“瑞安县城隍之神”，庙制悉依公廨，神位几案一如县官仪。王令泰迁于县东集真观，西址依式建庙，是年秒飓风坏，主簿张九成重建。永乐三年王令翰复迁今址，嘉靖戊午倭寇毁前殿，辛酉修辑，隆庆辛未大殿复圮，壬申杜令时登捐俸重建。[1]

“宋嘉祐徙西南隅濒江，后风潮圮。元大德三年复迁故址”，宋嘉祐的年号用于1056年至1063年，大德三年为1299年，其间相距200余年。“风潮圮”的具体时间不详，恐怕不是入元以后事。宋元期间，瑞安县的城隍庙有相当一段时间可能处于圮废的状态。

（67）忠贞祠　在县西。弘治壬戌（十五年），高令宾建，以祀户部侍郎卓公敬，并刻庐陵刘球所著《忠贞传》于祠。

1 《乾隆瑞安县志》卷五，第106页。

明代祠庙。

（68）止斋祠　在仙岩。弘治壬戌，高令宾建，祀陈傅良先生。

明代祠庙。

（69）东岳行祠　在东北隅。

年代待考。《万历府志》及后续府县已无记载。

（70）广惠行祠　在西北隅。

永嘉亦有广惠行祠，所祀广德山神张渤。

（71）晏公祠　在城内东北隅。

永嘉县有晏公行祠，所祀江西清江县江神晏戌仔。

（72）玄坛行祠　在城内东北隅集真观门首。

永嘉县有玄坛赵元帅行祠，所祀赵公明。

（73）天妃行祠　在城内西南厢岘山之东南。

永嘉县有顺济行祠，所祀莆田神女林氏。《乾隆县志》载："在西南隅岘山下，原在南门外濑江，洪武二十一年迁于此，即王朝奉庙改建。一在清泉乡东山。"[1]

（74）文孝行祠　在崇泰乡龟山。宋时有渔于海者，见香火出没波涛间，取之，视其内书曰："昭明太子"。因奉至龟山祀之。

文孝祠祖庙当在池州贵池县。《宋会要辑稿》载：

> 文孝行祠，在池州府贵池县。宋哲宗元祐四年赐额"文学"。徽宗崇宁四年十月封显灵侯。大观元年六月封昭德公。政和元年二月封英济王。光尧皇帝绍兴三十年三月加"忠显"二字。寿皇圣帝乾道三年六月，加封英济忠显广利王。[2]

文孝行祠在瑞安应该有海神性质。

1　《乾隆瑞安县志》卷五，第 109 页。

2　《宋会要辑稿》礼二〇《历代帝王名臣祠》，第 999 页。

（75）黄太尉行祠　来暮乡香林寺南。

《乾隆县志》载：

> 在来暮乡湖岙。太尉名乾，字秉元。唐武宗时为少监，昭
> 宗龙纪元年授中顺大夫，行福建刺史事。时节度使王审知有窥
> 窃志，因论以朝廷大义，事遂寝。大顺元年进封太尉。既殁，
> 乡人以其生有功德于民，立祠于赤岸祀之。其子进显，后避南
> 唐乱，率子侄至瑞，择居于合湖之平原，因创祠以祀。[1]

瑞安有黄太尉行祠、贾太尉庙、陈太尉庙，这些祠庙以"太尉"命
名，说明未获封赐，"太尉"之类只是民间对神主的俗称，并非官
职。黄乾无考，事迹当系伪造。行祠祖庙当地福建，五代其子进显
率子侄迁瑞安事或有可能。黄太尉行祠因移民集团纪念祖先或奉祀
首领而建，属于典型的移民祠庙。

（76）三姑潭祠　在崇泰乡仙岩山，唐路守应三女游山，溺于
此，故名。

路应是唐贞元年间（785~805）温州刺史，为温州名宦，[2]《新
唐书》有传，[3]韩愈为之撰神道碑。[4]《万历府志》称三姑潭祠因唐
路守应三女溺亡而建。《宋会要辑稿》记载瑞安三姑潭祠来源与此
不同：

> 三姑潭祠。在温州府瑞安县仙岩。唐路守应三女参安楞严
> 契悟。[5]

1　《乾隆瑞安县志》卷五，第109页。
2　《弘治温州府志》卷八，第166页。
3　《新唐书》卷一三八，中华书局，1975，第4624页。
4　韩愈：《唐银青光禄大夫守左散骑常侍致仕上柱国襄阳郡王平阳路公神道碑铭》，《韩昌黎文集
　　校注》，上海古籍出版社，1986，第392页。
5　《宋会要辑稿》礼二〇《女神祠》，第1020页。

安楞严，当指温州僧人遇安禅师：

> 温州瑞鹿寺上方遇安禅师，福州人也。得法于天台，又常
> 阅《首楞严》了义，时谓之"安楞严"也。[1]

两种传说，未知孰是。瑞安乡间潭庙甚多，未必因路应三女而有潭
祠，或与路应三女相关而奏闻于宋廷，故见载于《宋会要辑稿》。

（77）惠应行祠　在来暮乡常守寺东偏，神姓欧阳，唐时刺史。

祖庙在邵武府邵武县，神主传说是隋代泉州太守欧阳佑。《弘
治八闽通志》载：

> 惠应庙，在府城西四十九都。神姓欧阳，名佑，洛阳人
> 也。仕隋为泉州守，义宁二年官满，西归至此，闻隋鼎既迁，
> 耻事二姓，遂挈家溺死。时乡人高计、李定适渔于河，遂殓其
> 夫妇二尸，合葬于大乾山阳。后人又立祠墓侧祀之，扁曰"欧
> 阳太守庙"。宋咸平间，县令张仕逊祷有应，遂大其庙。康定
> 元年，封通应侯。元丰五年封佑民公。崇宁元年赐额。政和六
> 年封广佑王，累封仁烈圣文惠福善王。夫人崔氏累封昭宁慈应
> 顺惠英妃……按《方舆胜览》，佑舟过大乾，爱其江山之胜，
> 顾夫人曰："此可立庙"。发舟之夕，江水暴涨，佑夫妇溺焉。
> 其尸沿流而下，至向所舣舟处辄止，见者随流送之二十里，翌
> 日溯流复返，再送之加十里，又如之。于是众惊异敛而葬之。
> 水旱之祷如响。[2]

《宋会要辑稿》亦详载赐封事：

1　道原：《景德传灯录译注》卷二六，第 2106 页。
2　《弘治八闽通志》卷六○，第 845 页。

太守欧阳佑祠。仁宗康定元年二月，邵武军言："邵武县有唐故欧阳太守庙，祈祷获应，乞赐封崇。"诏特封通应侯。神宗元丰五年七月封佑民公。徽宗崇宁元年赐额。政和六年十月封广佑王。大观四年十二月封具配崔氏顺贶夫人，政和六年十月封顺惠妃。广佑王，高宗绍兴元年三月加封"明应"二字。十一年三月又加"威信"二字，十七年九月加封明应威信广佑福善王。王妻崔氏顺惠妃。绍兴元年三月加封"昭宁"二字。十三年四月又加"慈应"二字。十七年九月加封昭宁慈应顺惠英淑妃。三十年，封王父曰启庆侯，母曰启佑夫人，长子光世曰嗣庆侯，长妇燕氏曰嗣佑夫人。王次子，孝宗隆兴二年八月封昭应侯，妇封广顺夫人。[1]

"惠应"之称，即来自崇宁元年的赐额，《宋史全文》载：

> （崇宁元年，1102）是岁，赐邵武军邵武县唐太守欧阳佑民祠为惠应庙。[2]

欧阳佑信仰似乎并无特定的灵应，应该是通过移民传入温州瑞安。

（78）**白马行祠**　在来暮乡钱岙。旧传闽王审知好骑白马，后子孙仕于南，立祠。

《乾隆县志》载，白马庙"在帆游乡穗峰，一在来暮乡钱岙"。[3]传说背景亦在五代，白马行祠祖庙亦在福建，也应该是由移民传入温州瑞安。

（79）**圣井祠**　在来暮乡许峰山绝顶。世传许真君禁蛟，于是井常干。每遇旱，有祷之虔者，水辄溢出，以瓶取之，雨即随时

1　《宋会要辑稿》礼二〇《历代帝王名臣祠》，第 1005 页。

2　《宋史全文》卷一四，第 783~784 页。

3　《乾隆瑞安县志》卷五，第 110 页。

而至。

《乾隆县志》称为"圣井许真君祠"。[1]许真君即许逊，东晋道士，豫章南昌人，被道教净明道派尊奉为祖师，唐高宗朝，宋真宗、徽宗朝累受封赐，[2]又以江西万寿宫旌阳祠为奉祀许逊之祖庙，北宋王安石有《重修许旌阳祠记》。瑞安立祠时间、缘由不详，但应视为江西旌阳祠之行祠。

（80）郭太守祠　在嘉屿乡郭公洋。闽守，避黄巢乱，携家徙紫华山，闽人咸随之，贼至，郭守率众堡拒之，设方略杀贼。（贼）退，后殁于此，乡人德之，为立祠。

《万历府志》记载稍详：

> 郭太守祠。嘉屿乡郭公洋，唐郭令公裔孙，为闽守，黄巢乱，携家徙紫华山中，贼至，率众立屯堡，设方略击杀数十人，遂解去。后殁于此，乡人德之，为立祠，其地今名郭公洋。[3]

郭太守无考。闽守身份或为伪托，唐末五代避乱由福建迁入浙南的背景当有依据，是典型的移民祠庙。

（81）吴谏议祠　在嘉屿乡。

《万历府志》载，吴谏议祠"一在嘉屿乡，一在来暮乡，一在义翔乡，公名畦"。[4]吴畦，温州人，《万历府志》有传：

> 吴畦，字祯祥，今属泰顺库村人。登大中进士，乾封中为河南节度使，督修黄河有功。及黄巢乱，奉敕破走之。中和二

1　《乾隆瑞安县志》卷五，第109页。
2　赵道一：《历世真仙体道通鉴》卷二六，《道藏》第5册，第248页。
3　《万历温州府志》卷四，第12页。
4　《万历温州府志》卷四，第12页。

年，召入同平章事。文德元年，拜谏议大夫，进光禄大夫、勋
柱国。时李克用朱全忠讨黄巢，争功举兵相攻会。宰相张浚与
克用有隙，右全忠讨克用，上命官会议，御史大夫柳玼同畦与
台臣力谏，忤上，意左迁，代行润州刺史。适钱镠为镇海节度，
使不安其职，遂引退。宰相郑綮疏荐，诏下而畦归矣。其立朝
风采彪炳史册，而出处进退之际尤能度义审几，保全终始云。[1]

《唐语林》载：

> （令狐）滈出访郑侍郎，道遇大尹，投国学避之，遇广文
> 生吴畦，从容久之，畦袖卷呈滈，由是出入滈家，滈荐畦于郑
> 公，遂先滈一年及第，后至郡守。[2]

吴谏议祠为当地乡贤祠。《万历府志》记其分布较广，应该有比较
久远的历史。有明代以前温州地区并不多见的先贤祠中，与前述薛
补阙祠所祀薛令之在唐玄宗朝失官隐居事类似，吴畦也有忤上左
迁、引退归隐的事迹了，似乎归隐乡间才是唐宋时期地方祭祀先贤
的重要理由。

（82）东门庙　在城内东北隅攀龙坊，神姓蔡，讳敬则。汉末
以里人起义兵捍盗有功，授东部都尉，钦（镇）永宁城郛以屺。号
令分明，境内宁谧。神择旷土，别氏族而分处之，生齿日滋。汉鼎
既分，江东尽为吴地。神纵兵归农，退处闲散。已而，邑多虎暴，
相率食人，神贾勇先登，屠其巢穴。归途遇老人，从以修蟒，谒道
旁。语顷，失所在。至城，属其民曰："今策我为佐兵使矣，害盈而
福谦，汝等宜务本。"言毕立化，体汗凝于白□，目瞪不瞑，面赪

---

1 《万历温州府志》卷一一，第 26 页。
2 王谠：《唐语林》卷三，第 283 页。

如生。先一夕，麾下吴尤为虎负去，至是复还，跪膝下，民以神为灵，即公署立祠而俎豆之。

蔡敬则，《万历府志》有传：

> （汉）蔡敬则，瑞安人，少负气节，灵帝光和间举孝廉，授南阳令，寻弃官归。建安中，起义兵捍寇，有功，授东郡都尉，号令明肃，境内乂安，进爵安乡侯。汉鼎既分，江东尽为吴地，敬则释兵归农，退处闲散，时邑有暴虎噬人，倡勇屠之。及卒，里人立祠祀焉。[1]

东门庙又称忠义庙。《万历府志》载：

> 忠义庙。即古东门庙，在东北同县治后。神署即今县治，晋时迁县，改庙于东偏，即神私第也，皇明洪二十二年定祀典，有司致祭，续庙毁礼废。弘治庚申，邑令高宾以庙逼迩县治，改迁崇福堂。[2]

《乾隆县志》记之较详：

> 忠义庙。即古东门庙，在东北隅县治后，神姓蔡，讳敬则，汉末以里人起义兵御寇有功，授东部都尉，爵安乡侯，镇永宁，立署于邵公屿。事详人物志忠义传及庙记。庙始建于公署，晋时迁署为县，改庙于东偏，即神私第，又有搏虎祠在清泉乡北湖周岙即神墓所。郭景纯《卜迁》云："蔡侯肇创公署私第，已有正偏前后之分，今以公署为治，以私第为祠，则善

1 《万历温州府志》卷一一，第 26 页。
2 《万历温州府志》卷四，第 10 页。

矣。"时从之，至今一衢一河，状若棋枰，皆神区画也。梁天
监间，庙毁。唐光启中，又割庙址东南之半为灵顺行祠。宋大
观间，吕令勤合而祀之。元（延）祐戊午邑人复于西北故址别
立庙以祀神明。洪武二十二年取勘祀典，有司祭以中秋望日。
永乐七年二庙同毁，邑人草创灵顺行祠，仍以神侑食，祀礼遂
废。成化间前庙复成，弘治庚申，高令宾以庙逼迩治所，改迁
崇福堂基。正德癸酉里人重创今庙，以侯封忠义，揭二字为
额。嘉靖己亥，耆老唐汉章、秦崇明辈举于邑，请复祀典，遂
获详允。隆庆辛未里人蔡允允等议建，邑令周悠捐俸以倡，复
令耆老募资重创，造作肃容所。皇清癸丑复加修辑祀典，仍以
中秋望日值神诞辰致祭为定规云。今北门外亦有忠义庙为神行
祠，顺治戊子寇乱，毁，至康熙乙丑重建。[1]

前引《乾隆县志》称，"唐光启中，又割庙址东南之半为灵顺行祠"。
灵顺行祠，《弘治府志》失载，《乾隆县志》载：

灵顺行祠。旧在县治东，唐光濑（启）祀五显宣灵，后合
祀于忠义庙，事详庙下。[2]

蔡敬则其人虽不见载于《弘治府志》以前文献，但其祠庙称"古东
门庙"，有关自汉末至宋元祠庙迁徙的记载条理清楚，为瑞安古祠
无疑。蔡敬则对瑞安有御寇护境之功德，然而南朝、唐宋以来长期
不为邑人所重视，其祠庙先割其半为灵顺淫祠，后又与五显神合
祠。《弘治府志》仅记东门庙，无忠义庙之名，说明弘治之前蔡敬
则从未获封赐。相信"唐光启中又割庙址东南之半为灵顺行祠"是

1　《乾隆瑞安县志》卷五，第 107 页。
2　《乾隆瑞安县志》卷五，第 109 页。

地方社会民间信仰竞争的结果，而"宋大观间，吕令勤合而祀之"，此举说明宋代官员对民间信仰混乱状态的默认与容忍。蔡敬则重新获得独立奉祀是元延祐年间（1314~1320）"邑人"所为，邑人具体身份无从知晓，然而此举仍可理解为地方社会民间信仰竞争的新趋向。直至明代，东门庙才有官府整饬与耆老请列祀典的现象。

（83）**广济庙**　在城内东南隅。神姓（林）名三益。吾（？）方在海救舶遇风潮者。后有平阳白沙海商来寻，向东郭林三上太尉致谢。由是白沙达闽境皆在之。临殁，谓邻里曰："可于许府阁上某字号笼内取团金袍皂花帽为服饰。"许右丞景衡曰："可谓神矣。"乃倡乡士项公泽等建祠，水旱有祷辄应灵。海寇侵境，张同知禧梦神告以助灵，贼果退。李州判恺押运在海风，神显护得济。海商郑宁航米遇贼，呼神号，现兵，贼遁。岁旱，监州哈剌一夕祷雨应感。元末虎入市，至庙侧就擒。赵知州荣祖以其事闻。宋咸淳七年封广济侯。

元代瑞安县升州，赵荣祖是元代最后一位瑞安知州。[1]《弘治府志》记载似有缺文。《乾隆县志》记之稍详：

> 一在丰湖亭西，一在城东门内，神姓林名三益，字友直，居永丰里，宋熙宁戊申五月初四日生，聪明勇毅，才器过人，乡里有不平事，直词剖之，无不服。有闽人贡方物，遇贼，艘顺流而下，引避岘江，贼追至，乘势登涯，举邑惊骇莫措，神踊跃奋呼，率猛士张伯殷、沈大有辈驾船往击之，贼遂退去。尝憩永丰桥亭而赭汗发背，人问其故，良久答曰："吾方在海上捍舶船劳甚，数日后有榕城海商寻问致谢。"人益信其神。忽一日语人曰："可于许右丞阁上取团金袍皂花帽来，翌日吾逝矣。"至期而逝，邑人异之，告于长吏，具实上闻，遂立庙祀

1　《弘治温州府志》卷八，第156页。

之。咸淳加封赐额，社坛水心亦有庙。国朝康熙辛酉增创，视昔愈加宏敞。[1]

　　林三益也是瑞安当地巫神性质的海神，永嘉亦有广济庙，或即瑞安广济庙的行祠，说明林三益信仰在温州分布较广。方志所记广济庙封赐事比较可疑，《弘治府志》称"赵知州荣祖以其事闻。宋咸淳七年封广济侯"，赵荣祖是元代人物，既是赵荣祖将奏闻林三益事，封赐应在此后，此处记载不但时序颠倒，而且逻辑混乱。至《乾隆府志》所记即不见载赵荣祖，似为弥补旧志漏洞而修改。《弘治府志》所记"许右丞景衡曰可谓神矣"亦属荒诞，《乾隆府志》删去此语。怀疑林三益并未获得官方封赐，广济侯或为民间冒称。

　　（84）王朝奉庙　在城内西南隅西岘山。宋宣和邑令王公济，字经国，温陵人，方腊犯境，捍御有功，郡上其事，升朝奉郎。诰甫下而公济卒。恩录其事，邑人立祠。后陈止斋《迎飨送神歌》。

　　陈止斋《迎飨送神歌》即《西庙招辞》，作于淳熙十三年（1186）刘龟从重修王朝奉庙时，其序云：

> 　　淳熙十有三年二月，知瑞安县事公非先生之曾孙刘龟从，再作西庙，以祠宣和县令王公经国。于其落也，邑人某为作迎神一章，使工歌之。[2]

《乾隆县志》记刘龟从修庙事及王朝奉庙在元明清三代情况：

> 　　王朝奉庙。在西岘山下，宋邑令姓王名公济，字经国，温陵人，御方腊有功，升朝奉郎，后卒，民为立庙，事详职官志

1　《乾隆瑞安县志》卷五，第107页。
2　陈傅良：《西庙招辞并序》，《陈傅良先生文集》卷一，第2页。

名宦传。淳熙间刘令龟从饬新之，额曰西庙。元至元十四年火。明洪武二十年瑞安千户蔡贵以其址改建天妃宫。今议以公与忠烈侯刘士英同功，今忠烈庙尚祀郡城，而朝奉庙独废，于义不安。康熙□□年徙建南关城外西岩头，有陈止斋作《迎飨送神歌》。[1]

王公济，《万历府志》记为温陵人：

> 王公济，字经国，温陵人。宣和间知瑞安，方腊犯境，邻郡望风披靡，公济规措有方，聚合邑之著姓，居城中，度守要害，选丁壮，令部下夏祥辅褒等统众迎击之。贼避其锋，竟遁去，邑赖以全。既殁，民立庙祀之。[2]

此处温陵当指泉州别称，《弘治八闽通志》记王公济为晋江人：

> 王公济，字经国，晋江人。元祐中第进士，知瑞安县。时方腊攻浙东，直趋县境，欲遂窥闽中。公济选丁壮，得五千人，朝夕肄习，躬擐甲胄，九十余日不入舍，民乐为之死。贼至不能动，最后悉众以来，公济张旗以为援兵，贼望见，引退，贼平。公济代还，卒。有司上其功，官一子，民闻公济死，市哭累日，立庙祀之。[3]

王朝奉庙有赵沾、张颀等人配祀：

> 赵沾，字彦泽，瑞安人。方寇犯境，沾同邑令王公济经略

1　《乾隆瑞安县志》卷五，第 107 页。
2　《万历温州府志》卷九，第 24 页。
3　《弘治八闽通志》卷六七，第 943 页。

守御甚悉，邑人德之，祠公济于学，而以沾及张颜配。许景衡祭之有曰："临大节而不挠，判死生于反掌，视古人为无愧，则其人可知矣。"

张颜，字叔靖，瑞安人，居陶山，时敏子。倜傥有气节，平居礼貌疏简，至道古今理乱，襟度豁然。里人争讼，多就正之，一言而决。台寇由桐岭趋瑞安，颜率邑勇敢数千人遏之，寇不得南。后岁旱，民饥，率乡人就陶山湖侧筑陂潴水，溉田万余亩，就食者日且千人。绍兴中，郡守章谊荐于朝，召赴都堂审察。至则以中兴十策干执，政语不合，归老于家。[1]

王朝奉庙是宋代名宦祠。

（85）罗阳王庙　在清泉乡。按《吴志》：大帝时罗阳有神自称王表，周旋民间，言语饮食与人无异，惟不见形。数遣近臣就问，水旱辄应，后不知所终。或以其事问于晦庵先生，答曰："汉时每有此，若神君之类是也。"

罗阳王表事，见于《三国志》卷四七：

太元元年（251）夏五月……初临海罗阳县有神，自称王表。周旋民间，语言饮食，与人无异，然不见其形。又有一婢，名纺绩。是月，遣中书郎李崇赍辅国将军罗阳王印绶迎表。表随崇俱出，与崇及所在郡守令长谈论，崇等无以易。所历山川，辄遣婢与其神相闻。秋七月，崇与表至，（孙）权于苍龙门外为立第舍，数使近臣赍酒食往。表说水旱小事，往往有验。[2]

1　《万历温州府志》卷一二，第 5 页。

2　《三国志》卷四七，中华书局，1964，第 1148 页。

东吴时瑞安曾短暂改称罗阳，无论罗阳王是否即罗阳王表，罗阳王庙当出现于东吴时代，与东门庙同为瑞安古庙。宋元时期情况不详。

（86）忠烈武义侯庙　在清泉乡周湖，隋叶一源，字九江，自祖格心由洛来安阳，因家焉。唐高祖起太原，一源以兵从之。既即位，授福建节度使，从太宗征高丽，中流矢，驰归而殁，谥忠烈武义侯，立祠祀之。宋学士叶适有记。

叶适记文，未见于《叶适集》。《雍正浙江通志》录其文称：

> 叶适《忠烈武义侯庙记》：忠烈武义侯叶公一源，贞观二十二年太宗征高丽，檄令副总管薛万彻同往，所向先登，单骑陷阵，斩首三十余级，身中流矢，驰归卒。状奏，帝悯之，为辍食，特诏下其所居之里建祠，追谥"武义"。天后朝加封"忠烈"，故榜其庙曰"忠烈武义侯"。呜呼，自唐迄今，五百余载，告虔不绝，讵偶然乎？每旱潦祷辄应，疵疠不作，岁获屡登，邑人以为皆侯之赐，相与率钱治其庙，属余记其事。余惟侯生能致其身以报国，死能以利泽及于乡党，何德之盛欤！遂书之以镵于石。[1]

《万历府志》有叶一源传记：

> 叶一源，字九江，瑞安人，其先居栝之松阳，祖格心，仕陈，为宣帝左丞，隋兴，弃官徙安固东郭。一源幼有志操，膂力绝人，善诗翰，习骑射，侍父公主游宦广南，见隋政日紊，聚兵千余趋太原，唐高祖与语，大悦，及即位，授福建节度使。后从太宗征高丽，单骑入虏，斩首二十余级，身中流矢而

1　《雍正浙江通志》卷二二五，第 16~17 页。

卒，事闻，立祠，追谥武义侯。[1]

这段传记破绽较多，特别是唐初并无"节度使"职名。且叶适记文不见于叶适文集，现存有关叶一源记载均不早于《弘治府志》。叶一源其人其事应该是后人伪托，或是当地叶氏族人所为，也或者叶一源本是当地巫神淫祠，后为躲毁禁而编造从太宗征高丽等事迹，冒称"忠烈武义侯"。

（87）**李将军庙**　在清泉乡，神姓李，逸其名。邑之箬篓（人），宣和间方寇党犯邑，（邑）士士辅褒闻其勇，请与俱，神恃勇，未交，突入其阵，斩杀数百，遂陷而没。自后累著灵响。一夕假梦于里人曰："吾为阴司将军，在此土柯禁不祥，可为立祠。"众从其言，立祠白石山趾。

《乾隆县志》载：

> 李将军庙。在清泉乡箬篓，神姓李，宋人，失名，勇敢好主，膂力绝人，尝殄虎害。宣和初死方腊之难，立祠祀焉。[2]

李将军原型当为"尝殄虎害"之厉鬼或巫神，死于方腊事无考，或为后人伪托。

（88）**漱玉潭庙**　在崇泰乡云顶山。

待考。

（89）**玉函潭庙**　在崇泰乡大罗山。

待考。

（90）**灵济庙**　在南社乡，神姓吴氏。

待考。

1　《万历温州府志》卷一二，第 1 页。
2　《乾隆瑞安县志》卷五，第 108 页。

（91）**英惠庙**　在南社乡，神姓金氏。

待考。

（92）**灵惠庙**　在清泉乡陶公尖。神姓何氏，名敏，字虚中，宋政和间显灵，尝乘虎上下，乡人立祠祀之，水旱灾患，有祷即应。

又称显佑庙，《乾隆县志》载：

> 灵惠庙。即今显佑庙，在清泉乡十二都陶公尖。神姓何，名敏，字虚中，世居清泉乡苏公里。宋元丰八年九月朔日生，光烛帏帐，长而骁勇，慷慨多大略。政和壬辰八月八日早起，谓家人曰："上帝命我司此土。"遂出门而去，不知所终。自是里人尝见其乘黑虎上下，因立祠西门外祀之。宋宣和己亥封英武将军，二年封显应侯，德祐元年诏封显佑真君灵惠侯，明洪武二十三年加封护国福民忠烈灵卫惠佑王。又庙，在西北隅济民桥下，被火，徙岘山下净土院废址，庙宇湫隘。嘉靖癸亥里人蔡允整等请于朱令，沾拓新之，万历癸酉周令悠重缉。[1]

《乾隆府志》记为"显佑庙"，收录季兰坡《显佑庙记节略》，其中新增诸多明清时代神迹。从宋代"英武将军""显佑真君"等封号看，何敏似为道教神明。

（93）**孚泽庙**　在来暮乡许峰五灵寺前溪南。神姓曹氏名蔼，闽之长溪人。

《乾隆县志》重复记载孚泽庙。一载：

> 孚泽庙。在来暮乡曹村，神姓曹名蔼，闽之长溪人。唐季率弟往雪昌裔徙居曹村之南，既殁，民立祠于登场坊祀之，宋绍兴甲寅迁今址，由宝庆逮咸淳加封赐额。[2]

1　《乾隆瑞安县志》卷五，第107~108页。
2　《乾隆瑞安县志》卷五，第108页。

一载：

> 孚泽庙。许峰曹氏宗祠，其始祖霭，生唐世，居福建之霍童，隶今即宁德县，去城九十里，所谓霍童洞天是也。昔司马炼师、沛国褚伯玉等五人于此白日上升，又有九仙会饮，二僧化鹤之迹，其地今有琳宇，玄宗时御书赐名"霍童沿天鹤琳之宫"。时霭得其遗法，唐中叶与二弟霅昌裔游至瑞邑许峰，爱其胜，遂驻迹焉。为人皆正直，尤乐于好施，及卒，遂祠于曹村前坡。宣和间方寇作乱，其神现而拒之，具有灵迹。又平阳盗叛逼近许峰，其神梦告里民预为提防，时果安堵无恐。绍兴间飓风大雨，民苦飘流，时有邵贵、季宣、张成者，见三人立于水畔挥水指画，水势遂止，民晏然无恙，皆神为之力也。他如祈晴祷雨，捍患御灾，护国惠民，功德亦莫可纪极。时邑令神之申于郡府，转详礼部，请旨敕封。时宝庆三年八月初一日，上命少师右丞相鲁国公及参知政事薛参知政事宣赉诰。[1]

两处记载，显然指同一孚泽庙。第二段记载虽然文理不通，却显示孚泽庙已演变为纯粹的"许峰曹氏宗祠"，而且该宗族似乎意图通过对孚泽庙及神主曹霭的重新塑造，来强调自身的道教、巫觋背景。孚泽庙最初是否具有家族宗祠性质及道教背景，以及《乾隆县志》第二段记载出现的具体背景，尚待考证，然而福建移民祠庙的特征相当明显。

（94）安渎庙　在来暮乡溪西。

待考。

（95）胡侯庙　在来暮乡中村。

《乾隆县志》记胡侯庙"在南社乡"。[2]

---

1 《乾隆瑞安县志》卷五，第 110 页。

2 《乾隆瑞安县志》卷五，第 108 页。

（96）**龙迸潭庙**　在芳山乡山门山。

待考。

（97）**龙耕潭显济庙**　在芳山乡福泉山。

待考。

（98）**贾太尉庙**　在芳山乡贾岙。

《万历府志》记载：神宋贾良臣、良弼，宣和间御寇有功，祀之。[1]

（99）**七星潭庙**　在芳山乡巾子山。

待考。

（100）**灵应庙**　在安仁乡马屿。

待考。

（101）**兴善庙**　在广化乡右溪，宋樊氏兄弟居此。山内巨潭有蛟居焉，每出入，有暴风挟雨，潭流涨溢，漂没田庐，禾稼垂及秋成，悉罹其害。樊氏深怀愤叹，誓为民除害。天圣四年，罄资产入善禅院以养其母。兄弟二人奋身持刃入潭，风雷昼螟，与蛟力斗，戮之，潭水涌出皆赤，兄弟乘流对立溪口而殁，俨然如生。乡人义之，因为立祠。

兴善庙是比较单纯的纪念地方豪杰的祠庙。

（102）**惠民庙**　在嘉屿乡三港。神陈氏，唐时人，居邑之洪口。幼时宅旁有大竹林，母令取竹，神以两指握之皆破，今有二竹林。及长，为大公行舟于海。当岁除在南闽，乡人同舟者皆忆家。神谓曰："宜各闭目，来日可到家贺新正。"咸未之信，姑从其言。但闻舟戞林木有声，达旦则舟抵其乡矣。（人船既殁），乡人商于海，值风，舟将覆，忽帆樯间有声，泄其姓氏，及济还，为立祠于三港，俗称"三港大圣"。

《乾隆县志》记惠民庙补充历代赐封及行祠等内容：

---

1 《万历温州府志》卷四，第 11 页。

宋端拱二年诏封惠民侯，宣和二年诏封护国惠民侯，宋德祐元年诏封护国惠民福善圣王，元至正二十二年加封"庄济"二字。后以三港地远不便祈祷，故于西门外岗山下，及月井、九里、安禄岩、凤村、中埭俱建行祠焉，以其每著灵于海上，故沿海之民事之惟谨。[1]

赐封情况不见于明代府志，或另有所据。

（103）**显应庙**　在帆游乡澍村。神姓陈氏，讳敏，生于宋嘉定间。幼而聪惠，及长富饶，与妻韩氏俱好施与。遇岁祲，赈恤贫窭，存活者众。所居乡西北倚山，东南岸大海，霖雨淹旬，或海潮暴溢，河水涨满，风鼓浮苴，随浪飘壅，覆压平风（？）。原田蝗螟缀子其上，害稼特甚。神昌于乡曰："有能致一挑者即与谷一斗。"于是贫民争趋致之，神为聚而焚之，乡民赖焉。屿门旧有五通庙，数惊动祸福，民颇惑之。神一日曰："吾闻正直为神，岂有殃民而当庙祀耶"？于是负其土偶投诸水，曰："我为尔镇此土耳。"言讫更衣沐浴而逝，民祀之。

《乾隆县志》记陈敏毁五通庙事稍详：

> 屿门旧有五通庙，数以祸福惑民，神曰："吾闻正直为神，岂有殃民而庙祀耶？"乃举土偶投诸水，翌日尽浮水上，众益恐，又曰："彼有灵，当祸我耳。然我当与尔镇之，众当祀我于其庙。"及卒，众从其言祀之，称为屿门庙。宣和中赐今额。[2]

陈敏事迹属于地方豪杰，并无灵应一类神迹。

（104）**崇福庙**　在河头，宋别驾陈霸建。

1　《乾隆瑞安县志》卷五，第107页。
2　《乾隆瑞安县志》卷五，第108页。

别驾为汉至南朝时职官名，宋别驾当指南朝宋，或为唐代以前古祠。

（105）陶尖庙　在城内济民桥，又名显佑庙。

前述"灵惠庙。在清泉乡陶公尖"，又称显佑庙。在城内济民桥之陶尖庙，当即在清泉乡陶公尖显佑庙（即灵惠庙）之行祠。

（106）显佑庙　在帆游乡帆游山，神姓戴氏。

《弘治府志》记永嘉县、平阳县均有曹氏"显佑庙"，永嘉县"显佑庙。在城内甘泉坊东，神戴氏。"平阳县"显佑庙。在夹屿桥，神姓戴，名崇真"。[1]

瑞安县除以上 41 种祠庙外，《乾隆县志》又记两种可能宋元时期已存在却未见于《弘治府志》的祠庙：

（107）陈太尉庙　在来暮乡月角山，太尉名彪，仕石晋，为武义大夫，因王曦篡立，弃官居此，既殁，立祠祀之。[2]

应该是五代时福建来瑞安的移民祠庙。

（108）昭烈庙　在嘉屿乡，神姓吴氏，兄弟三人，长照，次炅，次奕，宋景祐三年因神助战有功，敕赐建庙。[3]

应该是伪托助战有功的当地巫神。

1　《弘治温州府志》卷一六，第 425 页。

2　《乾隆瑞安县志》卷五，第 108 页。

3　《乾隆瑞安县志》卷五，第 110 页。

第七章　杭州空间与边地想象：地方书写二题

一　《咸淳临安志》与《梦粱录》的杭州空间

《咸淳临安志》与《梦粱录》这两部记载南宋都城杭州的著作，在传统的目录分类中，都归入地理类，记载的内容、体例十分相近，《梦粱录》不少内容源自《咸淳临安志》。但两部著作体裁不同，所呈现的空间观念也不同。《咸淳临安志》是方志，宋代的方志主要还是服务于地方官员的行政治理，资治功能比较突出，这主要体现在三个方面，一是帮助地方官员了解当地的各种基本情况，二是借鉴前代地方官员的治理经验，三是宣扬儒家伦理道德的教材。如董弅在为《严州图经》所写的序中所称：

岂特备异日职方举闰年之制，抑使为政者究知风俗利病，师范先贤懿绩；而承学晚生览之，可以辑睦而还旧俗；宦达名流玩之，可以全高风而励名节，渠小补也哉。[1]

《梦粱录》为追忆逝去的繁华生活而撰写，其自序称：

昔人卧一炊顷，而平生事业殿历皆遍，及觉则依然故吾，始知其为梦也，因谓之"黄粱梦"。矧时异事殊，城池苑囿之富，风俗人物之盛，焉保其常如畴昔哉！缅怀往事，殆犹梦也，名曰《梦粱录》云。脱有遗阙，识者幸改正之，毋哂。[2]

《梦粱录》不具备方志的资治功能，而富有生活的色彩，据说所记内容均为作者游历亲见：

自牧是书之俚俗殆有甚于《梦华录》者。然其言得自见闻，颇为质实，典章文物，于是可征，与《武林旧事》详略互见，实可资以稽考故事。[3]

书写目的的不同，决定了《咸淳临安志》与《梦粱录》对杭州城市空间的理解方式有很大的差别，对杭州城市地理的记述方式也有各自的特点。

（一）《咸淳临安志》的政治空间

《咸淳临安志》呈现了南宋杭州的政治空间。杭州在这部方志中被分为三大部分：第一部分是卷一至卷一四所谓的"行在所录"，

1　董弅：《严州重修图经序》，陈公亮：《淳熙严州图经》卷首，中华书局，1985，第11~12页。
2　吴自牧：《梦粱录》序，浙江人民出版社，1980。
3　《四库全书总目》卷七〇，中华书局，1957，第625页。

这部分记录了大内（上皇宫、东宫）、皇家的祭坛祭庙、中央官府三省、六部、诸寺、省院监当、三衙内司、王公贵族的府邸、中央的学校贡院、宫观和军队等；第二部分才是一般方志的第一部分，即疆域、户口、行政区划、山川等；第三部分则是地方的官寺、祠祀、园囿、古迹等。这样一来，宫廷与中央的政治机构，与地方的政治机构被分割开来，自然地理与行政地理夹在两者中间。

在明清的京城方志如明朝万历的《顺天府志》中，并没有出现皇宫与中央官府的内容。因此方志记载的对象，并不是某一地域，而是被统治的某一行政区域。从这种意义而言，南宋的宫廷与中央政府之所以被记录在临安的方志中，是由其"行在"的特别性质决定的。如果南宋正式定都于杭州，宫廷与中央政府就不应该记录在方志中，没有正式定都，宫廷与中央政府也不能等同于被统治的地方，因此就必须在方志中独立成篇，这就是《咸淳临安志》中以"行在所录"在政治空间结构中的独特地位。

方志的编撰有比较固定的体例，一般是先自然经济，其次行政，最后文化社会。这种体例长期延续、稳固而成熟，读者习以为常。古今中国都强调政治秩序，但方志中置于首位的一般是疆域、户口、城乡行政区划，以及山川分布，而地方的官府、郡守一般安排在这些内容之后，把疆域、户口、行政区划以及山川这些内容，看成比官府、郡守本身更为重要。这是因为在传统的政治体制下，皇帝为代表的中央政权才是唯一的政治主体，地方官府只是中央的统治工具，并不具备独立的政治地位，而地方的疆域、户口、山川，实则构成了中央统治的对象，对于统治者来说，统治对象比统治工具重要——这也正是中国传统政治中"民惟邦本"思想的实质。

《咸淳临安志》三个部分各自的排列方式同样呈现政治空间的特点。"行在所录"对空间的编排，呈现出"皇权及其象征体系—中央官衙—皇室服务体系"三层级的政治结构：第一部分除大内与祖宗诸阁，还包括象征其权力来源与政权合法性的祭坛祭庙系统；第二部分是作为皇权统治全国的工具中央官衙；而第三部分的中央的教育机构、宫观、卫队，都是专门为皇室服务的机构（见表7-1）。

表 7-1 临安"行在所录"政治空间结构

政治结构	空间结构	卷目
皇权及其象征体系	驻跸次第。大内	1
	行在所录。祖宗诸阁、德寿宫、东宫、资善堂（就学之地）、学士院（以处词臣）	2
	行在所录。祭坛祭庙：郊丘（嘉会门外南四里龙华寺西）、明堂、太庙（在瑞石山之左）（吴山）、四祖庙（太庙之西）、景灵宫（新庄桥之西）、斋宫（在钱湖门外惠照昭庆二院俱为朝廷祠祭奏告之所）、太社太稷坛（在观桥东北）、九宫贵神坛（在东青门外一里）、耕田先农坛（嘉会门外南四里玉津阁之南）、高禖坛（嘉会门外南四里）、海神坛（东青门外太平桥之东）	3
中央官衙	行在所录。三省：尚书省、中书省、门下省，枢密院（在和宁门北旧显宁寺）	4
	行在所录。台谏、六部	5
	行在所录。诸寺	6
	行在所录。秘书省、国史院、敕令所	7
	行在所录。监院场库	8
	行在所录。监当诸局	9
	行在所录。三衙、内司、邸第、官宇	10
教育、信仰、卫队等皇室服务体系	行在所录。学校：诸王宫大小学、宗学、太学、武学	11
	行在所录。贡院：礼部贡院、别试所、太史局、太医局、堂后官院	12
	行在所录。太乙宫、西太乙宫、万寿观、佑圣观、开元宫、龙翔宫、宗阳宫、四圣延祥观、三茅宁寿观、显庆观	13
	行在所录。禁衙兵、省院兵、攒宫、馆驿	14

《咸淳临安志》作为中央统治对象的空间主要是"疆域"与"山川"两个部分。"疆域"的内容包括地方行政区划与交通，其"序言"强调皇帝对地域的统治性质，特别是把吴越国的历史理解为"假手于世之豪杰""然后大圣徐起而收之"：

> 天地气运，视帝王作兴……迫于五季，钱氏崛兴，其间乘属战之兵力，尽有十四州之地，卒世守臣节，归于我宋，天之所胙，必假手于世之豪杰，使崎岖自立于危乱之中，保境卫民，以待有德，然后大圣徐起而收之，休养生息，遹开中兴，越至今兹，天运日以新，地气日以厚，所以翼我丕丕基者，方来而未艾，呜呼，此岂人力也哉！[1]

"山川"部分在方志中同样被理解为政治统治的对象，而不是如《梦粱录》中生活游乐的空间，或者现代知识体系中科学研究和资源开发的对象。《咸淳临安志》"山川"部分的"序言"虽然用很大的篇幅描写杭州山水人物之富美，但风光又是作为太平盛世的表征出现的，特别是强调山川"岂独因其自然而无所用吾力哉"，"盖有经理之功焉"，"山川信美，有待而章，由庚、崇丘、由仪之诗所为作，于太平盛治之时者有以也"。[2]

"疆域""山川"以外，《咸淳临安志》有关地理空间的内容包括："官寺""文事""武备""祠祀""寺观""园亭古迹""冢墓""恤民"。按照今人的观念，这些内容涉及社会文化生活的诸多方面，并非政治的范畴所能涵盖，如文事属于文化教育，祠祀、寺观属于宗教信仰，园亭古迹、冢墓属于名胜古迹或者文化旅游，恤民则属于慈善。但在《咸淳临安志》中，所有这些内容都被理解为

---

1 《咸淳临安志》卷一六，宋元方志丛刊本，中华书局，1990，第 3518 页。
2 《咸淳临安志》卷二二，第 3575 页。

一种统治的工具或手段，这种性质在各部分的"序言"中均有所说明。如"文事"强调学校的政治教化功能：

> 开封得立学，以守臣领之，宁不以承流宣化，仪倡四方，然后为首善哉。[1]

祠祀则强调伦理秩序的象征功能：

> 十伦之义、六祀之辞，凡皆与斯民同其福禄、长其孝敬，措之于仁寿之域而郡祀之……其在郡国，遵奉唯谨，充类而达之，可以存古、可以从俗者，悉得列焉。[2]

"园亭"在今人看来均属于旅游休闲的内容，《咸淳临安志》则提出，作为休闲娱乐场所的园亭本不值得重视，但作为太平盛世的象征以及个人修身养性的场所，园亭就有特定的政治意义：

> 登临游观之娱，末耳，虽然，隆上都而观万国，是亦有系焉。昔人有言：天下之治乱，候于洛阳之盛衰；洛阳之盛衰，候于园圃之兴废。夫善觇人国者，乃或于是得之，所谓不知其形视其景，非邪？然园圃一也，有藏歌贮舞、流连光景者，有旷志怡神、蜉蝣尘外者，有澄想遐观、运量宇宙而游特其寄焉者。嘻，使园圃常兴而无废，天下常治而无乱，非后天下之乐而乐，其谁能？[3]

至于"恤民"部分，虽然内容包括慈幼局、施药局、养济院、漏泽

---

1 《咸淳临安志》卷五六，第 3852 页。
2 《咸淳临安志》卷七一，第 3994 页。
3 《咸淳临安志》卷八六，第 4157 页。

园，但这些内容并不是全民的社会福利，而只是救济难民的设施。难民在《咸淳临安志》被观为太平盛世的一种缺陷，"大夏不能无莠草，盛世不能无穷民"，而记载"恤民"部分的意义在于体现统治者的"仁政"：

> 而在位之仁人为之乳保，为之室庐，为之廪给，为之医药、葬埋，然后不得其分愿者始庶几乎王道之无憾焉。呜呼！斯民也，其亦不幸生于井田废坏之后，而且生死之，或无以遂其天也。其亦幸而生于忠厚积累之朝，而养生送死之，犹有以为之天也。汇而书之以见六保息之政、掩骼埋胔之仁，何独三代然哉！[1]

　　总之，宋代的方志仍以资治、教化为主要功能，地方官是方志书写的主体。在地方官员的观念中，"地方"不是自然或人文的地理空间，而是一个特定的政治空间。表现在《咸淳临安志》中，首先是大内为核心、集中分布于吴山一带的皇宫与中央官衙，这是地方官员效忠的对象；其次是分布于九县一府的民众与自然山川，这些是地方官员的治理与守卫的对象；最后才是官寺、教化与慈善机构，这些是地方官员行政的场所与统治工具（见表7-2）。

表7-2　临安地方政治空间结构

政治结构	空间结构	卷目
统治区域	府治图、九县总图、余杭县图、临安县图、於潜县图、富阳县图、新城县图、盐官县图、昌化县图；吴越考	16
	郡县境	17
地方权力象征	星野、城郭、社稷	18

---

1 《咸淳临安志》卷八八，第 4174 页。

续表

政治结构	空间结构	卷目
行政区划	厢界、坊巷、市	19
	镇、乡里	20
交通	桥道	21
自然山川	山城内	22
	山城南城西城东北余杭	23~24
	山县境	25~27
	岩、岭、洞、石、峪、衔、坞、塍田埂	28~30
	江、海	31
	湖	32~34
	河	35
	溪、潭、涧、洲、浦、井、泉、池塘、堰、水闸、渡	36~39
官府	官寺：府治、漕治、幕属官厅、诸县官厅、仓、场、库、务、局、院、馆、驿、邮置	52~55
教化	文事武备	56
	祠祀：土神、山川、节义、仕贤、寓贤、古神、土俗、东京、外郡、诸县	71~74
	寺观（先观后寺）	75~85
	园亭古迹	86
慈善	冢墓：先贤、客、古、僧	87
	恤民：慈幼、施药、养济、漏泽	88

（二）《梦粱录》的生活空间

《梦粱录》记录杭州的城市生活，所呈现的不是政治空间，而是生活空间。不过，由于《梦粱录》的作者可以出入宫禁，游历峻山秀水之间、茶肆瓦子之中，充分享受着南宋都城临安城市生活的繁华富丽，因此与其所记录的琐碎的家庭生活空间以及市井小贩在都市讨生活的空间有所不同。

《梦粱录》对空间的编排，不是从皇帝居住的大内开始的，也没有将朝廷与地方政府分为两个部分，而是可以分为六个部分：第一部分是杭州"总介""桥道""坊巷"（卷七），第二部分是"宫禁""官衙""府第"（卷八至卷一〇），第三部分是"山川江湖"（卷一一至卷一二），第四部分是"市镇"（卷一三），第五部分是"祠祀名胜"（卷一四至卷一五），第六部分是"休闲娱乐"（卷一六至卷一九）。

　　对于城市的生活者来说，交通与居住环境是他们首先需要关注的内容，《梦粱录》空间的第一部分杭州总介、桥道、坊巷，分别对应于《咸淳临安志》卷一八"城郭"、卷二一"桥道"、卷一九"厢界坊巷"，这些内容在方志中属于疆域，但方志中原有的郡县境、星野、社稷、镇乡里，在《梦粱录》的这部分没有出现，方志中列于厢界、坊巷之后的"市（行团瓦子附）"的内容，更是分散在《梦粱录》的卷一三（市镇部分）与卷一六至卷一九（休闲娱乐部分），打破了原来方志的空间格局。

　　方志中分隔为朝廷与地方官府的两大部分，在《梦粱录》中就被编排放在一起。卷八叙述大内、宗庙、宫观，其中宫观部分，《咸淳临安志》放在中央官衙之后，现在却与大内放在一起。《梦粱录》大内、皇家宫观等内容排在桥道、坊巷之后，这从政治的角度是无法理解的，从城市生活的角度而言，宫禁、官府可以作为当差的地方，相对而言，交通与居住才是头等大事，这样就容易解释为什么桥道、坊巷等内容被编排在《梦粱录》的最前面。

　　《咸淳临安志》中被排在地方官衙之前的山川部分，《梦粱录》移到了地方官府之后，卷一一诸山岩、岭、诸洞、溪潭涧浦、井泉、池塘、堰闸渡这些内容，明显沿袭了方志的格局，但其中的西湖、下湖、浙江、河道等内容，在《梦粱录》中被单独抽离出来，并与船舰编排在一起，这样江河湖的交通意义被突显出来，在《咸淳临安志》中的政治结构被进一步打破。

　　卷一三的两赤县市镇、团行等内容，是从方志卷一九市（行团瓦子附）、镇中抽离出来，并与钱会、铺席、早市、夜市、杂货等内容放在一起。原来《咸淳临安志》中作为行政区划的市镇，在《梦粱录》中就成了与生活密切相关的商品交易的市场。

卷一四的祀祠，其实是将方志中行宫所录的郊庙部分与后面的祠祀部分整合在一起。卷一五的学校、贡院、宫观寺院、冢墓，则综合了方志中中央、地方的学校、贡院，以及地方寺观、冢墓等部分。这两部分也打破了方志中的原有的政治格局，而被编排在市镇与酒肆茶肆之间，消解了祠祀、寺观、学校的政治意义，呈现出都市文化设施与人文景点的性质。卷一六茶肆、酒肆等内容是方志所没有的，第十九卷园囿、瓦舍等内容与塌房、社会归在一起，同样打破了方志中政治化的空间格局，而呈现出生活中的休闲娱乐性质。

《咸淳临安志》地理空间的政治功能在各专题的序言中有清晰的表达。《梦粱录》地理空间的生活意识则是在叙述过程中具体表现的。《梦粱录》对地理空间的描述，有几方面是《咸淳临安志》所不具备的。首先是视觉感观的描绘。书写大内，则称：

> 大内正门曰丽正，其门有三，皆金钉朱户，画栋雕甍，覆以铜瓦，镌镂龙凤飞骧之状，巍峨壮丽，光耀溢目。[1]

书写交通，详述街市景观，犹如旅行指南，如描述"小河桥道"：

> 其众安与观桥皆平坦，与御街同，盖四孟车驾经由此两桥转西礼部贡院路，一直过新庄桥，诣景灵宫行孟飨礼也。[2]

对宫禁的描写，关注的不是典章制度，而是生活细节，如：

---

1 《梦粱录》卷八，第 62 页。
2 《梦粱录》卷七，第 54 页。

登闻鼓院、检院相对，悉皆红杈子，排列森然，门禁严甚，守把铃束，人无敢辄入仰视……嘉明殿相对东廊门楼，乃殿中省六尚局御厨，祗应内侍人员，俱集于此。殿上常列禁卫两重，时刻提警，出入甚严，内皆近侍中贵……如宫禁买卖进贡，皆由此入。惟此处浩穰，每遇进膳，自殿中省对嘉明殿，禁卫成列，约栏不许过往……和宁门外红杈子，早市买卖，市井最盛。盖禁中诸阁分等位，宫娥早晚令黄院子收买食品下饭于此。[1]

对城市生活总是以炫耀的笔调描述其繁盛闲适，如描写大内：

凡饮食珍味，时新下饭，奇细蔬菜，品件不缺。遇有宣唤收买，实时供进。如府宅贵家，欲会宾朋数十位，品件不下一二十件，随索随应，指挥办集，片时俱备，不缺一味。夏初茄瓠新出，每对可直十余贯，诸阁分、贵官争进，增价酬之，不较其值，惟得享时新耳。[2]

描写湖船：

杭州左江右湖，最为奇特，湖中大小船只，不下数百舫。有一千料者，约长二十余丈，可容百人……更有贾秋壑府车船，船棚上无人撑驾，但用车轮脚踏而行，其速如飞……湖中南北搬载小船甚伙，如撑船卖买羹汤、时果……又有小脚船，专载贾客妓女、荒鼓板、烧香婆嫂、扑青器、唱耍令缠曲，及投壶打弹百艺等船，多不呼而自来，须是出着发放支犒，不被哂笑。[3]

1　《梦粱录》卷八，第 62 页。
2　《梦粱录》卷八，第 63 页。
3　《梦粱录》卷一二，第 110~111 页。

描写苑囿：

> 俯瞰西湖，高抱两峰，亭馆台榭，藏歌贮舞，四时之景不
> 同，而乐亦无穷矣。[1]

帝制中国，官是流官，而吏有封建。士大夫常年在各地流动任官，对于地方而言，他们是中央派来的官员，对于城市而言，他们是暂居与过客。胥吏往往终其一生在某一城市任职，他们虽然不是国家政治的主人，却是城市生活的主人。城市的生活者与地方的治理者，他们对活动空间的感受与理解有很大区别。地方官由士大夫担任，方志由士大夫为治理地方而书写，因此《咸淳临安志》是按权力结构的逻辑编排地理空间。《梦粱录》的内容多采自《咸淳临安志》，但其城市空间编排，呈现为包括交通、居住、工作、旅行、消费、交易、祈祷、交游、饮食、娱乐等内容的生活体系（见表7-3）。

表7-3　南宋杭州的生活空间结构

生活结构	空间结构	卷目
交通与居住	杭州、大河桥道、小河桥道、西河桥道、小西河桥道、倚郭城南桥道、倚郭城北桥道、禁城九厢坊巷	7
宫殿	大内、德寿宫、太庙、景灵宫、万寿观、御前宫观（东太乙宫）、西太乙宫、佑圣观、显应观、四圣延祥观、三茅宁寿观、开元宫、龙翔宫、宗阳宫	8
中央政府	三省枢使谏官、六部、六部监门、诸寺、秘书省（国史敕令附）、诸监、大宗正司、省所、六院四辖、三衙、职、监当诸局、诸仓、内司官、内诸司（奉安）	9
地方政治	诸官舍、府治、运司衙、后戚府、诸王宫、家庙、馆驿、本州仓场库务、点检所酒库、安抚司酒库、厢禁军、防隅巡警、帅司节制军马	10
山川	诸山岩、岭、诸洞、溪潭涧浦、井泉、池塘、堰闸渡	11

[1]《梦粱录》卷一九，第176页。

续表

生活结构	空间结构	卷目
水路交通	西湖、下湖、浙江、城内外河、湖船、江海船舰、河舟	12
市场	两赤县市镇、都市钱会、团行、铺席、天晓诸人出市、夜市、诸色杂货	13
民间信仰	祠祭、山川神、忠节祠、仕贤祠、古神祠、土俗祠、东都随朝祠、外郡行祠	14
教育宗教	学校、贡院、城内外诸宫观、城内外寺院、僧塔寺塔、古今忠烈孝义贤士墓、历代古墓	15
饮食	茶肆、酒肆、分茶酒店、面食店、荤素从食店（诸色点心事件附）、米铺、肉铺、鲞铺	16
娱乐	园囿、瓦舍、塌房、社会、闲人、顾觅人力、四司六局、筵会、假赁	19

二　"猿猴盗妇"与边地意象

（一）作为边地故事的"猿猴盗妇"

在中国传统文化中，猿是一种重要的动物意象，高罗佩甚至为此撰写了一部专著《长臂猿考》。[1] 在中国的猿文化中，"猿猴盗妇"又是一个特殊的故事母题，对此有不少学者曾撰专文予以讨论。这其中，陈志勇《论"猿猴盗妇"故事的文人想象与宗教叙事》一文，相当细致地梳理了该类型故事经历过两汉六朝逸事实录、唐代文人遐想、宋元明道佛宣教三个不同的阶段。根据该研究不难发现，"猿猴盗妇"故事不但涉及异兽、性与宗教等问题，而且与生俱来与边地想象密切相关。[2] 这里所谓边地，自然是指中华帝国核心区域以外的边缘地带，既指统治疆域的周边区域及中央集权官僚统治难以深入的地方，也指文化意义上夷夏对立中的"蛮夷"。

1　参见高罗佩《长臂猿考》，施晔译，中西书局，2015。
2　陈志勇：《论"猿猴盗妇"故事的文人想象与宗教叙事》，《民族文学研究》2013年第2期。

　　根据陈志勇的研究，"猿猴盗妇"本是西南边地流传的民间故事，最早在汉代蜀地画像石中频繁出现，进入晋代的《博物志》时故事地点仍是"蜀山南高山上"。[1]第二阶段唐代文人遐想时期以传奇小说《补江总白猿传》（简称《白猿传》）为代表，故事地点在广西长乐，仍属于典型的边地故事。南宋周去非《岭外代答》卷一〇"桂林猴妖"被认为是《白猿传》的延续，故事发生地仍在广西。宋代的重要演变是出现了南戏与话本小说《陈巡检梅岭失妻记》，故事讲陈辛往广东南雄赴任，途经江西梅岭时妻子被猿精劫走，就地点而言仍属于边地岭外故事。该故事又通过广东或南雄本地方志的转述，演化成为梅岭当地的著名典故。进入元明时期，一方面该故事类型深度宗教化，另一方面边地色彩逐渐淡化，比如杂剧《时真人四圣锁白猿》讲古杭城人沈璧出外泛海经商，妻子在家被猿精烟霞大圣霸占；又比如《初刻拍案惊奇》故事之一《会骸山大士诛邪》的会骸山在浙江盐官，猴妖所盗则是平民之女，此外还有不少非盗妇类猿精故事的地点也由边地转型到江南，故事主人公的仕宦色彩也逐渐消失。但是明代瞿佑《剪灯新话》所收《申阳洞记》仍然是发生在桂林的故事，保留了其边地色彩。

（二）不同的边地想象

　　"猿猴盗妇"故事内涵十分丰富，可以从各方面加以探讨，除文学史、宗教史、民俗史之外，性别史、旅行史研究中也多有涉及。这里依据唐代《白猿传》、宋代《陈巡检梅岭失妻记》（简称《陈巡检》）、明代《申阳洞记》三则故事，对传统中国文人的边地想象略做探讨。用这三篇文本来讨论文人的边地想象，当然基于三者的共同特点，比如《白猿传》一般认为是长孙无忌讽刺欧阳询貌类猕猴而作，故事讲欧阳询父亲南征长乐，其妻被白猿精劫走之

1　张华：《博物志》卷三《异兽》，上海古籍出版社，1990，第12页。

事，属于士大夫（士族）之间流传的故事；《陈巡检》虽然是南戏或
话本小说，但故事发生在主人公陈辛赴任途中，应该是下层文人对
官僚边地生活的想象；而《申阳洞记》的作者瞿佑是文人官僚，故
事主人公虽然是游侠少年，但故事发生在少年投依父友"桂州监
郡"期间。总之，这三篇故事的共同点：一是作者或者故事人物属
于文人官僚（士大夫阶层）；二是都发生在主人公原籍地以外，属于旅
行故事（南征、宦游、投依）；三是都发生在岭外边地（广西桂州、梅岭）。

　　在《白猿传》之前，"猿猴盗妇"故事原本是蜀地民间传说。
这类传说一旦进入士大夫视野，便为文人的边地想象提供了契机。
《白猿传》故事发生的背景是：

> 　　梁大同末，遣平南将军蔺钦南征，至桂林，破李师古、陈
> 彻。别将欧阳纥略地至长乐，悉平诸洞，采入险阻。纥妻纤白
> 甚美。其部人曰："将军何为挈丽人经此？地有神，善窃少女，
> 而美者尤所难免，宜谨护之。"[1]

作为"猿猴盗妇"背景的边地桂林、长乐，政治上是为叛乱之地，
文化上则属于蛮荒之地。

　　唐代士族政治，文武尚未分途。宋代官僚政治重文轻武，但
"猴精盗妇"故事盗妇之后必有救妇情节，救妇人物又有武人向宗
教神力转化的趋势。在宋元话本《陈巡检》的故事中，一方面已经
有道教势力的介入，另一方面主人公陈辛既是武人之后，又参加科
举，登第后又受武职"巡检"，体现了宋代文官意识与"猿猴盗妇"
故事武人传统之间的纠葛。不过该故事的边地想象完全属于文官游
宦生活中形成的观念，主要从个人生活的角度强调边地路途遥远、
环境险恶，并没有赋予边地政治上动乱、文化上蛮夷等形象。这一

1　汪辟疆校录《唐人小说》，上海古籍出版社，1978，第15页。

方面可能是宋代士大夫政治文化极端自信或者边界意识淡薄的体现，
另一方面则反映了对仕宦生活既热衷又深感负担与恐惧的心理：

> 不数日，去赴选场，偕众伺候挂榜。旬日之间，金榜题名，
> 已登三甲进士。上赐琼林宴，宴罢谢恩，御笔除授广东南雄沙角
> 镇巡检司巡检。回家说与妻如春道："今我蒙圣恩，除做南雄巡检
> 之职，就要走马上任。我闻广东一路，千层峻岭，万叠高山，路
> 途难行，盗贼烟瘴极多；如今便要收拾前去，如之奈何？"如春
> 曰："奴一身嫁与官人，只得同受甘苦；如今去做官，便是路途险
> 难，只得前去，何必忧心！"陈辛见妻如此说，心下稍宽……
> 当日，陈巡检唤当直王吉，分付曰："我今得授广东南雄巡
> 检之职，争奈路途险峻，好生艰难。你与我寻一个使唤的，一
> 同前去。"王吉领命往街市寻觅，不在话下。
> 陈巡检并一行过了梅岭，直交陈巡检：施呈三略六韬法，
> 威镇南雄沙角营。欲问世间烟瘴路，大庾梅岭苦心酸。山中大
> 象成群走，吐气巴蛇满地攒。[1]

明代瞿佑的《申阳洞记》与前两则故事有明显的传承关系，但
也做了大幅度的调整。首先妇人由旅行中的官员妻子，变成了当地
平民的女儿，其次救妇的人物也由官员或宗教神力，变成了内地的
游侠平民，与官宦生活唯一的联系是少年因"父友有任桂州监郡者，
因往投焉"而旅居于广西桂林。故事的边地想象发生了明显的变异，
政治文化上的边缘、异端，或者宦游苦旅都不再是边地想象的重点：

> 陇西李生，名德逢，年二十五，善骑射，驰骋弓马，以胆
> 勇称，然而不事生产，为乡党贱弃。天历间，父友有任桂州监

---

[1] 程毅中辑注《宋元小说家话本集》，齐鲁书社，2000，第 427~440 页。

郡者，因往投焉。至则其人已殁，流落不能归。郡多名山，日
以猎射为事，出没其间，未尝休息，自以为得所乐，有大姓钱
翁者，以赀产雄于郡，止有一女……生挈三女以出，径叩钱翁
之门而归焉。翁大惊喜，即纳为婿；其二女之家，亦愿从焉。
生一娶三女，富贵赫然。[1]

不难发现故事中富贵乃至艳福成为故事趣味的重点。故事主人公陇
西李生"不事生产，为乡党贱弃"，作为不适应内地生活的落拓者
而出现，而边地旅居成为他生活上发迹的重大机会，赋予了"猿猴
盗妇"故事探险奇遇的色彩。

（三）边地想象的类型与结构

　　文人的边地想象只反映在"猿猴盗妇"故事演变的一个特定阶
段。上述三个故事发生在不同的朝代，也体现了不同时代的特点。如
唐代的士族、宋代的下层士人，而明人瞿佑的《申阳洞记》，故事其
实发生在元代，当时社会上儒家本位意识可能比较淡薄，海外贸易则
特别开放，这与《申阳洞记》中边地求富贵的情节或许存在着某种内
在联系。虽然是对不同朝代三个文本的探讨，但"猿猴盗妇"故事体
现的蛮夷与叛乱、荒僻险恶、探险奇遇三种边地想象类型，也未必是
时代变迁的反映，也有可能是共时性的结构。同时，"猿猴盗妇"故
事作为一种怪力乱神现象与儒家正统观念对立。上述三则"猿猴盗
妇"故事反映文人的精神世界，同时又是儒家文化以外文化观念的反
映，这两者未必矛盾，或许只是反映了显意识与潜意识的区别。
　　值得注意的是，边地想象的三种类型，在今天"内地"对"边
地（南方）"的想象中仍可找到痕迹，即南方边地总是与政治动乱、
奇异的社会形态、水土不服、探险致富等观念混杂在一起。

1　瞿佑：《剪灯新话（外二种）》，上海古籍出版社，1981，第66~68页。

第八章 明清族谱的宋元史料

一 讨论的问题

中国现存大量族谱绝大部分始撰于明清时期。这些族谱在第一次编撰之后可能数十年重修一次，重修的过程既可能是陈陈相因，也可能伴随着诸如嫁接、通谱、伪饰、删减、改写、编造等各种篡改旧谱的行为。族谱研究者早已注意到，族谱所载家族史往往早于族谱的始撰时间。有些族谱将远祖推及隋唐乃至西周，这些内容往往取自姓氏谱一类历史文献，一般不为史家关注。不少族谱的始迁祖被推及晚唐五代至宋元时期，这与始修族谱时间有时也相隔近百年乃至数百年。一般认为，始迁至始撰族谱之间的这段家族史，其史料可能来源于家族墓地、祠堂牌位以及家传的家族文献。但由于文献缺失、历史记忆模糊，将这个时期与家族不相干的历史人物载入族谱，甚至胡编乱造一段唐宋元时期家族史的情况也相当常见。部分族谱中这段家族史的内容散漫混乱、言词荒谬、前后冲突，几乎不值一驳。有见识的学者认为对此不必纠缠"历史真实性"的问题，重点应该考察这些不真实的记载所反映的"观念史"及其对明清宗族构建的"意义"。同样的原因，宋元史的研究者对于族谱史料的运用，一般局限于补充或佐证对历史人物的研究，对利用明清族谱材料研究宋元家族史态度极为谨慎。

的确，现存族谱所载宗族组织绝大多数发源于明清时期，而且明清时期全国范围内的宗族发展史也未必是一个持续发展的历史过程，家族史不但有兴衰沉浮，而且往往是聚散无常的过程。族谱呈现的总是"层累的造成"的家族史，如果有合适的材料，通过初修与重修族谱的比较，或许可以还原这个"层累"的过程，用文化史的观念解释明清时期族谱的修撰史。然而另一方面，虽然晚唐五代以来高门士族的谱牒离散殆尽，宋元时期只是明清宗族发展的一个遥远而模糊的源头，但也不能排除有些家族自宋元一直延续到明清时期并保存宋元族谱材料的可能。就此而言，现存诸多族谱中有没有保存比较可靠的宋元家族史的材料，就是一个需要具体分析的问题。

耶稣基督后期圣徒教会（The Church of Jesus Christ of Latter-day Saints）犹他家谱学会图书馆提供族谱网站（https://familysearch.org/）收藏中国族谱 17099 种，包含 12363107 个影像。[1] 检阅该网站收藏的 1911 年以前温州地区近百种族谱，发现绝大部分族谱或者根本不涉及宋元时期，或者有关宋元时期的记载错乱荒谬，作为宋元史料毫无价值，然而仍有少数族谱值得认真对待。这里以其中五

1　参见陈宁宁《记美国犹他家谱学会图书馆》，《社会科学报》2001 年 3 月 8 日，第 4 版。

种族谱为例，说明明清族谱保存宋元史料的不同情况。其中一种是毫无宋元史料价值的典型，一种保留了明清时期前后修谱的多个版本，清晰反映了修谱观念的演变以及改造宋元家族史的手法，另外三种则不同程度地保留了某些有价值的宋元史料。

二　抱川蒋氏宗谱

很多明清族谱有关宋元或更早时期的记载都非常荒谬，这里以《抱川蒋氏宗谱》为例，说明其一般特点。[1] 该谱四卷，502 页，卷首部分有三件年代署为明代以前的文献：一是《唐仙居蒋氏大宗庙碑》，题王人杰撰，碑文署"唐天复元年（901）八月十六日树"，该碑文意殊不可解，录文后注文径称"旧谱大宗及辽亭乡侯三碑文俱舛错，不敢附会，姑录此，俟后考焉"；[2] 二是《蒋氏大宗碑图序》，署"朝议大夫知汉阳军孙嗣康拜撰"，[3] 序文追述了北宋蒋氏的仕宦名人，但没有述及这些人物与抱川蒋氏的关系；三是《蒋氏族谱序》，署"秘书监丞雁宕李孝光拜撰，至正十一年岁在辛卯秋月"，[4] 至正十一年当为1351年，李孝光是元代词作家，温州乐清人，一般认为生卒年为 1285~1350 年。该序内容只是叙述修撰族谱的一般价值，并非针对蒋氏而言，更未论及蒋氏修谱的缘由。这三件记载明代以前内容的文献显系杜撰、拼凑，而且内容与抱川蒋氏并无关联。

此外卷首尚有明清谱序、跋、叙及相关的记文 16 种，以及凡例、族规、名讳行、雁第行、表字行等内容。卷首以后则有蒋氏

1　https://familysearch.org/pal:/MM9.3.1/TH-1942-20371-18642-60?cc=1787988&wc=M9WS-
　　GL4:n1589627575.

2　《抱川蒋氏宗谱》，第 3 页。

3　《抱川蒋氏宗谱》，第 5 页。

4　《抱川蒋氏宗谱》，第 6 页。

宗谱图，包括《蒋氏谱源》《台州蒋氏宗谱支图》《柘溪蒋氏宗谱支图》《抱川蒋氏族谱支图》，现存族谱体系是抱川、柘溪、台州三地蒋氏联谱的结果。第二至四卷为《蒋氏宗谱雁行》即人物小传，开始部分还收录了墓志、圹志、寿序、像赞之类蒋氏相关的传记文献，内容并不涉及宋元时期。"雁行"部分也分属台州、柘溪、抱川三地蒋氏，但三地蒋氏"雁行"收录的信息并不一致：台州蒋氏雁行的内容一般包括科举或仕宦、婚配、墓地，但不录生卒，柘溪蒋氏与抱川蒋氏的雁行一般包括生、卒、婚、葬的信息。其中"抱川蒋氏族谱雁行"中，第一至三世均有小传及生卒婚葬等内容，始迁祖小传述及"宋端平辽兵扰乱，台郡人无定所，公率季子戎远始由台而之楠溪抱川"，[1]"宋端平辽兵扰乱"的说法非常荒谬。第四世以下生卒婚葬信息大量缺失，一般仅录子嗣，偶有小传，直到明成化年间出生的一代人才有比较完整的生卒婚葬信息。据此推断抱川蒋氏首次收集家族材料修撰族谱的时代应该在明成化之后，约50年以后正德八年（1513）的《抱川蒋氏族谱序》可能是首次修谱时形成的，抱川蒋氏恐怕没有保留任何成化以前的家族史文献。

抱川蒋氏宗谱中所谓的宋元史料本不值得考辨。本文仅以此说明，多数族谱中落款时代为明代以前的文献，性质与抱川蒋氏类似。而以下讨论的数种保留宋元史料的族谱属于罕见的特例。

三　包山（川）陈氏族谱

永嘉包山（川）（今永嘉县枫林镇包岙村）陈氏族谱，至少包

1　《抱川蒋氏宗谱》，第153页。

括历次重修中1572年、[1]1835年、[2]1855年、[3]1886年、[4]1948年、[5]1981年[6]的六个版本。除最早的1572年四卷为全本外，其他版本或为残本，或仅存支图，均不完整。1572年（隆庆六年）与19世纪版本对早期家族史的记载存在明显差异，清晰反映了明清谱族修撰观念的演变。

1572年《包山陈氏族谱》分四卷，103页，卷首有正德六年（1511）的谱序、陈氏族谱凡例，末尾有隆庆岁壬申（六年，1572）黄岩蔡（世敦）撰《书陈氏族谱后》。奇怪的是隆庆六年谱序未见于1572年版族谱，却出现在1835年重修的版本中。四卷内容分别为《宗支图》（谱系）、《世系录》、《诗文内集》、《诗文外集》。

关于家族的早期历史，谱中正德六年的谱序是最基本的文献。1572年谱中正德六年谱序已残缺，1835年抄录正德六年谱序时对原序作了改动，主要是创造性地将包川陈氏与南宋永嘉学者陈傅良联系在一起。1572年版正德谱序记载，包山陈氏的先祖在宋初时由福建长溪劝儒乡擢秀里迁徙至瑞安帆游乡固义里，宝庆元年（1226）迁至永嘉溪下吞，嘉熙四年（1240）再迁至包山。谱序中完全没有提到包山陈氏与陈傅良的关系，并且明言"不审宋以前所自生"：

1　https://familysearch.org/pal:/MM9.3.1/TH-1951-20622-43314-85?cc=1787988&wc=M9WS-DKK:921993083.

2　https://familysearch.org/pal:/MM9.3.1/TH-1951-20613-12778-9?cc=1787988&wc=M9WS-D27:n1546066165.

3　https://familysearch.org/pal:/MM9.3.1/TH-1951-20366-42227-68?cc=1787988&wc=M9WS-D24:n132585168.

4　https://familysearch.org/pal:/MM9.3.1/TH-1951-20366-41312-60?cc=1787988&wc=M9WS-D2S:n1988392431.

5　https://familysearch.org/pal:/MM9.3.1/TH-1951-20366-45707-57?cc=1787988&wc=M9WS-DKP:n1838159008.

6　https://familysearch.org/pal:/MM9.3.1/TH-1951-20366-42041-60?cc=1787988&wc=M9WS-DKL:n1341626961.

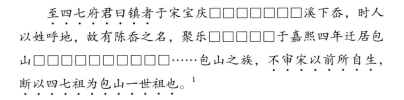

至四七府君曰镇者于宋宝庆□□□□□□溪下岙，时人
以姓呼地，故有陈岙之名，聚乐□□□□□于嘉熙四年迁居包
山□□□□□□□□□□……包山之族，不审宋以前所自生，
断以四七祖为包山一世祖也。[1]

陈傅良确实是瑞安帆游乡人，但是 1572 年版正德谱序完全没有提及
陈傅良，说明即使包山陈氏与陈傅良存在某种渊源关系，这段历史
也早已在明代包山陈氏的历史记忆中消失。然而在 1835 年版正德谱
序中，这段话变成了：

理学名臣止斋公后裔四七公讳镇者于宋宝庆元年迁居永嘉
梅溪下岙，时人以姓呼地，故有陈岙之名，聚乐建业垂统，后
于嘉熙四年转择包山居焉，是为包山之始祖也……包山之族，
谱牒前遭兵燹，不审止斋公以后递传几世，断以四七公为包山
一世祖也。[2]

始迁祖"四七公讳镇者"之前增加了一个定语"理学名臣止斋公后
裔"，强调包山陈氏与陈傅良的关系。包山陈氏与陈傅良同出瑞安
帆游乡，据此可以推测包山陈氏与陈傅良同源。但宋代帆游乡陈氏
至陈傅良时已延续 200 年，包山陈氏出自陈傅良家族，并不意味着
是陈傅良之后，更不能说明包山陈氏在宋代已有科举、仕宦传统。
1835 年谱中"隆庆六年"谱序称包山陈氏为"理学名臣止斋先生之
后裔也"，又大谈包山陈氏传至九世而"崇信义，重礼教，交结翰
墨之士，盟姻阀阅之家，厥后湖东毅庵三山耕乐诸公，克绍先德，
贤子令孙，代有哲人"。[3]但该谱未见于 1572 年（隆庆六年）谱中，

1　1572 年《包山陈氏族谱》，第 2 页。

2　1835 年《包山陈氏族谱》，第 13 页。

3　1835 年《包山陈氏族谱》，第 15~16 页。

当为后人伪造。

19 世纪的族谱竭力与陈傅良之间建立联系，试图构建家族早期历史科举仕宦的传统。但 1572 年版族谱呈现了完全不同的包山陈氏家族形象，宋代以前的家族史记忆其实早已消失，留在明代族人记忆中的是陈氏家族在元代战乱中颠沛流离、艰难治生的那段经历。1572 年版族谱末黄岩蔡（世敦）所撰《书陈氏族谱后》曾经考证陈氏家族史的来源：

> 陈氏世居包山，值元兵乱，旧谱散失，只留惟三、庄七二祖遗书，庸庵草创为图，朱梅峰庠士润色之，以始迁自瑞安帆游，五世以上名字生卒未备。详阅遗书，庄七公与洪川陈秀娘以军役致讼，当时不认其军，遂失其祖，则包山与洪川少卿公同一流无疑矣。矧南溪诸名族姻联世好，虽洪川不族，亦无损于包山也，但是族不族，恐孝子慈孙之心有所未安。谨书卷后，为俟续编者考焉。[1]

"陈秀娘以军役致讼"事发生在明初洪武军间，黄岩蔡据此认为包山陈氏与洪川陈氏同源。而据 1981 年《洪川陡门陈氏宗谱》记载：

> 洪川者系宋大理寺评事亿三公初居处州缙云胡陈市，金乱宋，南渡来游于永嘉，喜洪川山水之胜，遂居此，为洪川陈氏。[2]

黄岩蔡的推测似乎并没有多少依据。从"陈秀娘以军役致讼"这类近代事件去考证包山陈氏源流，似乎说明当时的陈氏族人及修谱者不太了解陈傅良这样的历史人物。

1　1572 年《包山陈氏族谱》，第 103 页。

2　https://familysearch.org/pal:/MM9.3.1/TH-1942-20784-53857-38?cc=1787988&wc=9JLH-FM4:1021938501,1021934502,1021935602,1021947301,1023944801.

1572 年修撰族谱时包山陈氏还没有塑造家族理学传统的"文化"需求,几乎丧失了对元代以前家族史的历史记忆,而且可能也缺乏基本的历史知识。19 世纪的包山陈氏无论是社会地位还是文化修养都有明显提升,他们需要也有能力为家族寻找一位符合 19 世纪包山陈氏家族文化品位的合适祖先,同时也需要对元代那段艰难创业的历史有所掩饰。

1572 年谱中记载始迁祖陈镇,只有寥寥数语说明其迁徙、婚葬、子嗣等情况,1886 年版族谱中称陈镇"其生平立身处待上接下,皆本止斋公遗训。于宋宝庆元年挈家属、抱宗器,并先世所遗宝敕、懿训等书,敬奉谨藏",迁居包山后"振兴世业,整肃家规,时而以入孝出悌诫饬子弟,以勤耕力学劝勉亲邻,四十年间,安然无恙",[1] 这些内容都是后来杜撰。

1572 年谱中第二至五世祖先的名讳大量缺失,到 19 世纪谱中已添补完整。其中第二世伯一处士,1572 年谱中仅称因值宋末战乱,避乱乐清朱氏外家,至元贞元年(1295)复居包山。1886 年谱中增加了"与伯十公一坝一簏,友恭相得,虽时值颠沛,聚首相依,不肯暂离,是诚公之所性然也。迨至元贞元年复归包山旧居,沐雨栉风,恢复先业,而培植伯十公读书成名,增光门第,亦不无小补云"等内容。[2] 同样,其弟伯十公在 1886 年谱中也有类似描述。

第三世的惟三公,1886 年谱中除了增添描述,又称"有遗嘱列卷三",但该谱卷三仍是雁行小传,并未收录这件遗嘱,此语当是从更早版本族谱中传抄而来。这件没有出现在 19 世纪任何版本族谱中的遗嘱保留在 1572 年谱,遗嘱记录包山陈氏在元代艰难创业的过程,以及惟三公四子之间的家庭纠纷并最终导致兄弟分家,谆谆教诲:

1　1886 年《包山陈氏族谱》,第 247~248 页。
2　1886 年《包山陈氏族谱》,第 248 页。

况汝兄弟俱系我亲子，却无嫡庶，中间如有些少不平，水亦不流别人田里去也，自分书之后，诸子可敬之戒之。[1]

表达了对下一代兄弟不睦的担忧。这件遗嘱在 16 世纪具有纪念祖先创业艰难以及谨守祖先垂训的重要意义，但兄弟不睦析产的历史不符合 19 世纪包山陈氏塑造家族形象的需要，顺理成章地从族谱中消失了。

第四世庄七公陈允实经历了明初包山陈氏的多次灾难，包括被狂徒董孟夷聚党劫掠，导致陈氏家破人亡；被陈秀娘妄控军役事，陈允实赴京染病；以及被黄娟弟诬赖官司等事。这些事件记录在 1572 年谱中收录的庄七公遗书中，遗书的内容除了向下一代痛陈家史之外，还详细记载了为四子分割财产的情况。[2]这件遗书在 19 世纪的族谱中同样消失，1835 年谱中仅在庄七公的雁行小传中记载了董孟夷劫掠以及陈秀娘妄控军役两个事件，其中这样描述董孟夷劫掠事：

公二兄嫂孀居守志，闻贼党将至，恐受其辱，遂自缢毙。寇至，罄劫家财，幼侄亦被害亡。公欲挺身向斗，以复杀侄之仇，母氏阻之曰："贼势猖獗，必受累。语云'千金之子，不死于盗贼之手'，汝何轻身不自爱若此。"[3]

而 1572 年族谱庄七公遗书中相对应的记载则是"将我二兄、嫂、侄俱各害故，财特劫掠一空，我与母尚存"。显然，二兄嫂"孀居守志""遂自缢毙""公欲挺身向斗以复杀侄之仇"，都是 19 世纪族谱的改编，这是包山陈氏族谱书写理学化的又一典型案例。

以上比较也说明，1572 年族谱是保存着非常可靠的元代家族史

1　1572 年《包山陈氏族谱》，第 65 页。

2　1572 年《包山陈氏族谱》，第 65~66 页。

3　1835 年《包山陈氏族谱》，第 117 页。

材料。另一种温州族谱 1756 年《永嘉霞川滕氏宗谱》的例言，更直白地交代了新谱改造旧谱传记资料的原委：

> 旧谱表章善类，用作传赞是也。至于惯习拳棒，行教处州，真族属之匪类，乡党之恶劣。孑然以钓鱼，其身竟作一篇长传，褒奖不已，此番心血费之亦何为哉。间为人治庖，烹调得宜，不过贱役而已，乃匕以易牙方之，岂不可笑之甚。故于诸如此类，概行删去。[1]

这说明明代族谱可靠的家族史料在清代消失的情况并非个案，清代改造明代族谱的重点是掩盖祖先早期的卑微形象，这为辩证地利用明清族谱提供了依据。

四　锦园瞿氏宗谱

1809 年的《锦园瞿氏宗谱》1 册，118 页。[2] 卷首仅两篇谱序，一篇是嘉庆十四年即 1809 年重修的谱序，第二篇《原叙》出自乾隆二十年（1755），其中叙述瞿氏的早期历史：

> 锦园瞿氏，余母族也，世居福建莆田，自唐均六公登甲辰第，仕金华，传四世，兆八公登唐开成丙辰第，仕宁波府尹，赠中宪大夫，避世之乱，隐居永嘉楠溪珍川，不复有东归之志，是为珍川之鼻祖。传六世，元三公复自珍川析居岩下。至明季自岩下而迁锦园，或有仍居珍川，或有徙居乐邑、虹桥暨

1　《永嘉霞川滕氏宗谱》，https://familysearch.org/pal:/MM9.3.1/TH−1942−20610−27064−39?cc= 1787988&wc=M9W3−Q3D:663280726，第 8~9 页。

2　1809 年《锦园瞿氏宗谱》，https://familysearch.org/pal:/MM9.3.1/TH−1942−20613−10481−42?cc= 1787988&wc=M9WS−TD2:n1634835421。

> 石垅诸乡皆共本同源，至余凡千有余年，三十余世矣……阅其
> 谱，盖自明季重修至今一百二十余年，宗子藏守不谨，蠹鱼残
> 缺殆甚，先世词章、手录翰墨，片纸无存，莫之查考，姑仍其
> 旧，新其前，而续其后，定为二卷。[1]（内有缺文，据 1840 年
> 《锦园瞿氏宗谱》补。[2]）

据谱中雁行小传，迁居永嘉珍川（今永嘉花坦乡）的四世祖兆八公
瞿端媚生于元和丙戌（806），卒于光启乙巳（885）；迁居岩下的六
世祖元三公瞿其庚生于咸通乙酉（865），卒于开运丙午（946）。叙
文中仅称"至明季自岩下而迁锦园"，未能指明何人于何时迁居锦
园，其实岩下即现在温州永嘉里呇村，锦园即下园村，两地相距不
过一里，这一次迁居应该是族中一支析居于附近，并非真正意义上
的迁徙。雁行小传中最早出现葬地在锦园者是第二十一世祖政五十
公瞿养言，瞿养言生于皇庆癸丑（1313），卒于洪武丁卯（1387），[3]
所谓"明季自岩下而迁锦园"，应该就在瞿养言这一代人（第
二十一世）前后。同时，这篇乾隆二十年撰写的序文中称"明季重
修至今一百二十余"，则这次修谱依据的旧谱修撰于明万历末、崇
祯初年。据此推测，锦园瞿氏是永嘉珍川及岩下瞿氏发展至元末明
初时期的分支，该族明末以后中断 120 余年才重修族谱。

该谱雁行小传记录情况也可以分为几个阶段，与叙文反映的迁
徙、修谱史相吻合。其中宋元时期的谱系图按小宗之法记载，五世
以前旁系祖先的世系不再出现在谱中。到元末明初的第二十世，谱
系中开始分房记载所有繁衍子孙的信息，这应该是瞿氏在元末明初
析居至锦园并重建宗族的体现。明末清初第三十一世祖先前后，有

1　1809 年《锦园瞿氏宗谱》，第 4~5 页。

2　1840 年《锦园瞿氏宗谱》，https://familysearch.org/pal:/MM9.3.1/TH-1942-20613-10115-5?cc=
　　1787988&wc=M9WS-TDG:n1686609006，第 5~6 页。

3　1809 年《锦园瞿氏宗谱》，第 55 页。

关世系传承的记载严重残缺，人物小传中也多缺卒年，符合明末以后修谱中断一百二十余年的情况。这也说明乾隆修谱时确实可能以一百二十年前的旧谱为依据。

那么，该谱可能在明代旧谱中已经出现的宋元时期的记载有多少史料价值呢？首先，莆田远祖瞿武英、永嘉始祖瞿端媚的仕宦经历完全可能是杜撰的。其次，第十五世瞿延诘、瞿延统因与方腊、俞安道军作战有功而"补武信郎""赠武毅将军"，[1] 由于缺乏文献的印证也难以采信。然而除了这些有利于塑造家族仕宦形象的内容之外，如果没有明确的证据，自始祖至三十一世连续而完整的世系与雁行小传就不应该轻易否定。其实雁行小传显示宋元时期瞿氏家族并没有值得炫耀的科举、仕宦、理学、武功之类的经历，最为家族津津乐道的不过是瞿氏历代出资修建崇果、广福寺，这方面的记载可与碑刻、方志文献相互印证。

族谱中第八世瞿从裕（生于天祐甲子，904）小传记载：

> 公天性宽柔，博览群书，尚义轻财，曾同方士朱元化游于芙蓉岩上，览胜诸峰，至岩洞憩息，见其幽雅，顾谓方士曰："斯仙境也，不下于天台，吾欲建庵，与汝修道，可乎？"答曰："如愿。"遂开中洞建佛堂，塑世尊普贤，洞前四山垦田数十，资具香灯，是为岩上庵开基檀越主。至晋开运甲辰年请详，赐匾曰"崇果禅寺"。[2]

崇果禅寺，《弘治温州府志》有载：

> 崇果院，在仙居乡，石晋开运间建。[3]

1　1809 年《锦园瞿氏宗谱》，第 48 页。

2　1809 年《锦园瞿氏宗谱》，第 41~42 页。

3　《弘治温州府志》卷一六，第 430 页。

又新编《永嘉金石志》详细调查了崇果寺的遗迹：

> 从陈虞之墓前沿溪上行半小时，有一架连小溪沟之石板
> 桥……上行向右转，即见一崖耸起，崖下一排岩洞，高处无瓦
> 木结构屋子，即崇果寺佛殿……大殿右石壁下有一水井，大殿
> 后依石壁神龛前有镂空塑花版。寺右上行，至一稍小石洞，右
> 前有一旧碑座，花岗岩质，长84厘米，高45厘米，厚43厘米。
> 原碑已无。即原明释道棐所撰《修理崇果寺佛殿碑》之座。[1]

《永嘉金石志》收录了释道棐的这件碑文，其中称：

> 若今永嘉仙居乡楠溪芙蓉里之岩上寺曰"崇果"者，开基
> 于晋，赐额于宋，乃天台智者大师圭公创立。[2]

比较族谱、方志、碑刻三种关于崇果寺来历的记载，释道棐碑刻的
记载几乎是毫无依据的想象，方志的记载过于简略，而族谱中对于
瞿氏创建崇果寺及其后多次重建、维护的记载相当具体生动，无疑
是宋元时期温州地方史的重要史料。不过就本文讨论的主题而言，
据此可以初步确定锦园瞿氏宗谱记载五代至宋元时期的瞿氏家族史
资料基本可靠，而且内容比较丰富。

五　枫林徐氏宗谱

枫林徐氏是永嘉望族，1994年重修《枫林徐氏宗谱》共43册，

1　郑小小：《永嘉金石志》，第34页。
2　释道棐：《峙岩崇果寺大隐深禅师修理佛殿碑记》，《永嘉金石志》，第38页。

6711 页。[1] 然而徐氏宗谱有关宋元时期的记载，无论先祖事迹还是世系构建都非常可疑。

宗谱称其远祖徐矗于五代时避王曦之乱，由福州长溪葛洪山迁居婺州鸡第山，再迁居温州永嘉屿北，起家艰难。下传七世，至崇宁五年（1106）徐公仪迁居枫林，是为枫林始迁祖。谱中记载了徐公仪因才华出众入赘枫林大姓柯氏的故事：

> 公当宋徽宗崇宁间，枫林柯氏富甲一乡，有牡丹垮楼，一本八枝，花蕊盈百，柯氏以为祥瑞，大开筵席，延宾玩赏，四方文人少长咸集，畅饮赋诗者越月。公亦与焉，饮至酣高，兴发攀骊枝两蕊纳入窗棂间，谩吟曰："魏此姚黄未足夸，元龙百尺有王花。一枝丹萼开连理，两朵红云棒日华。"主人大笔以为狂客，次早果两蕊盛开楼中，色倍艳丽，柯氏觉悟，遂卜为择婿兆，因留赘焉。时崇宁五年丙戌之三月也。越明年，有火灾，柯氏室庐尽毁，公所居之楼独存，其牡丹之盛不减当年。众咸惊叹曰："此殆天与也。"公存心忠厚，敦仁好义，秉礼温恭，恩惠所施者广，才智所济者众，由是乡人咸乐附而推重焉。噫，天与人归兆足以发族矣。[2]

这则故事虽然无从考证，但内容俚俗近似民间故事。二世祖徐文铨的传记也近似想象、毫无依据：

> 公质性明敏，学问静深，宋绍兴癸亥入太学，缔交天下名

1　1994 年《枫林徐氏宗谱》，https://familysearch.org/pal:/MM9.3.1/TH-1951-20420-14933-41?cc=1787988&wc=9J2P-K6J:1021942201,1021934502,1021935602,1021947301,1022253401#uri=https%3A%2F%2Ffamilysearch.org%2Frecapi%2Fsord%2Fwaypoint%2F9J2G-L2Q%3A1021942201%2C1021934502%2C1021935602%2C1021947301%3Fcc%3D1787988。

2　1994 年《枫林徐氏宗谱》第 1~7 册，第 91 页。

士，所学进益，至癸酉授国子祭酒（陞评事）。所著文章皆本经术，一时群称为当今韩子。暮年归乡里，四方宾朋过访相从者甚众，论说古今，评谈经史，脱口而谈，竟日忘倦，诸生记为语录焉。[1]

枫林徐氏南宋与元代的世系也经不起推敲。首先这时期人物的生卒婚葬信息的大量缺失。其次，谱中出现了一些历史人物，包括徐自明、徐容霆、徐古槐等人。徐自明是二十卷本《宋宰辅编年录》的作者，"自明，字诚甫，号慥堂，永嘉人，尝官太常博士，终零陵郡守"。[2] 谱中记载徐自明：

> 宋宁宗嘉定三年考取进士，任点检试卷官。嘉定五年升承议郎，兼任国子博士，嘉定六年擢升太常博士，嘉定八年任毗陵通判，升任光州太守，嘉定十年调任永州太守，著有《礼记志》、《宋宰辅编年录》二十卷、《浮光光州图志》三卷，重修《零陵志》十卷。[3]

但嘉定三年（1210）宋廷并未开科取士（嘉定元年、四年均有开科），《弘治温州府志》载徐自明于淳熙戊戌（1178）登进士第，[4] 谱中有关徐自明的记载显系伪造。谱载徐自明子容霆，字居谊，"宋理宗宝祐年间任福州永福知县"，[5]《乾隆福州府志》有永福县知县事"徐居谊"的记载，[6] 但徐自明既是作伪，其子徐容霆自然无从谈起。至于徐古槐，谱中仅载"宋乾道壬辰（1172）中进士，任福建延平府将乐县知

1 1994年《枫林徐氏宗谱》第1~7册，第92页。
2 《四库全书总目》卷七九，第10页。
3 1994年《枫林徐氏宗谱》第1~7册，第383页。
4 《弘治温州府志》卷一三，第348页。
5 1994年《枫林徐氏宗谱》第1~7册，第383页。
6 《乾隆福州府志》卷三三《职官六》，清乾隆十九年刊本，第10页。

县"，[1] 这与《弘治温州府志》的记载有所吻合，唯终官为"将乐（长乐？）主簿"而非"知县"。[2] 他还是陈傅良的同年，陈傅良尝为之撰圹志：

> 叔楸年二十二，取科第，始娶剡之周氏。妇党爱叔楸，留之弥年，不使其女行。叔楸客久，念其亲，尝欲得余书风刺之，将持白其妇翁媪以乞归。余以叔楸意，为书累百言，道其主母老矣，父母日夜望叔楸，以佐其归决。叔楸于是乎归，而已病矣。余与叔楸同乾道八年进士，是岁繇乡贡以第者，唯叔楸一人，里中慕悦之，奉羊酒贺徐氏之门者日至。他父兄皆各咎其子弟，谓吾之不如徐君也。今叔楸调长乐主簿，弗及禄，又去亲侧逾年，以病归。归之日，父母为之愁苦无聊，累月而叔楸死。呜呼！是不幸耶？非耶？叔楸名愧，温永嘉人，一子才周岁。以淳熙某年某月某日卒。父扩帅其同年进士请墓于郡太守，得某乡慈云院之后山，以某年某月某日葬。余悲叔楸之亲之怨也，故为叙其才与志尚不愧于亲者如此，因以为铭云。[3]

根据圹志，徐（古）楸字叔楸，乾道八年（1172）中进士第时年二十二岁，则应出生于绍兴二十年（1150），父亲应该是徐扩，配婚于剡县周氏，调长乐（将乐？）主簿而未及赴任，葬于温州某乡慈云院之后山，应该仅有一子，徐楸卒时年仅一岁。然而谱中徐古槐表字缺省，父亲称"孝奉"，有二子，曾任福建将乐县知县，又缺生卒婚葬，与其他文献记载似是而非，当系伪造。而且谱中徐古槐、徐容霆之后仅传一世再无子嗣，谱中诸多序文未提及这些人物，艺文卷传记资料中也未见这些人物，应该是很晚才被载入宗谱的。

1　1994 年《枫林徐氏宗谱》第 1~7 册，第 383 页。

2　《弘治温州府志》卷一三，第 347 页。

3　陈傅良：《徐叔楸圹志》，《陈傅良先生文集》卷四七，第 589 页。

　　枫林徐氏宗谱造伪的成分较多，但有些宋元时期的内容或有一定史料价值。枫林徐氏繁衍以第六世、出生于景定三年（1262）的徐钥这支为主，这一支宋元人物传记资料，多与传世文献相互印证。其中枫林徐氏与乐清李氏联姻，第七世徐淮与元代乐清词人李孝光为表亲，李孝光的诗作《和元泽见寄》《迁新居与表弟徐元泽》[1]中多有提及。此外第八世徐杲、第九世徐文辉、第十世徐汝睦等人的宗谱资料，与《光绪永嘉县志》中徐火炯妻周氏、[2]徐汝睦[3]等人的记载可以相互印证，共同反映了元末明初方国珍之乱中徐氏的遭遇与应对。总之，枫林徐氏宗谱虽有联谱、嫁接历史人物等作伪的现象，但六世祖徐钥这一支宋元时期的记载仍有较高的史料价值。

六　苍坡方巷李氏阖族宗谱

　　1888 年编撰的《苍坡方巷李氏阖族宗谱》现仅存"雁行"一卷，152 页。[4]谱中记载宋末谱牒曾毁于战火，这应该是第十三世以前祖先生卒婚葬信息不全的主要原因，但是从第十三世（南宋中叶，1206）起，历世祖先的生卒婚葬记载非常完整，而且第六世以下有传统资料的宋元祖先 60 余人。这些人虽然没有显赫经历，但也不乏仕宦，有些人物还与当地知名士大夫过从甚密。

1　参见李孝光《李孝光集校注》卷一〇，陈增杰校注，上海社会科学院出版社，2005，第 313、383 页。

2　《光绪永嘉县志》卷一九《列女志》："元：周氏，许字徐文炯。炯，枫林人，善骑射，元季方国珍据浙东，炯与义士刘公宽结团抗战，被擒，珍爱其勇，令侍左右，炯密约公宽为内应，与贼战于中塘，贼大败，退屯千佛寺。贼觉，遂害炯而归其尸。时周未婚，登楼望舁棺者至，自楼上跃下，触棺死，父母即其地葬焉。"第 1721~1722 页。

3　《光绪永嘉县志》卷一八《人物志》："徐汝睦，枫林人，兄弟八人，睦行七，与弟汝八乐善好义。洪武初，派从兵戍乐清蒲圻，瘟疫大作，罢归，乡中传染几遍，睦亲以钱米遍给病家之贫乏者，如此月余，全活甚众，乡人德之，以其大宗次第十七，咸以十七佛称之（采访册）。"第 1629 页。

4　1888 年编撰的《苍坡方巷李氏阖族宗谱》，https://familysearch.org/pal:/MM9.3.1/TH-1951-20615-9943-11?cc=1787988&wc=M9WS-L1Q:n523630638。

苍坡李氏宗谱的某些传记资料，可与传世文献相互印证。其中最重要的文献就是叶适的《李仲举墓志铭》：

李伯钧，字仲举，楠溪人。由永嘉泛枝港尽汐而至楠溪，则别为聚区，风气言语殊异。其中洲四绝水，陂汇深缓，草树多细色，敞爽宜远望，旧名苍墩，溪之温厚处也。其十世曰岑，号苍墩先生。父曰嵩，分宁县尉。仲举甫十余，族里有大事，已能相可否。老人咸异此儿。及长，足智恢达，以义理胜血气。倥偬难理，雍容应会，迷谬不决，欻疾赴机。而又外文内质，章采粲错，轻重襄序，主于敬共。猝与之遇，无不心畅神怿，谓其对大宾，入清庙矣。闻其方自溪谷出，尤骇莫测也。郑景望、薛士隆引为亲友，曰："不幸而仲举于世之味薄，斯人者岂以章句限之，所谓不可小知而可大受也。"得官，调监慈溪酒，耻之，曰："吾何忍诱饥民舍其糠籺而逋于醨糟耶。"谢不起。盖仲举之业成矣，而年不究，逾四十而卒。有子曰源，字深之，材艺德器如其父，而居身益庄，与人益畏。隩室烦暑，常整饰不惰；广庭狎聚，拣语无慢情。庐舍用器，皆有常度。不醉饱于物，曰："吾父祖乃尔，吾何以堪之。"有痟渴疾，未尝离书，曰："吾师也。"疾愬，惟烧香，曰："吾友也。"始，仲举使余与深之游，余甚幼，而能记仲举言行，象其风裁，至今想见之。深之少余二岁，余从童子戏，深之俨然端默，余惭，为弃戏敛衽。余谋于四方，间一归而见深之，寡言笑康色如故。余病且老，不出户，故友影绝，问深之，则曰死久矣。其子义方实来，则丧除矣。悲夫！仲举父子，积五六十年，家行修，本学明，固将施之，而固止之耶？岂天之不相道欤？文王曰："誉髦斯士。"成王曰："烝我髦士。"髦士，非科举所谓士也。誉之所不加，烝之所不及，科举蔽之也。以科举论天下士，失士甚矣。然则非天也。深之卒于嘉定五年，年五十九。三子，义方，长也；曰义问，义崇，为弟后。女一人。嘉定五年十一月辛酉，义方改葬仲举于先墓后，而深之从焉。铭曰：所谓伊人，山高谷深！鹤唳于庭，猿乳于林。怨耶非耶，而有斯吟！[1]

这篇墓志中述及苍坡李氏7人，包括始祖李岑，第十世李嵩、李伯钧，十一世李源，十二世李义方、义问、义崇。除李源幼子李义崇之外，其他人物在族谱中均有传记资料。叶适撰写墓志与宗谱记载高度吻合，但族谱资料也有鲜明的特点。以李伯钧为例，谱中记载：

> 公年十四辄丧父，能自卓立，勤心学问，与宋岩老、郑景望、薛士隆诸公友善。尝授承节郎，调监兹溪酒税，有诗谢交代官曰："未能飞举出人间，俯仰嚣尘已强颜。拼得俸钱偿酒债，已输采菊对南山。"又曰："吾何忍诱饥民舍其糠窍而遁于醹糟耶。"遂不起。又尝作《交财诗》曰："交财古所难，我则以为易。要约不足凭，所重惟信义。"《题天台石梁桥》曰："有梦都缘想，无心境即消。我来何所见，跨石自成桥。"其于义利真妄出处之际明矣。扁其堂曰"种德"以训后人。初，叶文定公水心先生幼时至我里，托宿田里，洁无衾枕，公一见奇其姿禀迥出，遂邀归与诸子处，后撰公墓志，言行详焉。[2]

其中直接提及叶适。族谱小传与家族为叶适撰写墓志准备的行状应该非常类似，叶适只是删去了在他看来不值得记录的所谓诗作。

第十世祖李伯铉也有文献可以考征。谱载李伯铉"臂健如铁，

1 叶适：《李仲举墓志铭》，《叶适集》卷一八，第356~358页。
2 1888年《苍坡方巷李氏阖族宗谱》，第11页。

可以悬石，时号为'李铁臂'。淳熙戊戌擢武科第四名进士"，则《弘治温州府志》载武科淳熙戊戌（1178）榜"李伯鈜（永嘉人）"即李伯鈜无疑。[1] 族谱又载：

> （李伯鈜）累官武翊大夫，知海南万安军，任垂满，而黎辽（獠？）叛，直犯治所，公二子汉、洽，年皆弱冠而艺勇，登樵楼发矢以殪其魁，副盗惧而解去，及归，二子道中病亡，不得已而火其尸。公临视伤怀，竟据椅而卒。继室陈氏扶枢归葬于乡之叶岙。[2]

此事《宋会要辑稿》亦有记载：

> （庆元元年二月）六日，知万安军李伯鈜放罢。以广西诸司奏其残忍贪婪，扰害黎民，引惹边事。[3]

只是《宋会要辑稿》中李伯鈜（鈜）的形象是负面的，族谱则突显其悲剧色彩。

这些文献可考的材料足以说明苍坡李氏族谱的宋元社会史史料价值，但该谱也有胡乱的记载。所谓"苍坡方巷阄族宗谱"，其实是苍坡与方巷李氏合谱的结果，也就是方巷李氏与苍坡并非同源，这一点将在下一章详细讨论。考诸文献，不难发现族谱中苍坡李氏的记载非常可靠，而方巷李氏的记载多荒诞不经，特别是第十一世李仲意"尚孝宗长公主授驸马都尉"事。这一疑点《光绪永嘉县志》已有详论：

1　《弘治温州府志》卷一三，第 365 页。

2　1888 年《苍坡方巷李氏阄族宗谱》，第 12 页。

3　《宋会要辑稿》职官七三《黜降官》，第 5036 页。

　　宋宏词科，李仲意，知真阳县，迁临安府，尚孝宗长公主，授驸马都尉。公主讳柔正，生而眉发皓然，有白祥之号。赐汤沐万户，告身四道。后以入觐，卒于临安（旧志、乾隆府志同，万历府志但注"驸马"二字）。

　　案，《宋史》公主列传皆详载公主封号及驸马姓名，其再嫁者亦著之，惟高、孝、光、宁四朝，女皆早亡。孝宗二女，长公主已受封而亡，其次未及封而亡。长公主既未下嫁，又安得有驸马哉？且遍考《宋史》，亦无柔正公主之号。今检苍坡李氏谱，但云真阳县，不载宏词科，并无迁临安府事，志与谱亦属两歧。今姑仍旧志入宏词科而附辨之（又按，朱氏《蜃滨杂记》谓仲意尝通判温州，署中有公主梳妆台旧址，尤属无稽）。[1]

其中称"今检苍坡李氏谱，但云真阳县，不载宏词科，并无迁临安府事"，现在所见 1888 年版谱中均有记载：

　　公登淳熙庚子鸿词科进士第，恩授修武郎，知英州真阳县，调临安知府，继尚孝宗皇帝长公主，迁附马都尉。[2]

可见这是一个后期编造且不断增饰的荒唐故事。有关方巷李氏的荒谬内容不止一处，而这些"神话"般的记载与可靠的家族史料并存，正是相当一部分明清族谱保存宋元史料的基本特征。

　　以上讨论了五种温州族谱中宋元时期的记载，其中四种族谱的相关内容具有程度不一的史料价值。当然这不是说 80% 的明清族谱具有宋元史料价值。讨论的五种族谱是从近百种族谱中精心挑选出

---

1 《光绪永嘉县志》卷三八，第 3822~3823 页。
2 《苍坡方巷李氏阖族宗谱》，第 16~17 页。

来的，宋元时期的记载完全没有或者毫不可信的情况恐怕占到所有明清族谱的 90% 以上。而且在温州地区，这四种保存宋元史料的族谱均出自温州永嘉楠溪江一带，说明楠溪江一带的家族史相对于整个温州具有特殊性。但无论如何，既然不能排除在明清族谱中发现宋元史料的可能，就有理由期待在明清族谱发现更多的惊喜。

　　当然这是需要大规模的严谨考证才能完成的工作，以上讨论只是形成了几点初步的经验：一是几乎所有的族谱均有作伪的痕迹，但程度不同。清代族谱作伪的重点是编造家族的仕宦或者文化传统，而明代族谱较多保留家族早期治生创业的记载，这些内容在清代重修时往往被删除；二是无论中间是否有中断，具有延续性而且信息完整的雁行小传一般都是可信的资料；三是族谱记载宋元时期祖先的重要事迹或者仕宦、科举等经历，往往能在文献中找到印证的材料，通过考证不难确定这些记载的可靠性。

第九章　宋元明时期苍坡李氏家族变迁

一　苍坡李氏族谱辨析

楠溪江在浙江省东南的温州市永嘉县，是瓯江下游北侧的一条支流。楠溪江干流从北往南流经145公里，两岸风景绮丽如画，流域面积2472平方公里，东西北三面为雁荡山系围绕，南面则为瓯江横亘阻隔。由于邻近东海，楠溪江流域形成较为封闭的地理环境，历代都是乱世避居的世外桃源，[1]《雍正浙江通志》就记载"楠溪太平险要，扼绝江，绕郡城，东与海会，斗山错立，寇不能入"。[2]永嘉历史上有多次战乱引发的移民迁入潮，包括晋室南

1　黄涛:《古村落的文化遗产保护与社区发展——以浙江省楠溪江流域苍坡古村为个案》,《温州大学学报》2009 年第 5 期。

2　《雍正浙江通志》卷二二，第 48 页。

渡、五代闽人北迁以及宋室南渡等。五代各地战乱频繁，独有钱氏吴越境内比较安定。温州以南的闽国因王氏政权内乱，大批闽人避乱北迁永嘉，在楠溪江中游形成聚落，其中苍坡、芙蓉、溪口、枫林、花坛、廊下、岩头等古村落一直延续至今。单姓聚居是这些古村落的基本特征，比如苍坡李氏、芙蓉陈氏、溪口戴氏、枫林徐氏等等，他们都宣称始迁祖来自长溪（今福建省霞浦县），明清时期都建立严密的宗族组织，至今保存着明清以来编撰的族谱。苍坡村位于永嘉县岩头镇北约 6 公里处，背靠笔架山，东对楠溪江。在楠溪江中游众多古村落中，数苍坡村历史最为悠久、保存最为完整。自后周显德二年（955）李岑始迁以来，苍坡李氏已经在此生活了一千余年。

　　苍坡李氏的族谱现存两种，分别是光绪十四年（1888）的《苍坡方巷李氏阖族宗谱》与光绪二十二年（1896）的《苍坡李氏大宗谱》，据浙江家谱总目提要的著录，两种族谱均为抄本，均由李向荣修纂，[1]温州市图书馆藏有复印件。两种族谱的内容没有重复之处，1896 年《苍坡李氏大宗谱》的主要内容是第一世至第三十四世的世系，卷首又有非常重要的谱序、路程志、族规、凡例等；温州市图书馆所藏 1888 年《苍坡方巷李氏阖族宗谱》复印件为残本，美国犹他家谱学会华人族谱数据库所录当为该谱的完帙，[2]内容是第一至第二十世的雁行，记录族人生卒婚葬等基本信息，相当部分族人又有小传。浙江家谱总目提要称苍坡李氏族谱始修于明洪武年间，两种族谱分别为七修本与八修本，未知所据。[3]1896 年《苍坡李氏大宗谱》卷首收录谱序凡 14 种，其中第二十六世孙李士楠清康熙五十一年（1712）的《增修族谱序》清楚说明了苍坡李氏族谱编修的三个阶段：

1　《浙江家谱总目提要》，浙江人民出版社，2005，第 193 页。

2　1888 年《苍坡方巷李氏阖族宗谱》，https://familysearch.org/pal:/MM9.3.1/TH-1951-20615-9943-11?cc=1787988&wc=M9WS-L1Q:n523630638。

3　《浙江家谱总目提要》，第 193 页。

> 吾族之谱始著自十五世祖号东老翁（李默）者，至十七世
> 承务郎吉之公（李贞）备详参考，绯而修之，迄今盖三百余年
> 矣……因率子侄纂修族谱，吉之公之遗稿几湮者将于是利有赖
> 焉。[1]

即元代十五世祖李默（1275~1349，字子晦，号东老）始修，明洪
武年间十七世祖李贞重修，以及清康熙五十一年李士楠作序时的
增修。

元代李默修谱，1896 年谱中保留着元统甲戌（1334）李默的
《第十五世东老翁原序》：

> 吾族自闽而瓯，根本之地，起自苍坡，其支分为西宅、上
> 宅。阅四百年，大化更张，存者几百人。扶植艰难，绵茸旧
> 章，岁序吊庆，彬彬穆穆，典型尚存也。慨夫人心不古，见利
> 忘义，骨肉相残，同气相制，比比皆是，而一本之谊荡然。吾
> 族世泽未湮，虽历代久远，犹有继述之意。予用是夙夜忧劳，
> 率子侄之有志者，编正族谱，以示昭穆伦常。于来世盛而衰
> 也，安知不由衰而更盛乎。吾族孙子当自勉矣。[2]

除这件谱序外，1888 年谱中李默小传记载"族谱遭兵煨烬，乃访
族老、参遗编，以续成之"；同为上宅派的族兄李纲（1272~1336，
号自得子）的小传中也载其"续族谱"。此外，西宅派李义恩
（1214~1300，号坡西）的小传中也记载元初"余族谱灭烬"，"自得
翁及东老翁参汇遗编，有所缺漏，赖翁及三山翁记忆以补之，续成
族谱"。[3] 这些记载意在说明在此之前苍坡李氏已有族谱而毁于战火，

---

1 《苍坡李氏大宗谱》，温州市图书馆藏，第 31~32 页。
2 《苍坡李氏大宗谱》，第 22 页。
3 《苍坡方巷李氏阖族宗谱》，第 42、41、23 页。

元代李默为重修或续修，但这个信息在李默的谱序中并没有体现。

这里提及的三山翁则是方巷（即霞坞派）的李佑孙（1236~1315，自号三山居士），他的小传中也记载"时遭兵燹，族谱灰烬。自得东老翁参汇遗编，赖公记忆，以补其缺"。[1]然而李佑孙于1315年去世，李默的谱序写成于1334年，而且序中仅称苍坡李氏"其支分为西宅、上宅"，并未述及方巷（霞坞）这一支。序中又称"阅四百年，大化更张，存者几百人"，说明当时苍坡李氏的人口尚不足百人。但根据估算，如果包括方巷派在内，苍坡李氏在1330年代末的人口约为130人。这些问题可能意味着李默编撰族谱时并未将方巷派包括在内。

李士楠谱序中提到的十七世祖李贞洪武年间的修谱。比较特别的是，1896年的谱中保留了三件据称是李贞在洪武二十年（1387）撰写的谱序，而方巷派的疑点也因此进一步显现。李贞（1331~？）族名李佶，字吉之，是明初苍坡李氏最重要的仕宦人物。1888年谱中保留了一篇洪武二十一年李贞自撰的生平经历，自洪武四年明廷"诏起天下秀才咸试吏"以后，李贞一直在游宦途中。只有洪武十八年因丁母忧，有三年在苍坡，编修族谱的工作也在这时展开。[2]

李贞的三篇谱序，其中一篇是《第十七世祖吉之公原序》，内容十分简单，并未叙及宗族或修谱的具体情况，仅追溯李默谱序以强调收宗敬祖之意义，"书数语为东翁序后，庶开谱时即知前人之用心以自敬省云"，落款为"洪武丁卯（1387）桐月（三月）承务郎蕲州通判事吉之贞志"。[3]

一篇称《旧谱叙》，内容相对复杂，其中就出现了《原序》所没有的永嘉县李氏同源且为望族的提法，"霞坞"这个名称也随之出现：

1　《苍坡方巷李氏阄族宗谱》，第30页。
2　《苍坡方巷李氏阄族宗谱》，第67页。
3　《苍坡李氏大宗谱》，第23页。

> 吾李氏避乱永邑，楠溪苍坡、霞坞、汤岙、蓬溪、南廓、湖墩、荆溪，皆望族……当宋咸淳年间，以儒学名家，另婚媾，全赖谱牒……[1]

以上两件谱序均作为附件收录于该谱卷首，故称"原序""旧谱叙"，而第三篇则作为正式谱序出现，内容更加复杂。除了强调宗族与族谱的意义之外，又对当地同源的李氏族群谱系作了重新修订，而且"苍坡"与"霞坞"已经合二为一，号称"我苍坡霞坞"：

> 李氏避闽曦之乱，自长溪来永嘉之楠溪仙居乡者五，曰汤岙，曰我苍坡霞坞，曰蓬溪，曰上村港头，曰李溪。此五者皆当宋孝皆以儒学闻达名家，与乡邑之姓大者齿列婚媾，各有谱籍，余皆氓隶之族矣。我苍坡虽著，汤岙、蓬溪同祖于闽而不言，李溪、上村盖阙闻也。然李溪秋山翁兄，我高祖宋戎烝朝请公则宗盟分行夙讲矣。[2]

显然，这三篇同署为十七世祖李贞所撰的谱序乃"层累"造成的，反映了苍坡李氏不断编造家族史的过程。值得注意的是"然李溪秋山翁兄，我高祖宋戎烝朝请公则宗盟分行夙讲矣"一语，"秋山"正是霞坞方巷的开派始祖李桂的字，李桂传记又称其迁出苍坡而开创霞坞（方巷）一支，[3]因此这条不知所云的记载恰好反映了族谱中将方巷李氏接纳到苍坡李氏世系中的关键环节。而在"万历己卯（七年，1577）仲夏日二十世孙尚珉志"，并不包括苍坡李氏在内的《霞坞李氏日月星三房家谱序》中，第一次出现了苍坡李氏传七世而析居霞坞的记载：

---

1 《苍坡李氏大宗谱》，第34页。
2 《苍坡李氏大宗谱》，第20页。
3 《苍坡方巷李氏阖族宗谱》，第5页。

> 我始祖苍墩先生福州长溪县人也……显德二年始宅苍坡，
> 越七世，行来五评事公析居霞坞，至九世舒州府主异公出焉，
> 生子一讳镐，任司户参军。镐公子九人，次曰仲意，迁驸马都
> 尉……四曰仲悉，监常山税院……五曰仲愿，授荣禄大夫、太
> 史、汉国公……[1]

说明霞坞方巷李氏与苍坡李氏合谱的时间约在明代中期，这里提及的"舒州府主"李异、"驸马都尉"李仲意，"授荣禄大夫、太史、汉国公"李仲愿都非常可疑。

　　解读苍坡李氏族谱需要解决的另一个问题，即为何 1888 年的《苍坡方巷李氏阖族宗谱》记载的年代下限是明嘉靖年间？该谱最后一代即第二十世、特别是成化以后出生者一般都不记录卒年，说明苍坡李氏的修谱活动在明代曾出现中断，现存 1888 年《苍坡方巷李氏阖族宗谱》是明代遗留下来且无法接续的早期文本。其实这是明末清初战乱中藏于佛寺的旧谱，清康熙五十一年（1712）李士楠的《增修族谱序》交代了这个问题的原委：

> 至十七世承务郎吉之公备详参考，缉而修之，迄今三百余
> 年矣。部帙散失，仅留苍坡一本。顺治年间，山寇作乱，兄端
> 敷携藏之灵山寺四天王头顶上，因复存焉。呜呼，谱之存亡、
> 家之世系由之，其幸而有此得以仰稽……[2]

现在所见仅存雁行小传的 1888 年《苍坡方巷李氏阖族宗谱》其实是抄录明嘉靖年间族谱而成，自明嘉靖（1522~1566）至清康熙五十一年（1712），苍坡李氏的修谱活动可能中断了一百余年。

1　《苍坡李氏大宗谱》，第 17 页。
2　《苍坡李氏大宗谱》，第 30 页。

前文已经讨论，《苍坡方巷李氏阖族宗谱》中苍坡李氏的资料基本可靠，依据是叶适的《李仲举墓志铭》以及《宋会要辑稿》对十世祖李伯铉的记载。《李仲举墓志铭》收录于《水心文集》卷一八，这篇文献本身不存在作伪的问题。墓志传主李伯钧是苍坡李氏第十世祖，同时也记载其父李嵩、其子李源的事迹，以及其孙辈的情况。墓志记载其村落"旧名苍墩，溪之温厚处也"，其家族"十世曰岑，号苍墩先生"。[1]"苍墩"即"苍坡"，因避宋光宗赵惇讳而改称。据此可以确认，以李岑为始祖的苍坡李氏至叶适时代已经繁衍十世，与族谱记载完全一致。由于叶适与李源是少年时代的好友，该墓志乃应李源子李义方之请而作，叶适除记述少年时结识李伯钧、与李源交友等亲身经历之外，传主的事迹应该多采用家族提供的行状，而族谱的传记资料或更多保留行状的原貌。

方巷李氏的传记则基本作伪，第十一世祖李仲意"尚孝宗皇帝长公主，迁驸马都尉"的记载荒诞不经，[2]前一章已有论述。李仲恚"官荣禄大夫，特封太师，汉国公致仕"同样毫无依据，而附加的一段按语可能揭示了虚构这些人物身份的背景：

> 按太师公仝夫人建造锦岩山大广化禅寺，舍田与山，立僧供奉梵王，旁有香堂三间供奉附马、监税、太师三祖，并有容像三轴，系僧报答功德之意，历年勿衰。[3]

据此推测，李仲意、李仲恚等人的神奇身份可能是在建造寺院、作为施主被供奉的过程中随意编造的。

方巷李氏的仕宦人物李异也不可信。有关李异的文献记载不少。《弘治温州府志》载，"绍兴辛未（1151）赵逵榜……李异（永，

1　叶适：《李仲举墓志铭》，《叶适集》卷一八，第356页。

2　《苍坡方巷李氏阖族宗谱》，第16页。

3　《苍坡方巷李氏阖族宗谱》，第18页。

知舒州）。"[1]《嘉定赤城志》卷三"地里门"载，"临川桥，前后尉李琰、李异俱有建桥之役，作百丈堤以捍冲溢，功竟弗济"；卷六"公廨门"载，天台"尉厅，在县西北一百六十步，绍兴二十五年尉李异建"，"瑞粟堂，在观政堂北，旧名'瑞萱'，乾道二年令李异重建"。[2]《宋会要辑稿》食货六八《赈贷》载：淳熙七年九月"十七日，诏淮西转运司差官检踏本州军实有旱伤处，依条赈济。从知舒州李异请也"。[3] 根据这些零散的材料可以大概了解李异的履历，族谱中李异的传记资料与这些记载完全相符，但也有一条明显有破绽的记载，即称"公从许横塘先生游，登绍兴二十一年进士第，为楠溪破荒"。[4] 许横塘即许景衡，卒于建炎二年（1128），[5] 而族谱记载李异生于建炎丁未年（1127），没有机会从学于许景衡。据此判断方巷李氏传记资料整体上的虚构性质。

　　由于苍坡李氏与方巷李氏传记资料有明显的真伪之分，本文舍方巷而讨论苍坡李氏宋元明时期的家族变迁史。据 1888 年《苍坡方巷李氏阖族宗谱》记载统计，苍坡李氏自始祖李岑开始，第 20 世有男性 156 人，20 世总计男性 698 人，其中有传记者 46 人，占 6.6%。这些传记资料主要记述对家族发展意义重大的人物与事件，可以展现宋明之际苍坡李氏演变的关键环节与主要脉络。除始迁祖李岑的传记之外，苍坡李氏最早有传记资料的人物是上宅支第九世祖、生活年代已经进入南宋的李嵩。宋代以来苍坡李氏的家族史可以分为对应于朝代更替的四个阶段：一是几乎没有传记资料、默默无闻的北宋土豪阶段；二是开始投身科举、但主要通过进纳补官进入仕途的南宋业儒阶段；三是虽因战乱遭遇严重打击，但在入元后平稳过渡而成为

1　《弘治温州府志》卷一三，第 345 页。
2　《嘉定赤城志》卷三，第 7306、7326 页。
3　《宋会要辑稿》食货六八《赈贷》，第 7995 页。
4　《苍坡方巷李氏阖族宗谱》，第 9～10 页。
5　胡寅：《资政殿学士许公墓志铭》，《斐然集》卷二六，第 564 页。

地方领袖的元代乡绅阶段；四是在战乱、乡族仇杀、仕宦高压政策等一系列打击下，将重点转向内部宗法秩序建设的明初宗族阶段。

二　南宋的仕宦与业儒

叶适《李仲举墓志铭》追述少年时代与苍坡李氏的交往，以及李嵩、李伯钧、李源三代（第九世至第十二世）的事迹。可能因为福建移民集中的原因，叶适称楠溪江一带"别为聚区，风气言语殊异"，而苍坡一带"中洲四绝水，陂汇深缓，草树多细色，敞爽宜远望，旧名苍墩，溪之温厚处也"。族谱中记载叶适与苍坡李氏结交的缘由，称"叶文定公水心先生幼时至我里，托宿田里，洁无衾枕，公（李伯钧）一见，奇其姿禀迥出，遂邀归与诸子处"。此后叶适游宦，偶然回乡还曾与李源相见。叶适晚年乡居，李源之子李义方突然来访求铭，才知道李源已于嘉定五年（1212）去世。叶适虽然见过李伯钧，"余甚幼，而能记仲举言行，象其风裁，至今想见之"，但墓志中记载的李伯钧的事迹不超出族谱传记的范围。李伯钧（生卒不详），字仲举，十四岁丧父，颇具才干而勤于学问，曾从学于温州著名士大夫薛季宣、郑伯熊、宋傅等人。叶适虽然称赞李伯钧"外文内质，章采粲错"，但族谱中收录的李伯钧诗篇意味鄙俗，多土豪气与佛教观念，如《交财诗》"交财古所难，我则以为易。要约不足凭，所重惟信义"；《题天台石梁桥》"有梦都缘想，无心境即消。我来何所见，跨石自成桥"等。两种文献都没有李伯钧参加科举的记载，墓志中引用郑伯熊、薛季宣的言论称李伯钧"斯人者岂以章句限之，所谓不可小知而可大受也"，也说明李伯钧未曾参加科举。[1]

虽然没有科举经历，但是李伯钧及其父李嵩曾出仕。族谱记载

1　参见叶适《李仲举墓志铭》，《叶适集》卷一八，第 356~358 页；《苍坡方巷李氏阖族宗谱》，第 11 页。

李嵩"官迪功郎，隆兴府分宁县尉"，李伯均则"尝授承节郎，调监兹溪酒税"。[1]他们出仕的途径很可能是进纳补官。族谱中明确记载，与李伯钧同辈的西宅李伯铨"善致富，以财进纳助边，补承务郎"。[2]李源生于1154年，其祖李嵩、父李伯钧的生活年代都已进入南宋。而这时期恰好有一次进纳补官的机会，"南宋初年，政府为了鼓励更多的人捐纳钱粮，减少战争带来的重重困难，不断下令允许进纳人以其他名义补官……到宋孝宗时，各州献纳愿补官人颇多……直到宁宗嘉定六年，吏部四选的在民员中进纳出身人仍有不少"。[3]在这种背景之下，苍坡李氏掀起了进纳补官的高潮，除以上三人之外，李伯钧的次子李溥"官承节郎，监衢州礼贤镇"，应该也是进纳补官。[4]这时期苍坡李氏还开辟了出仕的另一途径，那就是李伯钧的从兄、西宅的李伯鈜（铉）的武科进士，族谱中称其"臂健如铁，可以悬石，时号为'李铁臂'。淳熙戊戌擢武科第四名进士，累官武翊大夫，知海南万安军"。[5]

苍坡李氏的出仕、业儒都从南宋时期的李伯钧一代开始。在此之前苍坡李氏的特点，一是富有财势，如李伯铨"善致富"，李伯钧作诗称"交财古所难，我则以为易"，进纳补官本身是财势的一种表现；二是不适应，或者不耐烦仕宦生活，如李伯钧的罢官；三是恃财使气，如"官承节郎，监衢州礼贤镇"的李溥有赌博习气：

> 尝戏与人博，其人以土田为注，公胜之，欲返其田，其人耻不受，公遂于其困乏之时遗以谷粟，计越其值而止，其人仁厚如此。[6]

1　《苍坡方巷李氏阖族宗谱》，第8、11页。

2　《苍坡方巷李氏阖族宗谱》，第12页。

3　苗书梅：《宋代官员选任和管理制度》，河南大学出版社，1996，第100~101页。

4　《苍坡方巷李氏阖族宗谱》，第15页。

5　《苍坡方巷李氏阖族宗谱》，第12页；《弘治温州府志》卷一三载："（武科）淳熙戊戌，李伯鈜（永嘉人）"，第365页。

6　《苍坡方巷李氏阖族宗谱》，第15页。

　　李伯钧一代人进纳补官、武举出仕的尝试并不成功。李伯钧以监酒税为耻，作诗"未能飞举出人间，俛仰嚣尘已强颜。拼得俸钱偿酒债，已输采菊对南山"；又宣称"吾何忍诱饥民舍其糠籺而遁于醨糟耶"，最终罢官归乡。[1]李伯钧可能既不熟悉官场规则，又容易遭到科举官员的歧视，无法忍受官场生活也是情理之中。而武科出仕更是充满了风险，族谱记载李伯鈜（铉）在知万安军任上遭遇地方叛乱，宋廷因此将李伯鈜（铉）罢免，"知万安军李伯鈜放罢，以广西诸司奏其残忍贪婪，扰害黎民，引惹边事"，[2]族谱中虽然称其"登樵楼发矢以殪其魁副，盗惧而解去"，无论原委如何，被罢免却是事实，而且随父宦游的二子"道中病亡，不得已而火其尸。公临视伤怀，竟据椅而卒"，[3]李伯鈜（铉）竟因此而绝嗣。

　　在进纳补官与武科难以改变苍坡李氏的社会地位的同时，李伯钧开启了家族读书业儒的进程。李伯钧的儒学与诗文修养可能有限，也没有参加过科举考试，但他"勤心学问，与宋岩老、郑景望、薛士隆诸公友善"，开始与士大夫阶层建立密切的社会关系，这就为下一代业儒奠定了基础。族谱记载李伯钧的长子李源"任吉州教授"，此事叶适的墓志中未有记载，或者有此任命而未赴任。李源（1154~1212）比叶适年少四岁，叶适称"仲举（李伯钧）使余与深之（李源）游"，族谱中也称李源"与叶文定公适同学"。李源与叶适的关系在师友之间，叶适称其"未尝离书"而以书为友，族谱中称其"文翰过人"而"有诗名"。除了在儒学、诗文方面有所养成之外，更重要的是李源行事风格完全儒士化，"性庄重，不从儿戏"，"隩室烦暑，常整饰不惰；广庭狎聚，拣语无慢情。庐舍用器，皆有常度。不醉饱于物"。[4]虽然没有材料记载李源曾经参加过科举

1　《苍坡方巷李氏阖族宗谱》，第 11 页。

2　《宋会要辑稿》职官七三《黜降官》，第 5036 页。

3　《苍坡方巷李氏阖族宗谱》，第 12 页。

4　叶适：《李仲举墓志铭》，《叶适集》卷一八，第 356~358 页。

考试，但他已摆脱恃财使气的土豪味，扮演着长者与处士的角色，一方面"郡邑政令有不便于民者，辄请罢之。凶荒水旱，必思所以济恤，乡人赖焉"；另一方面又作诗《务实园》称："万象虚明入眼新，平林天外抹烟云。自绿松菊开三径，不羡旌旄见两军。野色远随山色到，风声遥共水声闻。传家清白应难朽，长爱平生问此君。"[1]由此完成了从土豪向儒士形象的转变，为其子孙投身科举提供了有利的条件。

李源三子（第十二世）均业儒。长子李义方（1179~1233）"暨诸弟师侯文恭先生，后以亲旧游蔡文懿（蔡幼学）及文定公（叶适）之门"。可惜他们多次参加科举考试均未成功，李义方"学行既优，而屡试不第"，次子李义问（1181~？）"三与廷试不第"。科举失败之后，两人选择了燕咏、筑园、抚琴的处士生活，李义方"遂安旧隐，日与亲朋燕咏，徜徉于务实园东湖之上，有东湖十六咏。"次子李义问：

乃取《易·家人》之初九曰"闲有家"句，书于起居以自省。数年之间，德业益进。筑园于西街之南，有堂曰"娱堂"，有台曰"龟台"，有亭曰"撷蔬好景"。

三子李义崇可能没有参加科举考试，也过着儒家处士式的生活：

生平善琴。筑圃于苍墩祖墓前，西北接易轩翁西庄"娱堂"，名曰"云居园"。[2]

李源的孙子辈（第十三世）、曾孙辈（第十四世）持续投身于

1 《苍坡方巷李氏阖族宗谱》，第11页。
2 《苍坡方巷李氏阖族宗谱》，第20、21页。

举子业。第十三世中李梦鲤（1209~1261）"游太学（生）"、李梦发（1211~1276）"乡贡进士"、李梦琰（1211~1276）"举漕试"，李梦震则于 1247 年科举中第。[1] 第十四世中李舆逊（1226~1276）"举漕试"，李焱逊（1250~1276）"乡贡进士"。[2] 值得注意的是李梦发、李梦琰、李舆逊、李焱逊四人均卒于 1276 年南宋灭亡时的战乱之中，苍坡李氏的科举史也经李源的子、孙、曾三代而终结，在此之后，这部以明嘉靖年间为时间下限的《苍坡方巷李氏阖族宗谱》中再也没有出现与科举相关的记载。

李梦震（1214~1287）是苍坡李氏历史上唯一进士出身的人物，他是"三与廷试不第"的李义问的长子。事实上李梦震早年还在为摆脱恃财任性的土豪习气而努力：

> 幼尝悦妓，数旬不返。父怒追还，谒先祠，痛责公，即深自抑改，数年不出里闬，专心学问，通《礼记》。

淳祐三年（1243）李梦震中乡举，淳祐七年（1247）登张渊榜进士第，[3]"授迪功郎，监两浙转运司、庆远府造船场校"，又"于台摄鄞县事"。后因史弥远幼子史宇之的推荐出任绍兴府山阴县令，遭丁大全党羽沈翥的弹劾。辩白后"调真州（今江苏仪征）州学教授"，又获两淮制置使李廷芝的推荐而"差录事参军、滁州监提领所松江榷场"。此后族谱中称"时当开庆（1259），不肯阿附奸党，其有猷、有为、有守，可概见矣"，直到德祐元年（1275）知福州怀安县，中间可能有十余年间赋闲在乡。景炎初（1276）知漳州而未赴，改授浙江（沿海）制置司（治庆元府）参议，中途遭遇元兵，"赖福安义士龚遂初救免"。一年后龚遂初"率其徒送至温境"，此

1　《苍坡方巷李氏阖族宗谱》，第 26、27 页。
2　《苍坡方巷李氏阖族宗谱》，第 32、34 页。
3　《弘治温州府志》卷一三，第 354 页。

时已入元，李梦震在家乡奉养母亲，又建堂曰"萼辂"，人称"萼辂堂先生"。[1]

总之，南宋时期苍坡李氏有一段颇为精彩的科举、仕宦经历。南宋前期尝试以进纳补官、武举出仕，结果不是辞官便是罢官，总体而言不太成功，因此也没有持续。同李源开创的业儒、科举道路一直持续到南宋末年，一方面使苍坡李氏实现了由土豪向儒士的转型，另一方面到南宋晚期终于有李梦震登第出仕，实现了由平民向仕宦的身份转变。然而苍坡李氏科举仕宦的道路随着宋元更替而终止。

三　元代的乡绅生活

宋末元初的战乱给苍坡李氏造成巨大的冲击，一方面是战乱中损失了大量的人口，另一方面是打断了第十二三世以来的科举业儒的进程，改变了这个家族发展的方向。

宋末元初苍坡李氏人口的损失主要体现在几个方面。一是卒年为 1275~1278 数年之间的有第十二世至第十四世的 18 人之多（第十二世至第十四世各代人数均为 20 左右），第十二世中还出现了大量生卒年缺失的情况。这些人口既可能亡于景炎元年（1276）十一月初二日元军阿剌罕、董文炳进入温州永嘉仙居乡的战乱，也有可能遭殃于"先是，溃将陈兴等据楠溪高窟，境内亡命相挺而，杀掠焚荡，官军久不能下"的过程中。[2] 二是根据估算，苍坡方巷李氏 1250、1260、1270 年代末的人口分别为 64 人、58 人与 49 人，出现了明显的人口减少现象。三是苍坡西宅支在元初的绝嗣。苍坡李氏自第五世李显、李颙分为上宅、西宅两支，西宅支在第十世至第十二世分别有 10、15、15 人，同世代的上宅支仅有 1、5、6 人。但

1　《苍坡方巷李氏阖族宗谱》，第 27 页。
2　《弘治温州府志》卷一七，第 462 页。

西宅支在第十三世仅剩 8 人，至第十四世即已绝嗣，其中除了第十二世的李义恩（1214~1300）其子第十三世的李义昌（1280~1297）卒于元代以外，其他有生卒年的人物均亡于 1276 年以前。四是族谱中有苍坡李氏遭遇元兵的直接记载，如第十二世的李义虔（1214~1276）、第十四世的李舆逊（1226~1276）都是卒年下注明"景炎丙子（1276）十一月遇元兵而殁"，李惠逊小传记载"有骑掠族内，载于马上，公驰而夺之"，第十五世的李贲（1265~1337）、李贵（？~1335）幼年时被"元兵掠去，及长方归"，由此可以推想这时期大量生卒年缺失的族人可能是被掠失踪者。[1]

　　虽然上宅一支在元初也有人口损失，特别是南宋投身举子业的李梦发、李梦琰、李舆逊、李焱逊四人均卒于 1276 年，但作为一个整体，上宅支在元代完整地保留了下来，第十四世时人口已发展到 18 人。而上宅支的发展与李梦震之子李惠逊在元初的遭遇与表现有着密切关系。

　　李梦震有四子。长子李党逊（1241~1257）随父宦游，族谱称其在山阴县令上遇白猿妖物而亡：

　　　　先时县治有妖物，莫识其形，公夜瞰之，见一白猿，公辄奋击，猿逸去，寻有疾于任所而卒，年仅十七（七十）。[2]

次子李志逊（1243~1261）年仅十八，未及婚配而卒。[3] 三子李从逊（1245~1323）与四子李惠逊（1248~1316）对苍坡李氏在元代的转型至关重要。

　　族谱中称李从逊"识虑明达，质直好义"，"年十二，业举子业"，擅长古文与史学，曾经修缮《新唐书》。又娶温州著名士大

1　《苍坡方巷李氏阖族宗谱》，第 24、32、34、39、40 页。
2　《苍坡方巷李氏阖族宗谱》，第 32 页。
3　《苍坡方巷李氏阖族宗谱》，第 32~33 页。

夫戴侗之女为妻，又"侍父宦游"而见知于当世士大夫，温州籍的
户部侍郎应节严（1211~1300）、瑞安籍的司农少卿陈淳祖（1238年
进士及第）都对他赞赏有加。李从逊曾于景定五年（1264）参加漕
试，但可能没有成功。德祐元年（1275）以恩荫入仕，"授迪功郎、
婺州金华县尉"。南宋旋即灭亡，温州永嘉人陈宜中与奉二王南逃
的南宋残部在温州相聚，陈宜中又邀温州乐清人刘黻（1217~1276）
为参知政事，李从逊这时被刘黻"辟充幕僚，多所委任"。温州失
守后，刘黻随陈宜中南逃福建、广东而赴国难，李从逊则"既而东
归"。当时元师大军压境，李从逊、李惠逊兄弟"匿山林"，元军统
帅阿剌罕、董文炳得知李氏兄弟后，命令两人维持地方秩序，遭到
拒绝，"以军令号召出安乡井，义不就"。

　　然而据说乡人也希望李氏兄弟出面维持，"二公不出，其如乡
井何？"在这种情况下，李从逊因为曾经出仕于宋，仍宣称"义不
可就"。[1] 但未曾仕宋而"少有气概、善骑射"的季弟李惠逊，则出
面"安乡井"，"遂犯难"见元军并出任永嘉县丞，"领安辑之寄，相
与抚绥，审几应变，兵讫不扰"。当时宋旧臣、永嘉县芙蓉村人陈
虞之（1125~1279）还在家乡的芙蓉崖抵抗元军。后来陆秀夫崖山
兵败、元军又攻下芙蓉崖，"大兵攻之，玉石俱焚"之时，李惠逊又
极力"周旋，护乡人幸以存活"。元朝在温州的统治稳定之后，李
惠逊立即辞官归乡，"时少康，辄解组归，监察遇公"。此后李从逊
致力于整饬家礼，"寻号居求子，家居严肃，冠昏丧祭，诚敬尽礼"，
李惠逊也又拒绝元朝应召，"杜门养亲，不复出矣"。[2]

　　苍坡李氏的第十五世主要生活在元朝统治下，元代苍坡李氏的
发展方向发生了分化。第十五世的传记资料来自四个家庭：一是李
赉、李贵、李赞兄弟。他们是李源的三子、可能没有参加过科举考试

1　《苍坡方巷李氏阖族宗谱》，第 33~34 页。
2　《苍坡方巷李氏阖族宗谱》，第 34 页。

的李义崇的曾孙，没有突出的事迹，只是李赟与李贵曾被元兵掳走，而李赞（1278~?）"好学，家贫无书，手录数十卷以贻子孙"，[1] 说明李源的后人尚能保持读书的传统，但家族内部存在的贫富分化同样不可避免。

二是李绶、李纲兄弟。他们是李从逊的儿子，也是纯正的儒士，一方面继承了读书的传统，从学于外祖父戴侗以及胡兴祖，李绶（1270~1336），又与南宋贵宦王英孙"谈咏"。可能是考虑到父亲仕宋而拒绝仕元，李绶拒绝了元朝提举儒学的任命。但在读书修身之外，李绶仍然胸怀"治国"的抱负，向有司讨论盐法、役法的利弊，"其条画利病最为详悉，凡数千言，而卒不用"。同时，李绶家中广有田产而乐善好施，"天性孝友，忠恕好施，所在田夫妇咸称之曰佛"。[2] 如果说李绶仍有治国之志，那么其弟李纲（1272~1336，号"自得子"）专注于"齐家"，修族谱而治家礼，"续族谱，居丧读礼，遂述居丧大略。凡先墓有荒废者，即倡修之；宗族有傲慢，辄切诲之"。[3] 而李绶之子、完全生活在元代的李顼（1299~1357）自号"东斋"，与他的父辈一样在乡间实践着儒家修齐治平的理想：

> 公温恭孝友，德器如父，与季同居，公私烦剧必身任之，而贻季以安。遇子侄，不冠不见。田园有侵于人，诸子请与较，则曰："吾闻'终身让畔不失段'，汝曹但保其存者，何必较此得丧耶？"又训诸子曰："凡辞色动人为易，必正而逊，否则起怒速祸，所宜深戒也。"也尝论从政必须先访问风俗。建轩馆曰"济明"，傍开西阁，有诗句云："浮生自得山中乐，诚意常期天下平。"[4]

---

1 《苍坡方巷李氏阖族宗谱》，第 39、40、43 页。
2 《苍坡方巷李氏阖族宗谱》，第 40 页。
3 《苍坡方巷李氏阖族宗谱》，第 41 页。
4 《苍坡方巷李氏阖族宗谱》，第 51 页。

三是李纮、李𫄷兄弟。他们的父亲是"少有气概、善骑射"而在元初"领安辑之寄"的李惠逊。李纮（1281~1369）颇具父风，"公仪表济楚，以气干为乡闾领袖"。这样的角色容易与地方势力形成冲突，"晚罹患难，而气不衰，仇人既灭，以寿终于故里"。[1] 李纮的从侄李颔的传记中称"元末官政不纲，豪右相雄长，刘氏攻我李氏，公亦被执"，这里的仇人应该就是指元末明初与苍坡李氏结仇的刘氏。[2] 李纮的侄媳即李颞妻子卒于至正十七年（1357），谱中记载她"喜览书史，通达礼义，遭刘氏之难，赴水而死，其贞烈可嘉"，[3] 据此推测这一年李氏与刘氏发生过一次严重的仇杀。李项之子李佶的传记资料中也记载"岁丁酉，丧考，先庐兵燹"，[4] 包括李项在内上宅支至少有成年九人（五男四女）卒于 1357 年，应该多与此次灾难有关。李纮、李𫄷兄弟颇具财势，因此以筑园为乐，李纮"世居种德堂故址，复建晏堂，曰'寿岂乐园'，曰'成趣亭'，曰'乐此'"；[5] 李𫄷（1286~1361）"为人庄重，居家整饬，建堂曰'益庆'，曰'中正'"。[6] 李纮之子李颎（1320~1354）也以词章、建筑为乐，"仪表俊秀，词章超迈，有《两浙行游诗稿》一集，未能行世，建楼颜之曰'此中真意生'"。[7]

四是李默、李熙兄弟，他们是李源的三弟李冲的四世孙。李冲这一支在南宋并无科举经历，但相当富有。李默、李熙的父亲李宙逊（1253~1307）"家殷富，筑亭馆于宅左，有一泓清、遐观、寓意、东老、余乐等名"，[8] 他们的叔父、过嗣西宅支的李友逊（1255~1325）

---

1 《苍坡方巷李氏阖族宗谱》，第 44 页。

2 《苍坡方巷李氏阖族宗谱》，第 52 页。

3 《苍坡方巷李氏阖族宗谱》，第 52 页。

4 《苍坡方巷李氏阖族宗谱》，第 67~68 页。

5 《苍坡方巷李氏阖族宗谱》，第 44 页。

6 《苍坡方巷李氏阖族宗谱》，第 45 页。

7 《苍坡方巷李氏阖族宗谱》，第 58 页。

8 《苍坡方巷李氏阖族宗谱》，第 35 页。

在元代以医术而称善人，"异医方，远近多从贷取，遇乏辄施之，而不计其值"。李默（1275~1349，号"东老生"）以诗画闻名，"文词巧敏，书画精工。游雁山，作雁山图，图各有诗"，又有"有文稿数卷"，同样热衷于修筑堂馆，"筑嘉会堂、叙伦堂、斋堂，曰'自养'"。李默正是元代苍坡李氏续修族谱的核心人物，"族谱遭兵煨烬，乃访族老、参遗编，以续成之"。[1] 李默的仲弟李熙（1277~1354）曾"任安溪站副使，权清通乡巡检"，[2] 也是除李惠逊以外苍坡李氏在元代唯一有仕宦经历的人物。

　　虽然苍坡李氏在元代因为战乱造成严重的人口损失，同时中断了南宋以来开创的科举仕宦道路，但是从传记资料来看，这时期苍坡李氏的生活可谓富足而自由。他们扮演着地方上领袖与善人的角色，热衷于筑园与诗画，修族谱、治家礼，也有机会担任地方卑微的官职，有时还会上书议政，无不体现儒家修齐治平的理念。科举的中断确实使苍坡李氏丧失了参与政权的机会，但在科举士大夫阶层整体消失的背景下，苍坡李氏在地方上的势力反而日益稳固，科举制度造成的焦虑感也随之消失。苍坡李氏在元代稳定发展的另一个表现是元初损失的人口也迅速恢复，南宋苍坡李氏的人口高峰是1250年代末的64人左右，到元代晚期（1320年代至1360年代）人口规模已稳定在130人左右，一百年间增长了100%。

四　明初的遭遇

　　同样是遭遇朝代更替，元末明初的动乱对苍坡李氏的打击比宋末元初更为沉重。宋末元初的冲击主要来自战乱，元末明初除了战乱之外，还有地方仇杀与匪寇的劫掠，动辄得咎的仕宦生活以及其

1　《苍坡方巷李氏阖族宗谱》，第36页。
2　《苍坡方巷李氏阖族宗谱》，第42页。

他刑狱之灾。这些灾难导致苍坡李氏明代前期严重的离散，但正是在这种背景下，苍坡李氏开始了祠堂的建设。

至正八年（1348），台州黄岩人方国珍因为格杀巡检而逃亡海上，次年击败缉捕他的元军后开始反元。至正十年，方国珍攻温州，直到吴元年（至正二十七年，1367）朱元璋军攻入温州，这段时间温州陷入方国珍反元引发的一系列战乱中。首先是山寇钱子文的劫掠。后来抵御方氏（方明善）进攻的楠溪义士刘公宽，正是"以御山寇钱子文功"而被元朝地方官三宝柱"署为录事判官，寻升分府都事"。[1] 钱子文骚扰苍坡李氏当在至正十六年（1356），第十五世祖李文鏐（1316~1356）的小传记载：

> 时小源山寇钱子文作乱，焚毁旧宅，因迁居岩头山祖父墓下。[2]

第十六世祖李愉（1319~?）的小传也称：

> 至正丙申岁三月初一日，山寇至，众各散去，公乃挺身见之，族庐幸以不毁，洊罹兵燹，尤能顺变扶植。[3]

其次，则是前述至正十七年仇人刘氏的攻杀：

> 元末官政不纲，豪右相雄长，刘氏攻我李氏。[4]

这两次战乱都导致苍坡李氏财产与人口的损失以及族人离散

1　《弘治温州府志》卷一七，第 476 页。
2　《苍坡方巷李氏阖族宗谱》，第 49 页。
3　《苍坡方巷李氏阖族宗谱》，第 57 页。
4　《苍坡方巷李氏阖族宗谱》，第 52 页。

等严重后果。

此外，至正十八年刘公宽攻方明善失败，由于刘公宽是永嘉楠溪江人，"方遂搜楠溪人之城者，尽杀之"，"出继于郡城礼贤坊梁解元义子"的苍坡族人第十五世祖李文宙（1310~1373）也在"就斩"之列，又因"为公哀请者数百人"而获免。[1] 相对而言，可能吸取了宋元更替时的教训，元明鼎革对苍坡李氏的冲击反而比较小。吴元年朱元璋军攻入温州时，由于苍坡李氏的积极应对，特别是第十七世祖李倬（1343~1420）：

> 有胆识，吴元年大兵由台取温，公独行，见汤（和）、许二公，陈以归附之情，二公遣兵来护，本境不致深扰，族里赖焉。[2]

家族整体似乎没有遭受特别严重创伤。

虽然朱元璋的军队对苍坡李氏"不致深扰"，但随着明初对江南士人与富户采取高压打击政策，苍坡李氏部分保持业儒传统的精英人士遭受重创。此前在方明善的屠杀中躲过一劫的李文宙，入明之后，"洪武初，知法纲峻密，谢族里，不涉公事"。然而他并未因此躲过灾祸，族谱记载他后来：

> 以户役差解老吏赴，此吏猾计，致府帖以旧文案，合问追回一二。久之，余因遁归获问，则隐实情，诬公卖，于是坐是发应天府知在院，听候发遣屯种，以疾终。仲子应璘奉骨以归。[3]

这里的户役应该就是粮长之役，李文宙让"老吏"代役，老吏又以文书作假，事发后拖累李文宙，李文宙因此触刑，发配屯种而卒。

---

1 《苍坡方巷李氏阖族宗谱》，第48页。
2 《苍坡方巷李氏阖族宗谱》，第72页。
3 《苍坡方巷李氏阖族宗谱》，第48页。

　　明初，南宋进士李梦震的四世孙（第十七世祖）李佶与李侣都曾出仕，然而这个时期的仕宦生活对于本人或者家族都可能是一场灾难。其中李佶（1331~?）的父亲是在元代践行修齐治平理想的李顼。洪武四年（1371）因明廷"诏起天下秀才咸试吏邑之才"，当年40岁的李佶"授承事郎，蕲州通判，独署府事者"，从此开始了长达十余年的疲于奔命、动辄得咎的游宦生活。洪武二十一年（1388），李佶在自述中描述了自己的游宦生涯：

　　　　七年秋，为公事，听问理所。八年春，还职，同寅悉去，复独署府事，发稍白。九年夏，以不称职，降将仕郎，调丞化县……十二年夏，放还，取道过家，拜谒祖墓，至广为信宜事，连被问。十三年春，还职……十八年春，丁嫡母忧，归……余年五十有八，贫甚劳悴之余，发尽白。又起复，族党惜其衰暮远仕，劝以命工记颜留于家。[1]

更为悲惨的是他的族弟李侣（1333~?）。李侣"才思疏宕，词藻纤丽"，洪武十八年（1381）"以表兄宝应知县戴繻举荐，起授祥府县知县任事"，结果"数月为事谪云军"，[2] 不但自己披刑，还连累两个儿子。族谱记载他的长子李希仁"同弟充军云南"，次子李广龄"同兄往云南普定卫寻父，就彼居焉"。[3] 明初仕宦带来的灾难给苍坡李氏的印象一定十分深刻，元初以医术而称善人的李友逊的四世孙（第十八世祖）李宗润在永乐五年（1407）"以人材见征，钦差汪公持符召至京师面见"，结果"以足疾奉旨放回"，很可能是自残以避仕宦之祸。[4]

1　《苍坡方巷李氏阖族宗谱》，第67~68页。
2　《苍坡方巷李氏阖族宗谱》，第68页。
3　《苍坡方巷李氏阖族宗谱》，第86、87页。
4　《苍坡方巷李氏阖族宗谱》，第85页。

在遭遇元末的战乱以及明初朝廷对江南富户、士人沉重打击的背景下，苍坡李氏迎来了历史上最严重的族人离散潮。从第十五世至十八世，族谱中集中出现了20余条族人迁居外地的记录，其中又以出生于1330~1350年代、明初正值青壮年的第十七世族人最多。然而正是在族人大量离散的背景下，族谱中第一次出现了苍坡李氏建设宗祠以及推选族人的记载。苍坡李氏最初"倡建宗祠"的第十六世祖李颉（1308~1400）正是元代修族谱而治家礼的李纲之子，[1] 他与明初出仕的李佶、李佋（第十七世祖）同为南宋末曾经出仕的李梦震、李从逊之后，因此这次倡建宗族或许可以理解为在仕宦险恶、宗族离散的背景下，苍坡李氏中具有业儒传统的一支在明初实践儒家理想的新形式。而第十五世祖、比李颉年长两岁的李文宗（1306~1392）"幼贫无忘取，以舌代耕，乡时称善人，迨年高为族长，家颇丰焉"，[2] 因辈高年长而成为苍坡李氏的首任族长。

五 断裂：家族视角下的宋元明转折

时代转型论的偏好在宋史研究领域表现得似乎比较明显，既有传统的唐宋变革论，也有近期美国学者等标榜的宋元明转型说。时代转型论的大前提，是预设历史发展呈现出总体的趋势。这种史观构建的方式在近代史学中非常流行，其基本手法，首先是以诸如"人类""西方""中国"之类"总体社会"为历史主体，其次是抽离出某些持续稳定的发展脉络作为界定转型说的指标。时代转型论的构建当然会依据充分的史实依据，同时表现出强大的解释力，绝非简单的主观想象。但另一方面，时代转型论往往难以达成共识，比如唐宋变革论就有"宋代近世"与"宋代中世"两种截然不同的

---

1 《苍坡方巷李氏阖族宗谱》，第53页。
2 《苍坡方巷李氏阖族宗谱》，第45页。

理解，《中国历史上的宋元明转型》是一部论文集，不同的作者对于宋元明转型的内涵并没有达成一致。[1]毫无疑问，时代转型论标榜的宏观视野，无不以研究者特定的历史发展预期为前提，是对历史进程的抽象与简约。这种历史解释的模式是近代史学的常态，无可厚非甚至理所当然，但不应该也不可能成为理解历史的唯一方式。[2]

宋明时期的家族史，与儒学史、士绅阶层、社会组织等议题密切相关，可以成为宋元明转型理论中的核心脉络之一。在"发展"预期与"总体社会"的视野下，宋明家族史呈现出相当程度的连续性与发展趋势。[3]但是转换视角，历史的场景便可能以完全不同的面貌呈现。当"总体社会"成为历史主体时，苍坡李氏上千年历史本身就是一个连续性的存在，而且是宋代以来无数中国家族中的一个案例；或者说时代转型论者正是利用这些连续发展的家族，才将明显呈现出断裂性的朝代更替史串联成一个整体。然而一旦将苍坡李氏本身作为历史主体，以苍坡李氏的视角来理解宋元明这段历史，那么呈现在苍坡李氏面前便是一次次截然不同的政治冲击与生活情境。对于苍坡李氏而言，家庭及家族的繁衍、基于楠溪江边苍坡村的生存、在地方社会中势力的壮大，才是构成历史预期的主要内容，朝代更替将时间切割为不同情境的历史片场，家族必须在这些片场中不断地重新形塑自己。

当宋廷还在"遥远"的东京开封时，苍坡李氏只是从闽地迁入温州楠溪江避难、具备一定武力、逐渐治生致富、受佛教文化熏陶的土豪家庭。忽然，宋室南渡，苍坡李氏似乎在第一时间卷入土豪出仕的地方性潮流中。在短暂而失败的进纳补官、武举入仕

1　Paul Jakov Smith and Richard von Glahn eds.,*The Song-Yuan-Ming Transition:A Turning Point of Chiese History,* Harvard University Press, 2003.
2　参见鲁西奇《中国历史研究的主体性、核心问题与基本路径》，《中国社会科学评价》2018 年第 3 期。
3　参见赵世瑜《明清史与宋元史：史学史与社会史视角的反思——兼评〈中国历史上的宋元明变迁〉》，《北京师范大学学报》（社会科学版）2007 年第 5 期。

尝试之后，苍坡李氏也缓慢走上了科举业儒的道路并开始有所收获。然而，当苍坡李氏成功地培养出第一位科举进士之后，这条道路便因为朝代更替而中断。元代的苍坡李氏生活在富足、自由但动荡不安的氛围中。原来两个支派并行发展的苍坡李氏，人口众多的西宅这一支在战乱中终于绝嗣，只有在南宋出过科举进士的上宅这一支在元代发展壮大。元代的苍坡李氏相当程度地恢复了土豪的武力传统，南宋数代人为参加科举而积累起来儒学传统，在元代转化成为地方乡绅的文化资源。元朝的统治在持续的战乱中结束，取而代之的是稳定而压抑的明王朝。仕宦在明初成为苍坡李氏避之唯恐不及的灾难，在此后的家族史上几乎绝迹。在稳定的统治下人口迅速增长，由此带来的可能是资源上的压力。明初的苍坡李氏同时出现了人口离散与宗族组织严密化的进程。对于明初的苍坡李氏，元代的生活更像不可思议的奇迹，南宋的经历恍若隔世，北宋的历史在家族记忆早已消退。无论是作为家族史本身还是作为历史书写的族谱，苍坡李氏奇迹般地存在了上千年，在这样的"历史主体"面前，所谓的宋元明历史反而断裂为不同的片段。或者说，诸如苍坡李氏的"历史主体"地位，唯有在这种历史的断裂中才能得以呈现，一旦被用于历史连续性的补缀或填充便会消失殆尽。

第十章 10~15世纪苍坡李氏的
人口统计

一 《苍坡方巷李氏阖族宗谱》"雁行"的
形式与内容

美国犹他家谱学会华人族谱数据库收藏的
1888年《苍坡方巷李氏阖族宗谱》，封面有手书
"破四旧"，应该是1966~1968年中国"破四旧"运
动中从李氏家族流出。如前所述，这件族谱其实是
晚明旧谱的抄录，现仅残"雁行"即族人小传的部
分，其中比较完整记录男性成员的生卒、婚配、子
嗣、仕宦、迁徙、葬地等信息，以及部分重要人物
的小传。根据这份材料，可以比较精确地统计与分
析苍坡李氏10~15世纪的人口发展、离散、社会活
跃度等指标，从而把握宋元明时期苍坡李氏发展的

总体特征。[1]

《苍坡方巷李氏阖族宗谱》的"雁行"一卷，152 页，为手抄本，无行线，四针眼装，版心为单鱼尾，上鱼尾刻印"苍坡方巷李氏宗谱"，下横线刻印"光绪戊子重修"，白口，四周双边，两截版。正文题为"苍坡方巷李氏历代雁行"，以下分世代、按辈行记录每位男性成员的基本信息及重点人物的个人传记。

两截版之上截记录人物的承嗣关系，即其父亲的辈行与字号以及家内排行。下截记录的人物信息包括：辈行、名讳、表字、生卒年月日时，此四项信息书于一行，辈行、名讳、表字三项以"行""讳""字"戳印标识（应该为朱色），生卒时间为两行小字；以下为人物传记，仅重点人物有传；以下为婚配妻妾的信息，包括正妻、续弦、侧室的乡族姓氏、生卒时间，偶尔也有妻子的小传；以下为葬地；以下为子嗣（或出继立嗣）情况，包括男性子嗣的数量与名讳，名讳下以小字注辈行，也有少数记录女儿数量，偶有记录女儿婚配对象者。如对第十九世洪八一李汝至的记录是其中比较完整而典型的一条如下文（【　】为笔者所注）：

【上截】：

同六三秉儒公次子。

【下截】：

行【戳印】：洪八一；讳【戳印】：汝至；字【戳印】：文通，觉轩。永乐戊戌四月十八午时生，成化乙己三月初六子时卒【双行小字，生、卒各一行】。

公赋性刚决，乐任烦剧，时氏族寝弱，得公而兴利除弊，外而捍患御侮，李氏之宗祊犹炳炳于瓯邦者，惟公一人而赖焉。

1　于中国古代宗族人口史研究已有一批重要的研究成果，参见刘翠溶《明清时期家族人口与社会经济变迁》，台北，中研院经济研究所，1992；曹树基《明清时期移民氏族的人口增长——长江中下游地区族谱资料分析之一》，《中国经济史研究》1991 年第 04 期。

配霞坞戴氏。永乐癸巳八月初六戌时生，弘治己未七月十五卯时卒。

安人宽惠慈淑，洞识大体，饶有妇德，族党称之。

侧室周氏。合葬五里东岸茶堂前祖墓之左。

子五：肃钰，永五八【辈行为小字，下同】；肃铭，永七九；肃锐，永八五；肃镗，永九二；肃钿，永百十。

据宗谱记载，苍坡李氏迁始祖李岑原为福州长溪人，后周显德二年（955）因避王曦之乱而迁至温州永嘉楠溪江一带之仙居乡。李岑是教书先生，曾在当地利仁里之埭上周氏坐馆，后娶周氏之女为妻，并迁居苍墩（后因避宋光宗赵惇讳改称苍坡），在乡间授经为生。李岑有三子，其中两人外迁，仅次子李申（二世）留在苍坡。李申传李奭（三世），李奭传李恒（四世）。李恒有二子，长子李显（五世），次子李颙（五世），李显传李世明（六世），李颙传李世昌（六世），苍坡李氏由此分为两支，后来发展境况迥异。

李世明有二子李桂、李棋，李世昌有三子李植、李梧、李朴。这是苍坡李氏的第七世，当时正值金灭北宋，其中李世明长子李桂“于建炎二年戊申岁（1128）居霞坞之东冈，乃为东冈之始祖，东冈即今之方巷是也”。如前所述，这种叙述始于明代后期，方巷李氏与苍坡李氏并非同源。而李世昌三子李朴“当宋建炎时迁居仙邑十八都”，“至光绪庚辰（1880）春仙邑廿七世孙邑庠生、选用县丞朝绅来省祖墓，携族谱来与宗谱较对……”云云，因此谱中记载第八世李朴这一支传至第十三世的情况，其实已经迁出苍坡。如果不计算外迁李朴这一支人口，那么李颙、李世昌这一支七世只有 2 人，八世、九世各有 3 人，十世 6 人，十一世 12 人，十二世 9 人，但到十三世仅 6 人（其中 2 人外居），十四世仅 2 人（不列辈行，可能均夭折）。谱中记载这一支至十三世李梦昌“盖公年十八而卒，西宅之派至是遂绝”，李梦昌的卒年是至元庚辰（1280），因此可以说李颙、李世昌这一支是入元而亡，应该与宋元战争有密切关系。因此苍坡李氏长期延续的，主要是七世祖李枅开创的上宅一支，以及并不同源的、应该是虚构由李桂发展出来的方巷李氏。

　　苍坡李氏第一世至四世均为单传（其中第二世有2人外迁），第五世、六世有2人，第七世有5人，此后各代人口不断增长，至第二十世已有244人（均指男性），总计1074人。此外，据二十世子嗣记录可以计算第二十一世共有229人。各世代人口数量及增长率如表10-1。

表 10-1　苍坡李氏世代人口数量增长情况

世　代	出生年代	男性人数		各世代增长率（％）	
		总　数	李颙派	总　数	李颙派
第1世		1			
第2世		1			
第3世		1			
第4世		1			
第5世		2			
第6世		2	1		
第7世	1086	5	2		
第8世		7	4	40.0	
第9世	1127	7	4	0.0	
第10世	1150	10	4	42.9	
第11世	1157~1184	26	14	160.0	
第12世	1179~1221	29	20	11.5	
第13世	1206~1280	36	30	24.1	50.0
第14世	1226~1294	39	37	8.3	23.3
第15世	1250~1336	61		64.9	
第16世	1287~1372	97		59.0	
第17世	1310~1411	136		40.2	
第18世	1343~1432	165		21.3	
第19世	1378~1480	178		7.9	
第20世	1403~1499	244		37.1	
第21世		229		-6.1	
20世总计（平均）		1048		44.2	
21世总计（平均）		1277		43.0	

　　表10-1中显示各世代人口增长率极不平衡，如果计算世代平均增长率，那么苍坡李氏二十世的世代人口平均增长率为44.2%，二十一世的平均增长率为43.0%。两世代之间的增长率对于理解苍坡李氏的发展也有参考价值，其中第十世至第十一世人口增长率高达160%，这两代人在苍坡李氏早期发展史上占据着特别重要的地位。

　　雁行的内容，生卒时间一项到第十一世才逐渐完整。第一世至第八世几乎均无生卒记录，第九世、十世各1人记录生卒时间，第十一世增至5人，第十二世增到16人。第十三世增至29人，占十三世总人数的80%，此后各世代生卒时间记载率均保持相近水平，同时配偶生卒年记录也逐渐完善。所有生卒记录都以干支纪年并具体至时辰，但由于笔误或者年号记忆混乱的原因，年号与干支纪年不能匹配的现象并不罕见。由于生卒年记录有时并不完整，相当部分仅记录出生（仅记录去世时间的情况较少），因此寿命记录的数量比生卒年记录更少。在第一世至第二十世的1048人或者第十一世至第二十世的1012人中，有寿命记录的总计451人，他们的平均寿命是54.08岁。而各世代平均寿命如表10-2：

表10-2　苍坡李氏世代平均寿命

世　代	11	12	13	14	15	16	17	18	19	20	总平均
统计人数	4	12	28	24	48	68	63	58	78	68	451
平均寿命	61.25	58.25	51.50	54.38	59.70	51.53	56.25	53.31	55.97	48.94	54.08

　　同时，如果父亲与长子的出生年均有记载，可以根据父子出生年差计算长子生育年龄。第十一世至第十九世可以计算长子生育年龄者总计343人，平均长子生育年龄为29.93岁。而各世代平均长子生育年龄如表10-3。

表10-3　苍坡李氏世代平均长子生育年龄

世　代	11	12	13	14	15	16	17	18	19	总平均
统计人数	3	10	15	23	39	49	57	64	83	343
平均年龄	34.33	26.8	31.53	28.00	29.26	29.84	29.26	31.19	30.29	29.93

雁行内容的最后一项是子嗣，一般记录儿子的人数、名讳与辈行，但也偶有记录女儿的人数。第一世至第二十世总计共有记录女儿 160 人，与男性总计 1277 人的比例是 12.53%。其中有极少数还有女儿婚配的记录，比如第七世李桂的子嗣除有二子之外，还有女儿一人，谱中记载为"女一，文安夫人，适教授林"。女性及其婚配记录的选择标准不得而知，或许与她们的婚配对象有某种关联。

谱中记录苍坡李氏各世代累计有 72 人外迁，据此计算宗族离散率为 5.53%。其中离散率较高的是第十五世与第十七世，第十五世的 61 人中外迁 11 人，离散率为 18.03%，第十七世的 136 人中外迁 17 人，离散率为 12.5%。

初步统计各世代累计有 334 人无子嗣，绝嗣率约为 31%，有记录的过继案例为 20 件，绝嗣者的过继率约为 6%。

谱中一世至第二十世附有小传的人物共计 69 人，除了始迁祖李岑之外，传记从第八世开始出现。第十二世有传记人物 8 人，占第十二世总人数 29 人的 27.6%，他们生活在南宋中叶，是传记人物比例最高的一代。而第十五世传记人物数量最多，共有 13 位，他们是元代中期的一代。

各世代记录女子数、外迁人数、过继人数、传记人数如表 10-4。

表 10-4　苍坡李氏世代记录的女子、外迁、过继、传记、男性人数

世　代	8	9	10	11	12	13	14	15	16	17	18	19	20	21
记录女子数	1	1	10	3	5	10	12	12	24	26	31	11	5	9
外迁人数	0	0	1	1	1	2	0	11	5	17	13	8	9	4
过继人数	0	0	0	0	3	1	4	2	0	2	5	2	1	—
传记人数	2	2	4	5	8	3	8	13	9	7	2	2	3	—
男性总人数	7	7	10	26	29	36	39	61	97	136	165	178	244	229

以上按照世代的参数统计分析了苍坡李氏发展的各个侧面。世代的参数符合宗谱记录自身的脉络，据此可以综合了解李谱记载的内容。然而从第十二世开始，每一世代人物的出生时间早晚相距半个世纪甚至一个世纪，按世代参数展开的统计分析并不反映这个宗谱在历史发展脉络中的进程。以下将按时代对李谱的人物信息再次进行统计分析。

二 13~15 世纪苍坡李氏人口史

估算各年代苍坡李氏的人口数量，是讨论该家族发展历史脉络的最重要指标。如前所述，李谱记载人物的生卒时间到第十一世才逐渐完整。然而，即使十一世以后各人物生卒时间的记载情况也是详略不一。具体情况分为四种：一是生、卒时间完整。据此可以确定出生年代与寿命；二是仅载出生时间。据此可以确定出生年代，但无从估算寿命。也有一种情况是仅载去世时间，如果根据其辈行也可以估算其出生年与寿命，但这种情况极为个别，因此忽略不计；三是生卒时间均缺失，仅记载辈行。由于辈行比较严格按照出生时间排序，因此可以根据辈行前后人的记载填补出生年，这种情况无从估算寿命；四是生卒时间、辈行均缺载。这种情况不能推算人物出生年与寿命。无辈行应该是人物早夭的明显证据，目前可估算寿命的记录中最短寿命为 12 岁，据此可以假设无辈行者均在 12 岁以前夭折。

年代出生人口是估算年代人口的基础。由于前述第四种情况无法推测出生人口，因此可以先忽略不计，再通过估算忽略这部分数据产生的影响率进行修正。第三种情况出生年则通过前一辈行者的出生年填补，据此统计苍坡李氏各年代（10 年）的出生人口如下表 10-5。

表 10-5　苍坡李氏各年份的出生人口

年　份	出生人口	年　份	出生人口	年　份	出生人口
1151~1160	10	1271~1280	19	1391~1400	40
1161~1170		1281~1290	16	1401~1410	39
1171~1180	1	1291~1300	20	1411~1420	56
1181~1190	21	1301~1310	19	1421~1430	59
1191~1200		1311~1320	38	1431~1440	57
1201~1210	15	1321~1330	21	1441~1450	53
1211~1220	17	1331~1340	41	1451~1460	29
1221~1230	18	1341~1350	32	1461~1470	31
1231~1240	6	1351~1360	42	1471~1480	20
1241~1250	14	1361~1370	42	1481~1490	14
1251~1260	16	1371~1380	41	1491~1500	13
1261~1270	12	1381~1390	35	1501~1510	2

　　表 10-5 中 1151~1210 年的数据以及 1451~1510 年的数据并不准确，前者是因为生卒时间缺载者过多，大量数据依靠个别生卒时间填补，从而导致各年代出生人数的极度不平衡。事实上这 60 年总计出生人数约为 47 人，平均每 10 年约 8 人。后者则是由于这里的统计数字仅局限至第二十世代的人物，而 1451~1500 年有大量第二十世以后的人物出生未计算在内，因此出现人数递减的趋势，包括 1431~1450 年的出生人数也应该在第二十世以后数据中获得少数补充。

　　比较准确的数据则是 1211~1450 年的数据，通过以上诸表可以发现这 240 年间苍坡李氏出生人数的趋势是，每隔 100 年出生人数会上升一个台梯，1211~1310 年的 10 年出生人数约 20 人，1311~1410 年为约 40 人，而 1411 年以后就达到 60 人的规模（见图 10-1）。

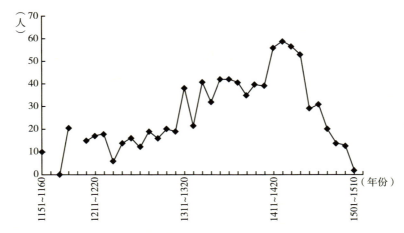

图 10-1　1150-1950 年代苍坡李氏出生人数趋势图

谱中记录了 451 位人物完整的生卒时间，据此计算出各年代人口的平均寿命如表 10-6.

表 10-6　苍坡李氏 451 位人物平均寿命

年　份	平均寿命	年　份	平均寿命	年　份	平均寿命
1151~1160	57	1271~1280	61.77	1391~1400	56.95
1161~1170		1281~1290	66	1401~1410	63.65
1171~1180		1291~1300	57.85	1411~1420	55.71
1181~1190	64.75	1301~1310	59.94	1421~1430	52.44
1191~1200		1311~1320	52.55	1431~1440	54.8
1201~1210	52.71	1321~1330	52.69	1441~1450	43.68
1211~1220	63.5	1331~1340	45.52	1451~1460	49
1221~1230	55.8	1341~1350	41.6	1461~1470	48.38
1231~1240	59	1351~1360	52.15	1471~1480	55.8
1241~1250	41.75	1361~1370	56.23	1481~1490	44
1251~1260	45.9	1371~1380	58.09	1491~1500	42
1261~1270	56.58	1381~1390	58.58	1501~1510	

　　各年代人均寿命的剧烈波动在趋势图表现得更加明显。1310年代、1380年代与15世纪初三个年代出生的人物达到了人均寿命的高峰，而1340年代、1440年代、1540年代，几乎每隔百年就会出现一次人均寿命的低潮。人均寿命的波动应该与这期间经历过两次朝代的更替存在着密切的关联，但是数据变化更加确切的含义将反映在年代人口数量的变化上，而年代平均年龄是估算年代人口最重要的指标之一（见图10-2）。

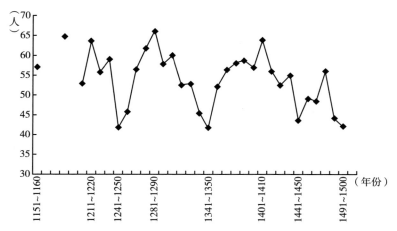

图10-2　1150~1500年代苍坡李氏人均寿命趋势图

　　根据各年代的出生人口与平均年龄，可以进一步估算各年代的人口数。比如1400年代的人口，如果1360至1400年代的平均年龄均超过50岁，那么这期间出生的人口全部存活于1400年代；而如1350年代人口的平均年龄为56岁，那么平均应该有1350年代出生人口的60%仍存活于1400年代；据此计算1400年代估算人口就是1360~1400年代总出生人口数与1350年代出生人口60%的总和。同时，这个数据减去1391~1400年代出生的人口获得的数据，也可以理解为是1390年代末的人口数。

　　当然，准确的人口估算需要生卒年的完整记录。在第十一世至第二十世的1023人中，第一种情况即生卒年完整，即有出生年与寿命记录两项纪录的案例总计451项，第二、三种情况即仅能确定或推算出生年、但不能推算寿命的案例506项，第四种情况即出生年与寿命均无从推算的案例66项。后3项影响人口估算准确率的案例总计572项，人口估算需要对这些案例的影响程度进行量化分析。由于各年代出现的第二、三、四情况的比例均不相同，而且第二、三种情况对于人口影响的意义也不确定，如果分别处理各年代第二、三、四种情况对具体人口的影响会变得过于复杂，因此本文采用第二、三、四种情况对人口估算影响的总平均率对人口数据进行修正，从而获得最终的人口估值。

　　首先，由于生卒年与辈行完全缺失的第四种情况无法纳入统计，因此先在统计中忽略，然后再评估其影响平均年龄、人口统计的平均数率。由于无辈行的现象主要是由于人物早夭形成的，考虑到可统计寿命最小值是12，以及幼年早夭的情况在宗谱中可能完全没有记载，因此假设66位无辈行者均成长至儿童而早亡、平均寿命为10岁，那么他们的总寿命为660岁。

　　其次，三种情况的人物的寿命比较不确定，计算时可按有子嗣、无子嗣两种情况进行处理。对于有子嗣者，一律按年代可统计平均寿命计算其寿命，不再进行数据修正。对于无子嗣且无卒年记载者，一律按平均长子生育年龄计算其寿命。无子嗣且无卒年记载者总计236人，寿命按前述总平均长子生育年龄29.93计算，他们的总寿命为7063.48岁。除去这两项估算寿命人物，其余（1023−66−236）=721人的寿命按总平均寿命54.08岁计算，则总寿命为38991.68岁。将三项相加得出11～20世1023人的总寿命为（660+7063.48+38991.68）=46715.16岁。

　　据此可以计算早夭66人对总人口估算的影响率为（660/46715.16），由于他们未被统计在内，修正人口估算时需要补充这部分人口影响率。其计算方式为：

$$1/（1-660/46715.16）=1.01433064177825$$

而由于人口数是按出生人口与平均寿命两项计算的，因此虚算了无子嗣且无卒年记载者236人的总寿命为236×（54.08-29.93）=5699.4岁，对总人口估算的影响率为（5699.4/46715.16）。修正人口计算时需要扣除这部分的影响率，修正计算方式为：

$$1/（1+5699.4/46715.16）=0.8912630383618594$$

两项修正综合的修正率则为：

$$1.01433064177825×0.8912630383618594=0.9040354096948181≈0.904$$

通过上述方案的计算，可以估算出苍坡李氏在整个1250年代约有67.86人，1440年代增长至263.79人，10年平均增长率为7.41%。而1250年末的人口约为53.40人，1440年末增长到约215.88人，年平均增长率为0.74%。这里估算的人口年平均增长率与刘翠溶研究中估算的明清家族人口年平均增长率约0.7%的数值比较吻合，[1]但时代可以比刘翠溶的研究向前推约100年的时间。除了苍坡李氏的人口规模与平均增长率之外，本文更加关注的是各时代的人口、增长率的变化与历史时期的关联。1240~1440年代各时期具体的人口数量与增长率如表10-7所示。

在这些数据中，最能反映苍坡李氏人口变化的是修正年代末人口，以及年代末人口的年代环比增长率、年代末人口10年年平均增长率，后面两个数据的变化趋势是完全一致的。前述年代平均寿命的统计中显示1340年代、1440年代、1540年代均出现了人均寿命的低潮。这些平均寿命的数据直

1　参见刘翠溶《明清时期家族人口与社会经济变迁》。

表10-7　1240~1440年代苍坡李氏人口平均增长率

年代	出生人口	平均寿命	年代人口	修正年代人口	年代人口环比增长率（%）	年代末人口	修正年代末人口	年度人口环比增长率（%）	年度人口年平均增长率（%）
1201~1210	15	52.71							
1211~1220	17	63.50							
1221~1230	18	55.80							
1231~1240	6	59.00							
1241~1250	14	41.75	75.07	67.86		59.07	53.40		
1251~1260	16	45.90	83.00	75.03	10.56	71.00	64.18	20.20	1.86
1261~1270	12	56.58	83.39	75.38	0.47	64.39	58.21	-9.31	-0.98
1271~1280	19	61.77	70.85	64.05	-15.03	54.85	49.58	-14.81	-1.59
1281~1290	16	66.00	76.44	69.10	7.89	56.44	51.02	2.90	0.29
1291~1300	20	57.85	86.00	77.74	12.51	67.00	60.57	18.71	1.72
1301~1310	19	59.94	119.90	108.39	38.37	81.90	74.04	22.24	2.03
1311~1320	38	52.55	133.00	120.23	10.93	112.00	101.25	36.75	3.18
1321~1330	21	52.69	158.36	143.16	19.07	117.36	106.09	4.79	0.47
1331~1340	41	45.52	176.30	159.38	11.33	144.30	130.45	22.96	2.09
1341~1350	32	41.60	192.89	174.37	9.41	150.89	136.40	4.57	0.45
1351~1360	42	52.15	187.69	169.67	-2.70	145.69	131.70	-3.45	-0.35
1361~1370	42	56.23	185.28	167.49	-1.28	144.28	130.43	-0.97	-0.10
1371~1380	41	58.09	165.12	149.27	-10.88	130.12	117.63	-9.81	-1.03
1381~1390	35	58.58	200.00	180.80	21.12	160.00	144.64	22.96	2.09
1391~1400	40	56.95	206.03	186.25	3.02	167.03	151.00	4.39	0.43
1401~1410	39	63.65	237.17	214.40	15.11	181.17	163.78	8.47	0.82
1411~1420	56	55.71	262.17	237.00	10.54	203.17	183.67	12.14	1.15
1421~1430	59	52.44	281.03	254.05	7.19	224.03	202.52	10.27	0.98
1431~1440	57	54.80	291.80	263.79	3.83	238.80	215.88	6.59	0.64
1441~1450	53	43.68							7.63
					1250~1440年代人口年代平均增长率（%）7.41	1250~1440年人口10年平均增长率（%）		1250~1440年人口年平均增长率（%）	0.74

接影响了人口的统计数据，而人口数据中更能准确地反映对应的时代背景，1340 年代、1440 年代平均寿命的低谷，显然是 1360~1370 年代、1450~1470 年代两次人口负增长造成的，而人口负增长的两个时期与宋元、元明两次朝代更替的时间点完全吻合。（见图 10-3、图 10-4）。

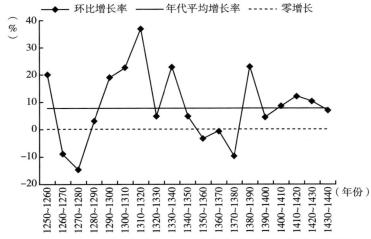

图 10-3　1240~1430 年代末人口环比增长率与年代平均增长率比较

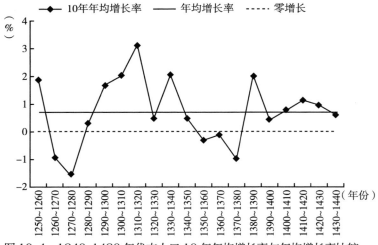

图 10-4　1240~1430 年代末人口 10 年年均增长率与年均增长率比较

另外一个人口变化的趋势同样值得重视。如上图 10-3、图
10-4 所示，无论在环比增长率还是在年均增长率趋势图中，两个数
据与平均增长率比较之下，都会显示在一次增长率的急速下降并出
现负值之后，将会产生一次增长率的急速反弹，而且反弹程度可以
基本弥补增长率下降所造成的对平均增长率的损失。如果这个变化
趋势可以得到进一步证实，那就可能意味着家族人口的发展的总体
规模很大程度上由家族本身的组织模式或者资源所决定，特定历史
事件对家族人口发展规模造成的影响是短暂性的，这种影响可以通
过家族自身的人口产生机制得以修复。进入 15 世纪以后苍坡李氏的
人口增长率的波动明显变得平缓而且接近平均增长率，这个特点也
支持上述假设。

三　10~15 世纪苍坡李氏的离散率与传记率

苍坡李氏宗谱中所记载的人物外迁与传记，也是反映家族发展
史的两项重要指标。造成家族成员外迁的原因有很多种可能性，比
如特定的历史事件或者自然灾难，比如家族内部组织的涣散，或者
人口发展所需自然资源的限制，等等。但由于家族本身是以聚居
为主要特征的，无论哪种原因造成的外迁都反映了家族凝聚力的衰
退，是家族离散的重要指标。宗谱中的传记是对获得一定地位、成
就、贡献或者具有特殊经历的家族成员事迹的记录，传记记录是家
族社会活动活跃度的重要指标。

在 950 年代至 15 世纪末，962 年统计人数中总计有 63 人外迁，
离散率为 6.55%；而有传记记录者 68 人，传记率为 7.07%。各世代
或年代的外迁与传记人数及比例则以 20 年为单位计算。

虽然外迁与传记总计人数或比例的值数相差不远，但是
两组数据在各个年代中的波动频率是不一致的。苍坡李氏成
员的外迁出现过两个时代高潮，分别是 1251~1290 年，以及

1331~1390 年，这两个时代与宋元、元明两次朝代更替的时间吻合，与前述人口负增长的情况一样，家族离散与战乱密切相关。由于统计人数的年代是指出生年代，因此可以将外迁的时代理解为朝代更替引发战乱时以及受此影响而延续的数十年间。

至于传记率的时代变化又呈现出另一种特点。从第八世（约1091~1110 年出生）至 1330 年出生的人物传均保持相当高的 20% 左右的传记率，而 1330 年以后出生人物的传记记录则持续低迷，比例约为 2%，仅为之前活跃时期的十分之一。由于统计人数的年代是指出生年代，因此传主社会活动的年代应该推延大约 40 年，由此推算苍坡李氏家族从 1130 年代至 1370 年代都保持着相当高的社会活跃度，1370 年代以后则开始持续低迷。不难发现，苍坡李氏的活跃期对应着中国历史上的整个南宋与元代，而低迷期则是从明初开始便一直延续。这个变化特点，又是以人口变化中南宋、元代增长率大幅波动，而自明代以来增长率持续平稳的特点相对应的（见表 10-8）。

表 10-8　苍坡李氏世代或年代离散率与传记率

世代或年代	出生人口	外迁人数	传记人数	离散比例（%）	传记比例（%）
1（951~970）	1	0	1	0.00	1.00
2（971~990）	3	2	0	66.67	0.00
3（991~1010）	1	0	0	0.00	0.00
4（1011~1030）	1	0	0	0.00	0.00
5（1031~1050）	2	0	0	0.00	0.00
6（1051~1070）	2	0	0	0.00	0.00
7（1071~1090）	5	0	0	0.00	0.00
8（1091~1110）	10	0	2	0.00	20.00
9（1111~1130）	11	0	3	0.00	27.27

世代或年代	出生人口	外迁人数	传记人数	离散比例（%）	传记比例（%）
10（1131~1150）	17	1	4	5.88	23.53
1151~1170	10	0	3	0.00	30.00
1171~1190	22	0	5	0.00	22.73
1191~1210	15	0	1	0.00	6.67
1211~1230	35	2	7	5.71	20.00
1231~1250	20	0	4	0.00	40.00
1251~1270	28	5	7	17.86	25.00
1271~1290	35	5	7	14.29	20.00
1291~1310	39	1	6	2.56	15.38
1311~1330	59	4	7	6.78	11.86
1331~1350	73	8	3	10.96	4.11
1351~1370	84	14	2	16.67	2.38
1371~1390	76	9	1	11.84	1.32
1391~1410	79	1	0	1.27	0.00
1411~1430	115	6	1	5.22	0.87
1431~1450	110	4	3	3.64	2.73
1451~1470	60	1	0	1.67	0.00
1471~1490	34	0	1	0.00	2.94
1491~1510	15	0	0	0.00	0.00
总计或平均	962	63	68	6.55	7.07

四　传统中国人口发展规则试探

通过以上的数据分析，可以形成以下几点观察。

从南宋后期到明代前期，永嘉李氏的人口以 0.74% 的年均增长率在不断发展，这个增长率与其他研究中获得的明清家族人口 0.7% 的年均增长率基本吻合。宋元、元明两次朝代更替对苍坡李氏的人口发展造成严重影响，但是这种影响主要体现为两次朝代更替时期

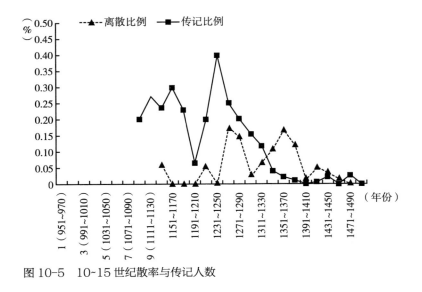

图 10-5　10~15 世纪散率与传记人数

人口增长率的剧烈波动，而不是人口发展的总体方向。朝代更替引
发的战乱或者其他灾难造成苍坡李氏人口在短时期内的负增长，但
这种负增长对年均增长率所造成的损失，将在之后一个时期的高增
长中获得弥补。由此可以提出家族人口发展规律的一个假设，即家
族人口发展的总体规模与速度，主要是由家族组织模式或者资源等
内部因素所决定。如果这些内部因素未遭破坏，也就是说如果家族
可以延续的话，那么历史事件对家族人口发展的影响是短暂性的，
或者说历史事件对于家族发展的决定性影响需要以家族组织的存亡
为条件。

　　苍坡李氏在南宋与元代都呈现出很高的活跃度，在明代前期
进入了持续的沉寂时期。当然，通过考察人物传记的具体内容，将
会发现苍坡李氏在南宋与元代历史境遇的巨大区别，而进入明代中
后期之后苍坡李氏也有可能因遭遇新的历史情境而出现新的发展形
态。然而人口数据所反映的南宋与元代的延续性，以及元明之际相
对的断裂，或许恰好显露了某种为通常文献所遮蔽的历史脉络。

结语：重建宋代社会史的图景

对于宋代社会史整体性的理解，目前海内外有几种流行的学说，包括唐宋变革论（或两宋、宋元明变革论）、士绅阶层论、地域社会论（精英地方化）以及富民社会论。这些论述都能揭示宋代社会发展的某些重要环节，但理论预设的特点相当明显。历史解释不应该拒绝理论的参与，但与理论预设下的事实构建相比，事实构建基础上的理论解释还是有明显的优势。任何事实的构建都会不自觉地受到某种观念的引导，在承认这一点的基础上，通过书写与文本发现历史脉络可能是最大限度突破这种局限的办法。毕竟书写与文本构成了历史研究的直接对象"文献"本身的历史脉络，比被记载在"文献"中的历史脉络中间少了一层隔阂。

由于未经理论的先行预设，由书写与文本为脉络构建的历史事实容易造成"碎片化"的问题。从微观研究的角度讲"碎片化"不是一个问题，因为微观研究的目标是在微观世界中发现社会的整体性结构，与宏观整体性之间造成一种"历史视野"的差异是其自觉的追求。然而书写与文本的研究未必就不能回应宏观研究提出的问题，前文林林总总的讨论，可以从多方面回应当前的宋代社会史研究。只是既然书写与文本研究的更大目标在于避免理论预设的局限性，那么通过研究形成的丰富历史信息重建描绘宋代社会史的局部图景，应该会比回应某些具体的论点更有意义。

本文可以重建的宋代社会史的局部图景大致如下。

第一，东南沿海复杂而流动的民间社会。鬼神观念在民间生活中自发形成，无须依赖特定的宗教或文化的教育与传播途径。不同的社会群体想象着不同的鬼神，并建祠庙以奉祀。温州的土著小民奉祀着山间潭庙，过着鸡犬相闻、老死不相往来、终身未涉县城的山乡生活；因为战乱，福建的移民经常组织宗族、乡党群体性地迁入温州，有些偏好在楠溪江一带定居，开始营造延续千年的聚落，他们还带来福建的民间信仰，或者把自己的祖先塑造成神，建祠祭祀，以此维系移民集团的凝聚力。无论是土著还是移民，一些勇猛而活跃的群体不满足于农耕生活，开始向海上拓展，经营着长途的海上贸易。这些人有时轻易获得了巨额的财富，有时因为海上的风暴一夜之间将财富与生命化为乌有。他们回到家乡建起奢丽的海神庙，以此炫富，建立海商的社会网络，为冒险生活祈祷福运。宋朝前期，地方官对这样的地方文化既不陌生，也不抵触，因为无论地方官的家乡还是任命他的朝廷都沉浸在浓厚的鬼神观念。有时地方官想更多地介入地方社会，他们将自己家乡有影响力的祠庙扩张到任所。有时官府为了更好地为地方祈祷，争取地方信仰的主导权，会在当地构建或改造一些新的祠庙，比如从会稽迎祀大禹，或者以托梦的形式宣称温州当地最灵验的海神其实是唐相李德裕。总之，温州的小民、移民、富户、官府都在鬼神的世界中构建自己生活的领域以及相互间的社会联系。

第二，富户、佛教、报应观念主导下的地方社会秩序。鬼神的世界往往是隐秘的、从属于不同的社会群体，在传统中国难以转化为更高层次的宗教文化并成为地方社会秩序的依据。五代时形成的地方武人阶层开始衰落，科举制度促成的地方士人阶层尚未形成之时，富户无疑处于地方社会的领导地位。富户群体有自己的处世方式与生活观念，无论是出于冒险的乐趣还是家庭的责任，财富都是他们直接的追求目标。积累了相当的财富之后，他们最被社会看重的品质是仗义疏财，这主要表现为延客宴饮、赈灾济贫以及"为人谦厚"的气质。富户的"为人谦厚"并不是谦虚客套或者凝重深沉，而是指宽厚好施，不恃财凌人、让人感到亲切。在普遍追求财富的社会氛围中，兄弟析产是正常现象，宗族因为村落聚居自然形成相当程度的凝聚力，没有严密的宗族组织或者族产，资助族人乡党一般是富户的个人行为。在科举大兴以前，富户一般都信仰佛教，热衷于寺院的建造及礼佛活动，主要的文化知识与高级的精神生活也来源于佛教。这时候佛教寺院是宗教活动与精神生活的中心，僧侣则享有文化权威的崇高地位。佛教构建了富丽神奇、令人沉迷的精神世界，其宣扬的报应观念更成为社会普遍的伦理意识，特别是在地方的熟人社会中，任何事件都可能被解释为报应现象反复讲述、广泛流传。

第三，科举对地方社会的冲击。宋代的科举制度首先促进了社会流动性，但流动主要并不发生在社会阶层之间，而是地方与中央之间。也就是说，随着科举的兴盛，地方社会的业儒家庭开始恢复学业，投身科举，一旦登第出仕，便在各地宦游，从而长期远离家乡，甚至经常随任迁徙。而另一方面，地方上也不断迎来全国各地不同籍贯的地方官，由外地人代表朝廷统治地方。这个过程中形成了诸多特定的社会关系：一是地方士人的命运开始被朝廷的选官制度所控制，成为他们一生焦虑的来源；二是地方官宦游各地，他们很难融入地方社会，因为相互陌生而造成恐惧的心理，鬼怪故事在相互隔阂的交往中长盛不衰；三是科举士人很快形成了全国性的文化权威，对佛教造成严重的侵蚀。僧侣的社会地位急剧下降，寺院不再是宗教活动的中心，寺院经营更多依赖于社会服务以及士大夫阶层、官府的扶持，随着居士佛教的兴起，佛教信仰越来越脱离于寺院，更多地呈现弥散性的特点。

第四，地方士大夫社会的不稳定性。科举制度一方面冲击地方社会的旧有秩序，另一方面开始构建新型的地方社会，但直至宋末其形态仍不稳定。地方科举或士人社会的构建，与其说是朝廷士大夫阶层的地方化，不如说是地方富户的士人化过程，毕竟富户在地方有稳固的势力，而科举业儒是他们不得不追随的时代潮流。当然，并不属于富户阶层的科举士人在地方沉淀，形成强烈的阶层或群体自觉，试图构建地方性士大夫社会的现象也有出现。但是这种情况需要非常特殊的条件才能形成，对于地方社会而言具有"异质增生"的性质，如不能与富户阶层广泛融合，其发展前景并不明朗。在南宋温州，地方社会的士人化趋势已经非常明显，代表着发展方向的不是陈傅良的地方士大夫门第观，或者叶适的超地域社会关系网，而是周行己、许景衡所代表的富户与士人的融合，以及王十朋、刘愈与苍坡李氏所代表的富户向士人的直接转化。在这个相当复杂的过程中，既应该看到富户士人化的总体趋势以及元朝对这种趋势的特殊影响，又要看到总体趋势中包含着各种具体的可能性，塑造着形态各异的地方士人社会——从社会文化史的角度而言，可能后者才是推进相关研究的主要方向。

第五，富户士人化的宋代案例。南宋永嘉或者浙东事功学派，不能仅仅视为数位超迈绝伦的思想家的天才创造。通过宋代温州学者的墓志书写就会发现，他们的思想依托于当地富户士人化进程中的社会实践。富户刘愈的士人化形态以及思想家叶适对地方富户阶层政治地位的构想，显示出与明清士绅阶层并不一致的趋向。简而言之，富户刘愈在业儒过程中充分意识到儒家政治秩序中地方富户争取政治地位的空间与途径。在科举功名制度尚未成熟的情况下，刘愈以佛教居士的身份充分实践了地方富户的政治作为，而叶适的政治秩序构想正是试图赋予富户更多的地方自治的权力。或者说，刘愈在充分实践其可能的政治作为的同时，保留了崇佛富户的身份，这与明清科举制度下地方富户通过低级功名实现身份的转化（生员）有着微妙的区别，后者将富户直接纳入与"儒士国家"的体系中，力图消弭社会与国家的界限。

第六，权贵与市民的都城空间。温州的地方社会本身是一个层级复杂的体系，从山间村野到楠溪江宗族聚落，从濒海海商到县邑巫师，从崇佛富户到县衙胥吏，以及从荒僻县邑到繁华的州府。各地社会形态各异，而且地域社会主要由自然地理形势以及特定社会群体所塑造，行政区划并非理解地方社会的绝对指示。但不可否认行政对传统中国地方社会的塑造至关重要，以致各行政区划的社会形态或多或少表现出某些同质化的因素。然而在所有行政区划中，都城属于完全不同的类型，这里不但是统治的中心，而且掌握着整个科举士大夫阶层的命运。从地方社会的角度而言，都城社会的特点首先是居住着其他地方没有的皇室、内侍、王公贵族等各色权贵，其次是朝廷、中央政府与禁军系统需要一个稳定的职役胥吏群体为之服务，除此之外，都城当然还会培育一个繁华商品与服务市场。这些皇室与权贵、职役与胥吏以及市井小民和军人，才构成了都城中比较稳定的居民。相对而言，科举士大夫在政治史叙述中占据着核心的地位，但对于都城生活而言，他们更多表现为流动不居的过客，他们仰人鼻息的一面也只有在都城中才会表现出来。当然对于不同的居民而言，都城功能也各不相同，统治者首先要在都城构建政治等级的象征体系，内侍与武人权贵一旦走出朝廷，整个都城都可供他们养尊处优，科举士人在这里为前途奔波，在各衙门当差的胥吏倒有更多机会享受着都城繁华艳丽的生活。至于市井小

民在士大夫书写的文本中始终处于边缘地位，偶尔出现也只是做着
伪诈卑微的致富梦。当然市井小民也有自己的生活与文本，与其他
地方社会一样，市井小民的生活圈中也流传着因果报应或鬼怪的故
事。不同的是，都城的小民有更多的机会仰慕他们其实并不熟悉的
士大夫或者权贵的生活。瓦市的话本是市井小人构建的文本，其中
有一则故事胡乱想象着官员宦游遭遇白猿夺妻的经历，现露了都城
市井文化与士大夫文化的真实关系。

（2018 年 12 月 23 日）

参考文献

一 族谱

《包川陈氏族谱》（1886），耶稣基督后期圣徒教会 FamilySearch 网站藏。

《包川陈氏族谱》（1948），耶稣基督后期圣徒教会 FamilySearch 网站藏。

《包山陈氏族谱》（1572），耶稣基督后期圣徒教会 FamilySearch 网站藏。

《包山陈氏族谱》（1981），耶稣基督后期圣徒教会 FamilySearch 网站藏。

《抱川蒋氏宗谱》（1948），耶稣基督后期圣徒教会 FamilySearch 网站藏。

《抱川蒋氏宗谱》（1948），耶稣基督后期圣徒教会 FamilySearch 网站藏。

《抱川蒋氏宗谱》（1981），耶稣基督后期圣徒教会 FamilySearch 网站藏。

《苍坡方巷李氏阖族宗谱》，耶稣基督后期圣徒教会 FamilySearch 网站藏。

《苍坡李氏大宗谱》，温州市图书馆藏。

《枫林徐氏宗谱》，耶稣基督后期圣徒教会 FamilySearch 网站藏。

《（锦园）瞿氏宗谱》（1809），耶稣基督后期圣徒教会 FamilySearch 网站藏。

《锦园瞿氏宗谱》（1840），耶稣基督后期圣徒教会 FamilySearch 网站藏。

《楠溪大源包山陈氏宗谱》（1835），耶稣基督后期圣徒教会 FamilySearch 网站藏。

《楠溪大源包山陈氏宗谱》（1855），耶稣基督后期圣徒教会 FamilySearch 网站藏。

《溪南卢氏宗谱》，耶稣基督后期圣徒教会 FamilySearch 网站藏。

《永嘉霞川滕氏宗谱》，耶稣基督后期圣徒教会 FamilySearch 网站藏。

《浙江家谱总目提要》，浙江人民出版社，2005。

二　碑刻

黄舟松、林伟昭编著《瓯海金石志》，中国戏剧出版社，2011。

金柏东主编《温州历代碑刻集》，上海社会科学院出版社，2002。

《温州历史文献集刊》第 1、2、3 辑，南京大学出版社，2010、2012、2013。

吴明哲主编《温州历代碑刻二集》，上海社会科学院出版社，2006。

杨思好主编《苍南金石志》，浙江古籍出版社，2011。

郑小小主编《永嘉金石志》，中华书局，2011。

三　方志

陈公亮:《淳熙严州图经》，中华书局，1985。

《淳熙三山志》，宋元方志丛刊本，中华书局，1989。

《光绪永嘉县志》，中国地方志集成，上海书店出版社，1993。

《弘治八闽通志》，北京图书馆古籍珍本丛刊，书目文献出版社，1988。

《弘治温州府志》，上海社会科学院出版社，2006。

《嘉定赤城志》，宋元方志丛刊本，中华书局，1989。

《嘉靖延平府志》，天一阁藏明代方志选刊，上海古籍书店，1961。

《乾隆瑞安县志》，中国地方志集成，上海书店出版社，1993。

《乾隆温州府志》，中国地方志集成，上海书店出版社，1993。

释元奇：《江心志》，《四库全书存目丛书》，齐鲁书社，1997。

孙衣言：《瓯海轶闻》，上海社会科学院出版社，2005。

孙诒让：《温州经籍志》，上海社会科学院出版社，2005。

《万历温州府志》，基本古籍库影印明万历刻本。

吴之鲸：《武林梵志》，杭州出版社，2006。

《雍正山西通志》，文渊阁《四库全书》，台北，台湾商务印书馆，1986。

《雍正浙江通志》，文渊阁《四库全书》，台北，台湾商务印书馆，1986。

《永乐乐清县志》，香港天马图书有限公司，2000。

四　史籍

陈骙：《南宋馆阁续录》，中华书局，1998。

程毅中辑注《宋元小说家话本集》，齐鲁书社，2000。

道原：《景德传灯录译注》，顾宏义译注，上海书店出版社，2010。

杜绾：《云林石谱》，中华书局，1985。

高承：《事物纪原》，中华书局，1989。

《汉书》，中华书局，1962。

洪迈：《夷坚志》，中华书局，1981。

黄宗羲：《宋元学案》，中华书局，1986。

蒋叔舆：《无上黄箓大斋立成仪》，正统道藏本，文物出版社等，
　　1988。

觉岸：《释氏稽古略》，基本古籍库影印大正新修大藏经本。

寇宗奭：《本草衍义》，中华书局，1985。

李昌龄、郑清之等：《太上感应篇集注》，中央编译出版社，2016。

李焘：《续资治通鉴长编》，中华书局，2004。

李心传：《建炎以来系年要录》，中华书局，1956。

梁章钜：《浪迹续谈》，中华书局，1981。

陆心源：《宋史翼》，中华书局，1991。

罗愿：《尔雅翼》，黄山书社，1991。

《明会要》，中华书局，1956。

牛僧孺：《玄怪录》，中华书局，1982。

普济：《五灯会元》，中华书局，1984。

瞿佑：《剪灯新话》，上海古籍出版社，1981。

《全宋文》，上海辞书出版社，2006。

《三国志》，中华书局，1964。

《水浒传》，人民文学出版社，1975。

《四库全书总目》，中华书局，1957。

《宋大诏令集》，中华书局，1962。

《宋会要辑稿》，上海古籍出版社，2014。

《宋史》，中华书局，1977。

《宋史全文》，李之亮校点，黑龙江人民出版社，2005。

《宋史全文》，汪圣铎校，中华书局，2016。

万民英：《星学大成》，文渊阁《四库全书》，台北，台湾商务印书
　　馆，1986。

汪辟疆校录《唐人小说》，上海古籍出版社，1978。

王称:《东都事略》,刘晓东等点校,齐鲁书社,2000。

王谠:《唐语林》,中华书局,1987。

王圻:《续文献通考》,文海出版社,1979。

王士性:《广志绎》,中华书局,1981。

吴自牧:《梦粱录》,浙江人民出版社,1980。

《新刊国朝二百家名贤文粹》,北京图书馆出版社,2006。

《新唐书》,中华书局,1975。

杨伯峻:《春秋左传注》,中华书局,1981。

叶绍翁:《四朝闻见录》,中华书局,1989。

张邦基:《墨庄漫录》,中华书局,2002。

张华:《博物志》,上海古籍出版社,1990。

张华:《博物志》,中华书局,1985。

赵与时:《宾退录》,上海古籍出版社,1983。

《中兴礼书》,清蒋氏宝彝堂抄本。

五 文集

韩愈:《韩昌黎文集校注》,上海古籍出版社,1986。

洪适等:《鄱阳三洪集》,江西人民出版社,2011。

胡行简:《樗隐集》,文渊阁《四库全书》,台北,台湾商务印书馆,1986。

胡寅:《斐然集》,中华书局,1993。

黄淮:《黄文简公介庵集》,敬乡楼丛书本。

李洪:《芸庵类稿》,文渊阁《四库全书》,台北,台湾商务印书馆,1986。

李孝光:《李孝光集校注》,上海社会科学院出版社,2005。

刘安节:《刘安节集》,上海社会科学院出版社,2006。

刘安上:《刘安上集》,上海社会科学院出版社,2006。

陆佃：《陶山集》，中华书局，1985。

陆龟蒙：《笠泽丛书》，上海广益书局，1936。

秦观：《淮海集笺注》，上海古籍出版社，2000。

苏颂：《苏魏公文集》，中华书局，1988。

王安石：《王文公文集》，上海人民出版社，1974。

王十朋：《王十朋全集》，上海古籍出版社，1998。

许景衡：《许景衡集》，上海社会科学出版社，2006。

薛季宣：《薛季宣集》，张良权点校，上海社会科学出版社，2003。

叶适：《叶适集》，中华书局，1961。

张九成：《横浦先生文集》，北京图书馆出版社 2004 年影印宋刻本。

赵道一：《历世真仙体道通鉴》，正统道藏本，文物出版社等，1988。

郑刚中：《北山文集》，商务印书馆，1935。

周行己：《周行己集》，上海社会科学出版社，2002。

朱熹：《晦庵先生朱文公文集》，《朱子全书》，上海古籍出版社等，
　　2002。

六　论著

包伟民：《宋代城市研究》，中华书局，2014。

曹树基：《明清时期移民氏族的人口增长——长江中下游地区族谱资
　　料分析之一》，《中国经济史研究》1991 年第 4 期。

陈傅良：《陈傅良先生文集》，浙江大学出版社，1999。

陈宁宁：《记美国犹他家谱学会图书馆》，《社会科学报》2001 年 3 月
　　8 日。

陈荣富：《浙江佛教史》，华夏出版社，2001。

陈永霖：《宋代温州科举研究》，硕士学位论文，浙江大学，2011。

陈余良：《浙江平阳宝胜寺双塔及出土文物》，《东方博物》第 23 辑。

陈志勇：《论"猿猴盗妇"故事的文人想象与宗教叙事》，《民族文学

研究》2013 年第 2 期。

程民生:《论宋代的神祠宗教》,《世界宗教研究》1992 年第 2 期。

高致华编《探寻民间诸神与信仰文化》,黄山书社,2006。

葛兆光:《中国思想史》第 2 卷《七世纪至十九世纪中国的知识、思想与信仰》,复旦大学出版社,2000。

贺喜:《亦神亦祖——粤西南信仰构建的社会史》,三联书店,2011。

黄敏枝:《宋代佛教社会经济史论集》,台北,台湾学生书局,1989。

黄涛:《古村落的文化遗产保护与社区发展——以浙江省楠溪江流域苍坡古村为个案》,《温州大学学报》2009 年第 5 期。

黄卓越:《"书写"之维:美国当代汉学的泛文论趋势》,《北京大学学报》2016 年第 5 期。

贾二强:《说"五道将军"》,《中国典籍与文化》1994 年第 1 期。

蒋竹山:《宋至清代的国家与祠神信仰研究的回顾与讨论》,《新史学》1997 年第 2 期。

科大卫、刘志伟:《"标准化"还是"正统化"——从民间信仰与礼仪看中国文化的大一统》,《历史人类学学刊》第 6 卷第 1、2 期合刊。

科大卫:《皇帝与祖宗:华南的国家与宗族》,卜永坚译,江苏人民出版社,2009。

雷闻:《唐宋时期地方祠祀政策的变化——兼论"祀典"与"淫祠"概念的落实》,《唐研究》第 11 卷,北京大学出版社,2005。

李剑国:《〈夷坚志〉成书考——附论"洪迈现象"》,《天津师大学报》1991 年第 3 期。

凌郁之:《洪迈年谱》,上海古籍出版社,2006。

刘翠溶:《明清时期家族人口与社会经济变迁》,台北,中研院经济研究所,1992。

刘黎明:《论宋代民间淫祠》,《四川大学学报》2004 年第 5 期。

刘浦江:《宋代宗教的世俗化与平民化》,《中国史研究》2003 年第 2 期。

刘淑芬：《灭罪与度亡——佛顶尊胜陀罗尼经幢之研究》，上海古籍
　　出版社，2008。

刘永华主编《中国社会文化史读本》，北京大学出版社，2011。

鲁西奇、林昌丈：《温州龙湾国安寺千佛石塔宋代铭文考释》，曹凌
　　云主编《明人明事——浙南明代区域文化研究》。

鲁西奇：《中国历史研究的主体性、核心问题与基本路径》，《中国社
　　会科学评价》2018 年第 3 期。

苗书梅：《宋代官员选任和管理制度》，河南大学出版社，1996。

皮庆生：《宋代民众祠神信仰研究》，上海古籍出版社，2008 年；

皮庆生：《他乡之神：宋代张王信仰传播研究》，《历史研究》2007 年
　　第 3 期。

饶宗颐：《容成遗说钩沉——先老学初探》，《北京大学学报》，1998
　　年第 3 期。

沈卫荣：《元明两代朵甘思灵藏王族历史考证》，《中国藏学》2006 年
　　第 2 期。

沈宗宪：《宋代民间祠祀与政府政策》，《大陆杂志》1995 年第 6 期。

释东初：《中日佛教交通史》，台北，东初出版社，1985。

孙正军：《通往史料批判研究之途》，《中国史研究动态》2016 年第 4
　　期。

王德毅：《洪迈年谱》，台北新文丰出版社，1995。

王年双：《洪迈生平及其〈夷坚志〉之研究》，台北，花木兰文化出
　　版社，2010。

王宇：《永嘉学派与温州区域文化》，社会科学文献出版社，2007。

吴松弟：《宋代东南沿海丘陵地区的经济开发》，《历史地理》1990 年
　　第 7 期。

吴铮强：《科举理学化：均田制崩溃以来的君民整合》，上海辞书出
　　版社，2008。

徐晓望：《福建民间信仰源流》，福建教育出版社，1993。

严耀中：《江南佛教史》，上海人民出版社，2000。

颜章炮：《晚唐至宋福建地区的造神高潮》，《世界宗教研究》1998 年第 3 期。

杨俊峰：《唐宋之间的国家与祠祀——兼论祠祀的"中心化"》，博士学位论文，台湾大学，2009。

游彪：《宋代寺院经济史稿》，河北大学出版社，2003。

张富春：《论瘟神赵公明是怎样成为财神的》，《宗教学研究》2006 年第 1 期。

张馥蕊：《夷坚志通检》，台北，台湾学生书局，1977。

张国刚：《唐代藩镇军将职级考略》，《学术月刊》1989 年第 5 期。

张家成：《析叶适的富民论》，《华东师范大学学报》2002 年第 1 期。

张文飞：《洪迈〈夷坚志〉研究》，博士学位论文，复旦大学，2008。

张祝平：《〈夷坚志〉论稿》，中国文史出版社，2002。

赵世瑜：《明清史与宋元史：史学史与社会史视角的反思——兼评〈中国历史上的宋元明变迁〉》，《北京师范大学学报》2007 年第 5 期。

郑振满、陈春声主编《民间信仰与社会空间》，福建人民出版社，2003。

郑振满：《莆田平原的宗族与宗教——福建兴化府历代碑铭解析》，《历史人类学学刊》2006 年第 1 期。

周梦江：《薛季宣的生平、著作及其对道学思想的异议》，《宋元明温州论稿》，作家出版社，2001。

朱海滨：《江南周宣灵王信仰的发生及其演变》，《史林》2008 年第 2 期。

祝尚书：《科名前定：宋代科举制度下的社会心态——兼论对宋人志怪小说创作》，《文史哲》2004 年第 2 期。

〔法〕蓝克利（Christian Lamouroux）：《礼仪、空间与财政——11 世纪

中国的主权重组》,《法国汉学》第 3 辑，清华大学出版社，
　　1998。

〔法〕涂尔干（Emile Durkheim）、马塞尔·莫斯（Marcel Mauss）：
　　《原始分类》，汲喆译，上海人民出版社，2000。

〔荷兰〕高罗佩（Robert Hans van Gulik）：《长臂猿考》，施晔译，中
　　西书局，2015。

〔美〕包筠雅（Cynthia J.Brokaw）：《功过格——明清社会的道德秩
　　序》，杜正贞、张林译，浙江人民出版社，1999。

〔美〕韩森（Valerie Hansen）：《变迁之神——南宋时期的民间信仰》，
　　包伟民译，浙江人民出版社，1999。

〔美〕武雅士（Arthur P. Wolf）：《中国社会中的宗教与仪式》，彭泽
　　安、邵铁锋译，江苏人民出版社，2014。

福田素子「鬼討債説話の成立と展開」『東京大学中国語中国文学研
　　究室紀要』第 9 号，2006 年。

金井徳幸「南宋の祠廟と賜額について——釈文·と刘克庄の視点——」
　　『宋代の知識人：思想·制度·地域社会』汲古書院、1993 年。

水越知「宋代社會と祠廟信仰の展開：地域核としての祠廟の出現」
　　『東洋史研究』2002 年第 4 号。

松本浩一「中国村落における祠廟とその変遷——中国の祠廟に関する
　　研究動向と問題点」『社会文化史学』第 31 号、1993 年。

小島毅「正祠と淫祠——福建の地方志における記述と論理」『東洋文
　　化研究所紀要』1991 年 2 期。

須江隆「唐宋期における祠廟の廟額·封号の下賜について」『中国：
　　社会と文化』第 9 号、1994 年。

竺沙雅章『中國佛教社會史研究』同朋舎、1982 年。

Mark Elvin, *The Patter of Chinese Past: A Social and Economic
　　Interpretation,* Standford University Press, 1973.

Paul Jakov Smith and Richard von Glahn eds., *The Song -Yuan -Ming*

Transition:A Turning Point of Chiese History, Harvard University Press, 2003.

Rebert P.Hymes, *Statement and Gentlement:The Elet of Fu-chou Chianghsi, in North and South Sung*, Cambridge University Press, 1986.

Rebert P.Hymes and Conrad Schrokauer eds., *Odering the World: Approachs to State and Society in Sung Dynasty China*, University of California Press, 1993.

Robert M. Hartwell, "Demographic, Political, and Social Transformations of China, 750−1550," *Harvard Journal of Asiatic Studies*, Vol.42,No.2,1982.

图书在版编目（CIP）数据

文本与书写：宋代的社会史：以温州、杭州等地方
为例 / 吴铮强著. -- 北京：社会科学文献出版社，
2019.8（2022.1重印）
（九色鹿·唐宋）
ISBN 978-7-5201-4840-5

Ⅰ. ①文… Ⅱ. ①吴… Ⅲ. ①社会史－研究－中国－
宋代 Ⅳ. ①K244.07

中国版本图书馆CIP数据核字（2019）第089047号

· 九色鹿 · 唐宋 ·

文本与书写：宋代的社会史
——以温州、杭州等地方为例

著　　者 / 吴铮强

出 版 人 / 王利民
责任编辑 / 宋　超
责任印制 / 王京美

出　　版 / 社会科学文献出版社·历史学分社（010）59367256
　　　　　　地址：北京市北三环中路甲29号院华龙大厦　邮编：100029
　　　　　　网址：www.ssap.com.cn
发　　行 / 社会科学文献出版社（010）59367028
印　　装 / 三河市东方印刷有限公司

规　　格 / 开　本：787mm×1092mm　1/16
　　　　　　印　张：23.25　插　页：1.25　字　数：291千字
版　　次 / 2019年8月第1版　2022年1月第3次印刷
书　　号 / ISBN 978-7-5201-4840-5
定　　价 / 68.80元

读者服务电话：4008918866